JEAN-CLAUDE GUILLEBAUD

LES CONFETTIS
DE L'EMPIRE

MARTINIQUE, GUADELOUPE, GUYANE FRANÇAISE, LA RÉUNION,
NOUVELLE-CALÉDONIE, WALLIS-ET-FUTUNA, POLYNÉSIE FRANÇAISE,
TERRITOIRE FRANÇAIS DES AFARS ET DES ISSAS, SAINT-PIERRE-ET-
MIQUELON, TERRES AUSTRALES ET ANTARCTIQUES FRANÇAISES,
NOUVELLES-HÉBRIDES, ARCHIPEL DES COMORES.

ÉDITIONS DU SEUIL
27, rue Jacob, Paris VIe

ISBN 2-02-004387-4

© ÉDITIONS DU SEUIL, 1976

Lettre de Mata-Utu

Ce n'est qu'un point sur la carte, un îlot sans drame ni tumulte. L'escale est propice. J'interromps ici le plus navrant des voyages : un « saute-mouton » sur les méridiens, trois océans et une mer Caraïbe où sont dispersées nos « possessions d'outre-mer ». 60 000 kilomètres et 2 millions de visages... Par quoi commencer? Je ne suis pas fier de nous, voilà tout. Même ici! Une nuit phosphorescente descend sur les récifs de l'île Wallis et des plongeurs préparent une sortie de pêche à la lumière des lampes. De l'autre côté du lagon, le Pacifique bat contre le récif d'où vient un murmure mouillé. Barrière mousseuse arrondie comme un anneau autour de Wallis... Odeurs sucrées et vent sur le lagon...

La cuisinière de Mme Benjamin Brial — une Polynésienne aux épaules carrées — croit encore que le monde s'arrête là-bas, juste à cette alliance de corail fermée sur le grand large. Lui direz-vous qu'après le récif la terre n'est pas tout à fait finie, qu'il y a encore des archipels et des océans, des continents et — tout au bout, à 20 000 kilomètres — un petit pays qui s'appelle la France? Son pays! Elle lèvera drôlement un sourcil avant d'éclater de rire. La cuisinière de Mme Benjamin Brial ne comprend ni ne parle français. Chaque fois qu'il le faut pourtant, elle « vote » pour son patron qui est le fils de la reine Aloïsia du royaume d'Uvéa [1]. Et chaque fois, à des milliers de kilomètres

1. Nom originel de l'île Wallis en langue polynésienne.

d'ici, son vote s'inscrit sur les tableaux clignotants du ministère français de l'Intérieur. Un vote UDR!

Benjamin Brial est député UDR du plus petit territoire d'outre-mer, du plus inconnu. Et l'île Wallis, officiellement, un morceau de France « préservée » dans l'immense Pacifique entre les Fidji, les Samoa, Gilbert et Ellice et les Phœnix... un confetti de 11 kilomètres sur 6 que le hasard des grandes compétitions missionnaires du XIXe siècle légua jadis à la IIIe République; minuscule royaume païen enrégimenté hier par l'église catholique et brusqué aujourd'hui par les rigueurs de la francisation. Petite goutte de civilisation polynésienne polluée depuis longtemps par nos codes et nos catéchismes, surveillée par trois gendarmes et gouvernée du haut de son « palais » d'opérette par M. l'administrateur supérieur de la République française. Le drapeau bleu-blanc-rouge flotte sur Uvéa. Qui vote UDR — à 99 %...

La nuit fait basculer sur Mata-Utu un ciel farci d'étoiles et rayé de satellites. Des jeunes filles déambulent par groupes sur les chemins de glaise rouge. Des garçons zigzaguent sur des scooters achetés avec l'argent des émigrés, mineurs à Nouméa. Dans leurs « villas » les Européens de l'île — juge, instituteurs, fonctionnaires... — achèvent de dîner en écoutant France-Inter sur ondes courtes. Exilés mélancoliques, exclus de la société wallisienne, bivouaquant sur le seuil du grand monde Pacifique. M. l'administrateur supérieur dérange et range sa collection de coquillages, orgueil de « la résidence »... un ministre des DOM-TOM viendra bientôt par la Caravelle de Nouméa. Des cantiques et des bouffées d'orgue sortent de la cathédrale où une ferveur ostentatoire rassemble 300 Wallisiens pour l'office de nuit. Le temps coule comme du sable. Uniformément. Il fait nuit sur Mata-Utu.

Fallait-il vraiment commencer par là? J'écoute une averse arriver du fond du lagon avec un bruit de galop sur les vagues. J'essaie de démêler plusieurs semaines de notes sur l'outre-mer mais Wallis me distrait. La complexité, les déchirements infinitésimaux de cet univers lilliputien n'étaient pas prévus. Voici un paradis frugal rattaché brusquement — par la France et grâce à elle — au grand marché des gadgets et de l'abondance; une prospérité toute neuve alimentée par les subventions du FIDOM et les mandats de l'émigration. Communauté mécréante « sauvée hier des ténèbres par l'évangile missionnaire » mais acculturée par le catholicisme, détachée de ses racines, aliénée puis vilainement consolée d'avoir perdu son âme par la possession d'un vélomoteur ou de sandales en plastique. Minuscule société de 5 000 personnes, repliée sur ses coutumes et que les fonctionnaires venus de France s'efforcent ingénument de « franciser ». On enverra bientôt rue Oudinot[1] les dernières statistiques concernant la scolarisation ou l'apprentissage professionnel des Wallisiens. Mais ce soir, comme tous les jours, les hommes qui se sentent *pico* (tristes) écoutent Radio-Tonga qui leur parle polynésien et rêvent confusément au *fenua*, la terre, la patrie... Qu'ils se dépêchent! Inquiétée par cette « subversion », l'administration française va faire installer, à la pointe de Matala, un émetteur relayant Radio-Nouméa et distribuera gratuitement mille transistors aux Wallisiens pour qu'ils puissent écouter la « voix de la France ». La bonne parole et les jeux radiophoniques...

« Personne ne sait plus construire de pirogue, fabriquer le *tapa*[2] ou danser le tamouré », m'a-t-on dit ce matin. « Ils ont oublié. » Tourneboulés par les étalages fabuleux du supermarché de Mata-Utu, les Wallisiens — pour les jours sans *pico* — ont composé une chanson à la gloire du salariat, de la « civilisation » et du système industriel dont ils ne savent rien d'autre que ce qu'en disent les émigrés en visite au pays. La chanson s'appelle *Te Nikele*. Elle chante l'épopée de la mine et du nickel calédonien qui, demain, peut faire d'eux des consommateurs et des contribuables propriétaires d'une automobile. 7 000 Wallisiens ont déjà émigré vers Nouméa...

Je classe toutes les notes prises depuis une semaine. On devine

1. Siège du secrétariat d'État aux DOM-TOM.
2. Sorte de tissus en écorce d'arbre déroulée et martelée qui servait jadis à faire des vêtements.

qu'ici une alchimie secrète mélange ruptures et déchirements, fascination à l'égard de notre monde industriel et prudence traditionaliste. Déconstruite, pulvérisée par l'Occident, une société polynésienne se cherche des valeurs et des raisons de vivre. Il se passe de drôles de séismes à l'intérieur des âmes wallisiennes cependant que M. le juge de paix de la République française — raide comme le Code pénal — remplit l'unique prison pour des peccadilles (conduite sans permis ou état d'ivresse). La loi du 29 juillet 1961 portant statut de l'île Wallis prévoyait dans son article 5 une juridiction coutumière que pourraient choisir les Wallisiens en matière de droit foncier et de statut des personnes. Justice élémentaire pour ces Polynésiens d'avant Gauguin dont la vraie vie obéit encore aux règles de la coutume et pour lesquels ces « lois de la République », élaborées à 20 000 kilomètres d'Uvéa, ne signifient rien. Mais cette juridiction coutumière n'a jamais été créée. L'administration française a jugé que les Wallisiens « n'étaient pas assez mûrs ». Lorsque survient un litige, le juge convoque donc « nos » administrés et les persuade d'accepter la juridiction de droit commun qui applique les mêmes règles qu'à Castelnaudary ou Joinville-le-Pont... « On est en pleine illégalité », m'a avoué M. le juge avec embarras. Absurdité surtout.

En 1972, un grand-père de Máta-Utu avait pris sur ses genoux en la caressant d'un peu trop près une jeune fille encore mineure. Polissonnerie coupable mais péché véniel dans cette société tolérante et sensuelle. Arrêté, confronté à notre Code pénal, le grand-père a été condamné à un an de prison ferme au grand étonnement de Wallis. Le jour de sa libération, toute la population s'est rassemblée pour lui rendre hommage, un cortège s'est formé avec des chansons et des guitares qui l'a porté en triomphe... Sur les chemins de l'île, 5 000 Wallisiens se sont moqué sans colère des sottises du droit français appliqué à ce coin du Pacifique. Qu'importe! Deux jeunes gens qui, pour protester à leur manière, avaient dégonflé un pneu de la voiture du juge de paix, ont eu droit à plusieurs mois de prison. On ne plaisante pas avec les lois républicaines. Et « *Wallis c'est la France* », répètent les ministres lorsque, juste nommés, ils font leur tournée traditionnelle du Pacifique.

Nos raideurs coloniales sont parfois plus ridicules encore. Trois pêcheurs venus des îles Samoa et surpris par la tempête sont entrés dans le lagon pour demander asile à Wallis. Selon la coutume, ils ont offert leur pirogue au roi d'Uvéa, Tomasi Kulimœtoké. Mais l'administrateur supérieur français a prétendu, lui, faire saisir le bateau au nom de la France. Comme les Samoans refusaient, on a fait intervenir la garde calédonienne, mitraillette au poing! Pas moins. Ces bêtises françaises, additionnées au fil des mois, ont stupéfait un sociologue néo-zélandais, le professeur R. Crocombe [1], venu enquêter à Wallis. Quoi? Partout dans l'immense Pacifique des pays libérés du triomphalisme colonisateur de l'Occident se cherchent, s'appellent et se reconnaissent. Sur des milliers de kilomètres et des dizaines d'archipels un immense remue-ménage culturel agite l'Océanie occupée à redéfinir — sans les Blancs — sa propre image du bonheur. Et ici, sur cette tête d'épingle, des fonctionnaires rescapés de la vieille administration française d'outre-mer et sans cesse plus nombreux, poursuivent sans complexe des missions du siècle dernier, ratatinées au rang de péripéties clochemerliennes.

Assimilation, autorité, prospérité, niveau de vie et aveuglement. La France serait-elle si bête? La France n'aurait-elle rien appris ni retenu? La question qui m'a hanté de l'océan Indien au Pacifique prend ici un tour comique : « Que faisons-nous là? » Certes, rien n'est grave à Wallis. Ni mort, ni maquis. Et surtout ni témoin. Vue de Paris, cette terre océanique n'existe que les soirs d'élections, lorsque les speakers de la télévision déclarent : « *On attend encore les résultats de Wallis-et-Futuna.* » Que peut-il bien se passer alors dans la cervelle de mes concitoyens lorsqu'ils entendent ces deux noms exotiques? Wallis-

---

1. Auteur d'un ouvrage récent, *The New Pacific*, 1973.

et-Futuna comme les Castor et Pollux des soirées législatives. Un détail familier, une risette de l'information, un grain de poivre dans la grisaille électorale. Qui vais-je émouvoir avec mes histoires de grand-père polisson et ma petite île meurtrie par nos entêtements coloniaux? (Qui de mes amis d'ailleurs saurait trouver Wallis sur une carte?) Ne devrais-je pas, pour secouer leur indifférence, raconter une rafle policière dans le Magalla de Djibouti, décrire les scandales martiniquais, énumérer les trafics et les concussions de Guyane ou le racisme de Nouméa? J'y viendrai. Je préfère — décidément — commencer par Wallis.

Qui n'est rien d'autre qu'un cas limite. Juste une touffe de cocotiers posée sur un lagon transparent aux antipodes de la politique. Un endroit où rien ne peut se passer de sérieux. Qu'importe à Paris et au reste du monde que vive ici, comme l'écrit un ami, un « *petit peuple plus désemparé qu'il n'en laisse paraître, au milieu des plages couvertes de tessons de bouteilles et de boîtes de conserve, dans des " falés " malsains plantés dans la boue* ». Au milieu des dossiers du ministère des DOM-TOM, Wallis ne représente qu'un demi-feuillet folklorique dont on ne sait qu'une seule chose : « RAS ». Rien à signaler. Voire!

Le 18 novembre 1974, sans crier gare, toute la population de l'île s'est réunie et les hommes valides sont allés en cortège à Havelu (le centre administratif) demander audience à M. l'administrateur supérieur. Celui-ci, toujours ignorant des usages locaux, a envoyé une secrétaire européenne demander aux chefs coutumiers d'entrer dans son bureau alors que le « peuple du Tiki » souhaitait conformément à la tradition une audience publique, en plein air. Les chefs ont refusé d'entrer et la navette grotesque de la secrétaire s'est prolongée jusqu'à ce que les Wallisiens se fâchent en menaçant de « sortir » l'administrateur de son bureau. Celui-ci a fini par céder et l'entretien public a eu lieu. La population pressurée par les commerçants réclamait une baisse des prix et la liquidation du scandaleux monopole d'importation concédé à la société de navigation SOFRANA de Nouméa. Tranquillement. Elle réclamait aussi le départ immédiat de l'administrateur (« Il faut que tu t'en ailles tout de suite »). Qui a haussé les épaules.

Le lendemain, Wallis tout entière avait basculé dans une révolte pacifique mais absolue. Chose jamais vue dans le Pacifique-Sud. Grève générale de tous les services, fermeture des magasins, discipline stricte de la population imposée par les chefs coutumiers : interdiction de boire de l'alcool, d'agresser les Européens. Sur le *malæ* de Mata-Utu, des centaines d'hommes étaient assis en silence. Chaque jour les femmes de chaque district se relayaient pour leur apporter des paniers de nourriture tandis qu'effarés, privés d'électricité et de ravitaillement, les fonctionnaires de la République et les trois gendarmes retenaient leur souffle au fond de leur maison « en dur ». Spectacle inouï! Comme si en quelques heures un monde inconnu avait surgi dans ce décor de routine coloniale.

Un moment, M. l'administrateur pris de court par cette « révolution » survenue en quelques heures sur un « atoll de rêve », impuissant avec ses trois gendarmes, a songé à appeler au secours les forces de police de Nouvelle-Calédonie. On l'en a dissuadé *in extremis*. Sous la surveillance de quelques Wallisiens responsables, un message radio a été envoyé à Nouméa (à 2 500 kilomètres au sud) réclamant la venue d'une commission officielle. Dès le lendemain, après neuf heures de vol sur un « Piper Aztèque », le conseiller technique du haut-commissaire français en Nouvelle-Calédonie et le directeur de la marine marchande, tous deux ébouriffés, débarquaient à Wallis en état de siège. Une seule consigne : pas de vagues!

Première décision forcée : M. l'administrateur supérieur de l'île Wallis repartait définitivement par le même avion. La décision souleva les acclamations de la population. Sans que personne ne le sache en métropole, les Wallisiens « nonchalants et placides » avaient donc obtenu gain de cause : « expulser un gouverneur! » Les commerçants abaissèrent leurs prix de 20 %, tout comme l'armateur de la SOFRANA. Immédiatement la vie reprit son cours « normal » à Wallis, normal et léthargique. A Paris, les

« gens de la rue Oudinot » se demandent encore ce qui a bien pu se passer sur cet îlot perdu en novembre 1974. Ce que signifiait cet énigmatique tressaillement.

L'explication officielle que retiendra l'histoire parle d'un « mouvement d'humeur contre la hausse des prix ». Allons donc! Comment ne pas voir qu'au-delà des revendications présentées — les seules que puisse comprendre un *papalagi* (un Blanc en wallisien) —, au-delà des maladresses d'un administrateur impopulaire, il s'agissait de bien autre chose. D'un refus « en bloc » de l'assimilation; d'un rejet brutal de nos leçons et de nos fonctionnaires sans cesse plus nombreux, d'un sursaut romantique de la coutume humiliée par nos « certitudes ». Quel fonctionnaire de la rue Oudinot serait seulement capable d'imaginer ce qu'on pouvait débattre dans les interminables *fonos* (palabres) de Wallis en novembre 1974!

60 kilomètres carrés et 5 000 habitants, ce ne fut qu'une péripétie amusante. Avec 500 000 habitants, c'était quelque chose comme une révolte antillaise. Avec 10 millions, peut-être une « guerre d'Algérie ». L'exiguïté de nos « dernières possessions » en limite les effets mais qu'on ne s'y trompe pas. C'est bien de la même bêtise coloniale — intacte, inchangée — dont il s'agit là-bas comme à Nouméa, à Cayenne et Djibouti, Saint-Denis et Fort-de-France, Papeete et Port-Vila... Cette bêtise opiniâtre et péremptoire, survivante de tant de guerres, de discours et d'examens de conscience, ne dérangerait-elle plus personne en 1976? Rentrant à Paris après ce « tour de France » antipode, j'ai su que mes amis eux-mêmes, mobilisés par d'autres combats, pensaient sincèrement en avoir terminé depuis longtemps avec la décolonisation. Wallis est loin...

A ces oublieux je veux dédier ces colères d'outre-mer.

J.-C. G.

14

PREMIÈRE PARTIE

CHAPITRE I

L'anachronisme

> « Il est tout à fait naturel qu'on ressente la nostalgie de ce qui était l'empire, tout comme on peut regretter la douceur des lampes à huile, la splendeur de la marine à voile, le charme du temps des équipages. Mais quoi? Il n'y a pas de politiques qui vaillent en dehors des réalités. »
>
> Charles de Gaulle, 14 juin 1960.

L'indifférence n'explique pas tout. Ni cet épais silence. Sait-on encore situer Nouméa sur une carte? A-t-on une seule idée de ce qui peut se passer à Cayenne « préfecture française »? Combien faudrait-il de manifestants mélanésiens dans les rues de Port-Vila (Nouvelles-Hébrides) pour qu'une « brève » apparaisse en bas de page des journaux parisiens? Combien de coupeurs de canne en révolte pour que le journal télévisé redécouvre — parfois — les Antilles? En 1975, 2 millions de personnes vivent encore les ambiguïtés de la « condition ultra-marine [1] ». Sur cinq « départements » et cinq « territoires » éparpillés sur le globe flotte encore le drapeau français [2]. Mais les problèmes coloniaux ont disparu du vocabulaire courant. Pour tous —

---

1. L'expression est de Bernard Stasi, fugitivement secrétaire d'État aux DOM-TOM.
2. Cinq départements d'outre-mer : Guadeloupe, Martinique, Réunion, Guyane, Saint-Pierre-et-Miquelon (transformé en département en juillet 1976); cinq territoires d'outre-mer : Nouvelle-Calédonie, Polynésie française, Wallis-et-Futuna, Mayotte (détachée de l'archipel des Comores devenu indépendant en juillet 1975), Terres australes et antarctiques. Plus de condominium franco-britannique des Nouvelles-Hébrides. (Le Territoire français des Afars et des Issas, quant à lui, a accédé à l'indépendance le 27 juin 1977.)

de l'homme de la rue à l'homme politique — la décolonisation française est achevée. Page tournée. Dossier clos. Repli sur l'hexagone. Ouf!

Cette indifférence, cette surdité affolante furent favorisées par l'apparition d'un sigle énigmatique qui sonne comme un tam-tam et suggère une sorte de flou ennuyeux : DOM-TOM... Grâce à cette terminologie « administrative » les problèmes s'avancent masqués. Espère-t-on passionner les foules en abordant, dans la presse ou au Parlement, « *le problème du statut des DOM-TOM* »? Sûrement pas. Ces affaires-là sont ordinairement expédiées devant une vingtaine de députés — ou même moins [1] — abrutis de statistiques et chloroformés au bon moment par quelques envolées patriotiques. Tous les deux ans la tournée outre-mer du nouveau « secrétaire d'État » fournit quelques images exotiques à la télévision. Point à la ligne. Les Français qu'intéressent parfois les revendications marginales de l'Occitanie ou les débordements de l'autonomisme corse ignorent — et paraissent vouloir ignorer — que 40 000 Canaques, ou 200 000 Afars et Issas (pour ne citer qu'eux) demeuraient — en 1976! — assujettis aux lois d'une République dont ils ne parlent pas la langue.

Comptez les livres parus, les reportages, les manifestes : les DOM-TOM n'existent pas. La gauche elle-même bat sa coulpe et reconnaît son insuffisance. « Certes, écrit Alain Vivien, député socialiste du Val-de-Marne, à intervalles réguliers des émissaires des formations socialistes d'outre-mer viennent à Paris selon leurs moyens. Ils y sont reçus avec sympathie, quelquefois écoutés, toujours encouragés. Mais leur séjour achevé la réalité tropicale s'efface peu à peu du souvenir des instances dirigeantes et la conscience métropolitaine, trop occupée d'elle-même pour entretenir autre chose qu'un vague remords range, dans un coin de sa mémoire les dossiers en suspens : on en parle quelquefois. On n'y pense jamais [2]. »

---

1. En novembre 1969, pour le vote du budget des DOM-TOM, treize députés étaient présents.
2. *Nouvelle Revue socialiste*, n° 7, 1975.

Les DOM-TOM n'ont pour la métropole qu'une existence intermittente. Lorsque tous les trois ou quatre ans les hasards électoraux d'un scrutin « serré » valorisent quelques centaines de milliers de voix dont on ne se souciera plus beaucoup au lendemain des résultats. Plusieurs campagnes présidentielles ou même législatives ont ainsi propulsé vers l'outre-mer des cortèges de « prometteurs » pressés qui disposaient d'une semaine pour découvrir, comprendre — et résoudre — la crise sucrière en Martinique, la récession minière en Nouvelle-Calédonie ou les états d'âme wallisiens... Précipitation démagogique assez cynique (« Vos bulletins de vote peuvent être déterminants pour l'avenir de la France »), marchandages sans scrupule et remords tardifs qui ne laissent guère de souvenirs très dignes à ceux qui les ont vécus. Les archipels du Pacifique doivent l'installation d'un émetteur radio à la campagne présidentielle de 1965. Les ouvriers agricoles de Martinique ont pu voir en 1974 Mme Anne-Aymone Giscard d'Estaing poser dans un champ de canne, un coupe-coupe à la main...

En temps « normal », deux catégories de langages — et seulement deux — sont réservées depuis quinze ans aux départements et territoires d'outre-mer : le langage exotique qui dresse une barricade de sottises redondantes autour des archipels français du Pacifique ou des « Isles » antillaises. Le langage économique qui — lui — escamote *a priori* les vrais problèmes derrière un nuage de chiffres en accréditant l'illusion selon laquelle — grâce à la « départementalisation » ou à des statuts définitifs — les problèmes des départements d'outre-mer relèvent exclusivement du « niveau de vie » ou du « développement industriel ». Ces conventions de vocabulaire qui permettent de parler « à côté du sujet » ne sont pas innocentes. Elles participent d'une nostalgie refoulée et vaguement honteuse.

Soyons courageux : quel trouble sentiment habite un « Français moyen » planté devant une carte et vérifiant qu'il subsiste — ici et là à travers le monde, modestes, dérisoires, symboliques — quelques points roses, derniers vestiges des grandes taches de l'empire français? Ultimes confettis mal décollés du globe par les grands reflux décolonisateurs de l'histoire. Ah! ces planisphères de M. Vidal de La Blache où s'étalaient sur cinq continents l'encre conquérante d'un empire de 13 millions de kilomètres carrés et 110 millions d'habitants...! Barbouillages triomphalistes, lambeaux de gloire effacés dans l'amertume par la Ve République émancipatrice. Sauf... oui, regardez bien là-bas aux antipodes océaniens ou dans les Caraïbes. Les points roses sont-ils autre chose que de minuscules drapeaux sauvés on ne sait trop pourquoi des tempêtes du siècle. Et consolateurs! *« Tout est perdu, mon général, sauf les DOM-TOM. »*

A mesure que se rétrécissait l'empire, ce qu'il nous restait de nostalgie coloniale s'est concentré sur les têtes d'épingles devenues symboles d'une histoire arrêtée. Comme on s'est mis alors à les aimer ces enfants lointains qui, eux, ne cédaient pas aux ingratitudes sécessionnistes. Comme on les a chéries ces possessions négligées pendant des siècles mais témoignant brusquement d'une fidélité à fendre l'âme. Est-ce tout à fait un hasard si le « discours » officiel sur les DOM-TOM a pris sa tournure définitive au moment précis où la France « perdait » l'Indochine, l'Afrique et l'Algérie? Sans doute pas. Le singulier « transfert » affectif qui s'est produit à ce moment-là, les débordements de sollicitude patriotique dont se sont vues gratifiées ces petites terres lointaines, donnent encore leurs couleurs particulières aux envolées « intégrationnistes » de la majorité. Michel Debré confesse avec un peu d'ingénuité que son intérêt pour la Réunion date de 1959, quand s'amorça la politique de désengagement en Algérie. « Notre effort intellectuel et financier se portait de préférence vers des populations qui, peut-être par notre faute, se détachaient de nous alors que les hommes et les femmes fidèles (de l'outre-mer) devaient se contenter de leur fidélité. Je pris la résolution de modifier cet état de chose [1]. »

Ce transfert panique paraissait même si nécessaire à une UDR

---

1. Michel Debré, *Une politique pour la Réunion*, Plon, 1974.

conduite malgré elle à la décolonisation, et d'une façon générale à une partie de l'opinion meurtrie par ces grands basculements de l'actualité qu'on a fermé les yeux chaque fois qu'il le fallait. Chaque fois qu'en Nouvelle-Calédonie, qu'en Polynésie, en Guyane ou ailleurs de « petits événements » risquaient de venir troubler l'image d'une si parfaite et si rassurante fidélité. Avait-on le temps en octobre 1958, en pleine résurrection gaulliste, de s'intéresser au sort d'un député de Papeete, M. Pouvanaa A Opa, *métua* (guide) charismatique de l'indépendance polynésienne, victime d'une obscure machination policière et condamné à huit ans de prison? (Après avoir, seul avec le Guinéen Sékou Touré, osé faire voter « non » au référendum de 1958.)

Remarqua-t-on qu'en juillet 1961, en pleine révolte OAS et un an avant l'indépendance algérienne, le gouvernement dissolvait un très lointain « Front Antilles-Guyane » réclamant l'émancipation? Sut-on à Paris en 1963 qu'une affaire de plastiquage à Nouméa — providentielle — permettait à l'administration d'écarter de la scène M. Maurice Lenormand, député autonomiste de l'Union calédonienne? L'opinion prit-elle la peine de s'interroger vraiment en 1959, en 1963 et en 1967 sur les troubles qui agitèrent les Antilles?

Non seulement on refusa de voir et d'enregistrer ces « signes » mais les partis de la majorité s'abandonnèrent à un étrange dédoublement idéologique. Tandis que l'UDR douloureuse, cravachée par son chef et désertée par quelques irréductibles comme Jacques Soustelle, acceptait peu à peu les réalités, et même le *langage* de la décolonisation jusqu'à en revendiquer « historiquement » les mérites; tandis que Michel Debré, du *Courrier de la colère* aux accords d'Évian, parcourait un long chemin de croix, dans le même temps les gaullistes investissaient les DOM-TOM comme autant de bastions et y installaient leurs certitudes coloniales « intactes ». Double langage appliqué à une réalité dont on refusait de voir les similitudes. Décolonisateur à Alger, assimilationniste à Fort-de-France ou Saint-Denis. Avec les mêmes mots, retournés comme des doigts de gants.

21

Écoutez-les, quinze ans après, les voilà devenus incantations. « L'ancienneté de la présence française », l'attachement indéfectible à la mère patrie, le spectre de la sécession, la générosité d'une métropole hors laquelle il n'y a pas de salut, les crimes de « quelques agitateurs groupusculaires » ou la « fidélité des Français à part entière »... Écoutez ce langage et ces certitudes proclamés à la Chambre. Amusez-vous de leurs « connotations » assez limpides... « Je souhaite que, Français d'Europe et Français des Antilles, nous écrivions ensemble sur les rivages des Isles : ici commence le pays de la liberté et de l'efficacité d'une nation moderne qui n'a pas besoin de dictature pour réaliser son expansion » (Léo Hamon, août 1970). « Hors du cadre national point de salut mais le retour à une économie de subsistance au XXe siècle universellement répudiée et la régression des salaires et du niveau de vie qui aussitôt s'ensuivraient » (Pierre Messmer, juin 1972). « A nos amis comoriens qui ont choisi une voie que je crois être la voie de l'aventure mais qu'ils espèrent être la voie du bonheur je voudrais dire cette parole des pèlerins d'Emmaüs : " Reste avec nous. Il se fait tard et déjà le jour baisse " » (Jean Fontaine, novembre 1974).

Qui ne sursauterait en entendant, à quinze années de distance, des phrases et des ellipses qui ont tant servi! Certes, l'usure des mots et la « compromission historique » des épithètes rendaient indispensable un remaquillage. On l'a fait. Si subtilement d'ailleurs qu'une modeste transmutation linguistique a pu faire croire que les réalités étaient différentes là où quelques mots avaient changé. « Départementalisation » au lieu d'intégration, « modification du statut » au lieu de décolonisation, « décentralisation » au lieu d'autonomie, etc. Ce changement infime de la syntaxe a suffi pour enfermer tous les débats sur les DOM-TOM — ils sont rares — dans un langage codé et mystificateur. La moindre discussion politique fait désormais intervenir des crispations, des affolements courroucés dès que — tragédie! — sous le vernis des conventions, pourrait percer la réalité des choses. On touche à l'inconscient collectif... Colonie, indépendance, autodétermination : mots « tabous » qu'il suffit de prononcer pour soulever de colères bizarres une moitié d'hémicycle.

« Cette départementalisation est devenue une sorte de fétiche, constatait dès 1962 Aimé Césaire, maire de Fort-de-France. On ne pouvait plus y toucher et malheur à celui qui la critiquait [1]. » Et Pierre Messmer neuf ans plus tard paraissait lui répondre sur un *ton* qui n'était pas insignifiant. « Les réalités du statut rejeté laisseraient au peuple le goût amer d'un paradis perdu. Pour éviter un naufrage aucune hésitation n'est permise entre les radeaux de l'aventure et le navire à la barre solide sur lequel nous embarquons pour un nouveau départ [2] ». N'a-t-elle pas une dimension névrotique, cette volonté de rejeter aux ténèbres et à l'oubli tout ce qui pourrait évoquer un problème « définitivement et officiellement » réglé : la décolonisation ? Qu'une même majorité à quelques années de distance conduise deux politiques contradictoires justifie bien quelques questions.

Or la première imposture de langage est bien là : dans l'affirmation solennelle que rien, absolument rien ne subsiste de comparable entre nos anciennes colonies *émancipées grâce à la magnanimité du gaullisme* et les DOM-TOM d'aujourd'hui qui paraissent comme surgis d'une autre histoire de France, d'un autre univers. Les DOM-TOM gardés à la France par la même UDR. Première imposture de faire croire qu'un dossier est clos alors qu'il est — encore — à examiner et à débattre d'une autre manière qu'en mesurant au millimètre des « niveaux

---

1. Déposition d'Aimé Césaire au procès des jeunes militants de l'OJAM (Organisation de la jeunesse anticolonialiste martiniquaise), le 28 novembre 1963 à Bordeaux.
2. Visite à Fort-de-France en mai 1971. Cette visite fut l'occasion de manifestations violentes qui firent un mort et plusieurs dizaines de blessés.

de vie ». Le premier effet de cette imposture est assez clair : l'absence totale d'une politique d'outre-mer encouragée par l'indifférence d'une opinion trop pressée de « tourner la page ». Quoi? Le sort de 2 millions de personnes ne mériterait-il plus rien d'autre qu'une curiosité sporadique et désinvolte? L'absence de rébellion armée dispenserait-elle de s'interroger sur les principes? Que vaudrait alors l'œuvre décolonisatrice du gaullisme s'il apparaissait — *a posteriori* — qu'elle ne fut dictée que par des circonstances internationales ou des considérations militaires?

Cette première constatation ne signifie pas qu'il faille derechef et sans autres formes de procès accorder l'indépendance à ces poussières d'empire dont au demeurant les situations ne sont pas identiques, on le verra. Elle signifie seulement que celui qui en 1975 rentre de longues visites outre-mer se heurte à Paris à une tartuferie qu'il n'imaginait pas. Non, répétera-t-on rue Oudinot, ces petits Blancs de Nouméa qui réclament sur leurs banderoles une *Nouvelle-Calédonie française* n'ont rien de commun — absolument rien — avec les Algérois du 13 mai, les Malgaches ou les Français de l'ancien Rabat. Et les jeunes Canaques qui parlent de Nation calédonienne ne sont pas des « colonisés ». La décolonisation est achevée, le dossier est fermé. Puisqu'on vous le dit!

Et pourquoi donc? Parce que les DOM-TOM ne seraient pas des « colonies »? Allons! Examinez leur histoire, leur économie, la condition psychologique et culturelle de leur population. Parce que les habitants ont « librement choisi le maintien dans la République »? Nous parlerons des votes et des libertés politiques à Djibouti, Moroni, sur l'île Wallis ou ailleurs. Parce que leur exiguïté leur interdit tout avenir solitaire? Naïve dérobade pour qui connaît un peu le destin moderne des Antilles britanniques ou néerlandaises, des ex-archipels anglo-saxons du Pacifique ou de l'île Maurice. Inacceptable argument surtout pour qui se penche un moment sur les effets économiques négatifs de la départementalisation — fol espoir déçu — ou du « statut » qui chaque année rend plus périlleuse une émancipation qui ne l'était pas au départ. Pour qui sait en outre que le premier territoire que la France ait accepté de « lâcher » — les Comores — fut précisément le plus pauvre et le plus démuni de tous. Alors?

Écoutez Pierre Billotte. « Il était normal que la France conduisît à l'indépendance des peuples qui pouvaient en accepter les risques. Mais ceux qui ne peuvent pas vivre sans la France et qui ont opté pour elle en 1958 doivent bien se convaincre que notre peuple n'admettrait pas de poursuivre en leur faveur l'effort qu'il est prêt à poursuivre s'il devait ouvrir la porte à une sécession » (22 mars 1966). Pourrait-on confesser plus crûment l'incohérence d'une politique, d'un quelconque dessein? Mesurez la candeur d'un Isidore Renouard : « Aux Nouvelles-Hébrides, il est à craindre que l'évolution progressive vers l'autonomie politique ne se fasse au détriment de la présence française » (octobre 1973). Écoutez encore Pierre Messmer : « Aussi bien, ce ne sont pas des intérêts matériels qui lient la Réunion à la métropole, c'est leur unité politique et humaine, physique et spirituelle. La Réunion c'est la France dans l'océan Indien. »

Incantations gratuites, litanies ânonnantes et surtout vacuité politique, inexistence, absence de réflexion généreuse. Voici près de vingt ans que le sort des DOM-TOM est comme placé entre parenthèses. Vingt ans que le poste ministériel qui les concerne est abandonné à des jeunes secrétaires d'État soucieux d'apprentissage gouvernemental ou encore utilisé pour quelques dosages de cabinet. Au rythme d'un ou deux ministres par an. Partout à travers le monde, là où la présence de la France paraît insolite dans des « environnements » qui lui sont étrangers, l'inconsistance de notre politique ultra-marine embarrasse nos partenaires et voisins. Dans les Caraïbes, en Amérique du Sud, au milieu du Pacifique on interroge inévitablement le Français de passage : « Quel est votre dessein? Comment voyez-vous l'avenir? » Oublierai-je ces confidences mélancoliques du repré-

25

sentant de la France à la Commission du Pacifique-Sud installée à Nouméa : « J'envoie des rapports à Paris, je demande des directives, on ne me répond pas. Nous sommes si loin. »

Cet immense désert de la réflexion a favorisé par contre le libre jeu des intérêts et des groupes. A permis que se poursuivent à l'ombre de l'Élysée calculs et manigances foccartiennes. Cette démission a favorisé un affairisme minable dans des territoires qu'il a recolonisés pour son propre compte. Discrètement. Sauvegardant ou reconstituant là-bas les vieux pactes coloniaux derrière les façades de la départementalisation, captant par le biais du fret ou de l'import-export les bénéfices de la solidarité nationale, aggravant sans cesse un sort économique jusqu'à ce qu'il devienne sans issue, sans autre alternative que celles — également funestes — d'une assimilation autoritaire ou d'un largage précipité.

La France dans son ensemble nourrirait-elle encore assez de ferveur coloniale pour — s'il le fallait — se « battre outre-mer »? Accepterait-elle au contraire d'ouvrir avec lassitude la main qui retient encore ces grains de sable exotiques sous son drapeau? Quel réflexe triompherait donc chez mes concitoyens : cartiérisme ou obstination cocardière, parti pris d'abandon ou maintien de notre « présence »? Nul ne le sait vraiment. La question ne sera pas posée. La question n'est jamais posée. A peine put-on remarquer — par accident — en décembre 1974 la mollesse des passions « coloniales » lorsque *l'affaire de Mayotte* plaça les Français devant un choix apparemment cornélien puisqu'il s'agissait d'émanciper, malgré eux, 40 000 « patriotes » attachés à la « patrie ». Les envolées douloureuses entendues à ce moment-là à la Chambre — et surtout au Sénat —, cette brusque éruption de grands sentiments et de larmes tricolores contrastèrent avec les silences d'une opinion « non concernée ». Non concernée parce que ignorante. Ignorante parce que anesthésiée depuis quinze ans par les mêmes raccourcis.

« En Afrique, en Asie, la décolonisation était dans l'ordre des choses parce que les pays africains et asiatiques étaient vastes, avaient une autre histoire, d'autres langues et civilisations que la nôtre. Rien de tel aux Antilles [1]. » En est-on si sûr? Est-il abusif de parler d'anesthésie lorsqu'un pays accepte sans discuter comme *vérité officielle* des slogans éculés et dont l'histoire a démontré cent fois l'outrecuidance. Ainsi donc le colonialisme serait « liquidé » dans les DOM-TOM — singulièrement aux Antilles et à la Réunion — grâce à une *généreuse assimilation* qui fait de leurs habitants des *Français à part entière*. « La départementalisation reste pour le gouvernement une espèce de longue marche permanente. C'est une formule bien française caractérisée par un effort de tous les instants pour mettre sur le même plan social et économique les habitants de ces départements et ceux de la métropole. Généreuse, cette politique est à l'opposé du colonialisme dont on la taxe parfois un peu légèrement » (Olivier Stirn, novembre 1974).

A qui s'adresse M. le secrétaire d'État aux DOM-TOM? Sait-il que l'empereur Caracalla se glorifiait d'avoir accordé la citoyenneté à tous les habitants de l'Empire romain? A-t-il lu la Constitution de l'An III [2] : « Les colonies françaises sont parties intégrantes de la République et sont soumises à la même loi constitutionnelle. » Sait-il que le principe d'assimilation était inscrit dans l'acte colonial (1930) du Portugal de Salazar? Qui espèrent-ils convaincre, ces usagers de la « générosité » française? Ont-ils oublié qu'en 1917, un certain Albert Sarraut, gouverneur de l'Indochine, s'écriait déjà avec la même « générosité » : « Où nous sommes nous devons rester. Ce n'est pas seulement la consigne de nos intérêts, c'est l'injonction de l'humanité, l'ordre de la civilisation [3]. »

Le temps est bien suspendu au-dessus des DOM-TOM. Et les discours restent englués dans une confiture de formules creuses, rabâchées sur le mode déclamatoire par des hommes qui

1. *Notes et Études documentaires*, 22 novembre 1972.
2. C'est en effet la Convention qui tenta pour la première fois de faire prévaloir aux colonies le principe de l'assimilation totale. La Constitution de l'An III, il est vrai, ne fut jamais appliquée.
3. Albert Sarraut, *Grandeur et Servitude coloniales*.

— en privé — sont parfois les premiers à en sourire. Calme plat sur les confettis de l'empire, rien à signaler outre-mer où les populations, « légitimement soucieuses de leur sous-développement », n'auraient tout de même pas la « folie de remettre en question leur qualité de Français ». En visite aux Antilles en décembre 1974, bousculé par la foule guadeloupéenne et défié par Aimé Césaire à la mairie de Fort-de-France, Valéry Giscard d'Estaing n'en laisse pas moins échapper cette phrase — paisiblement — : « Il ne faut pas disperser les énergies sur des questions de statut politique qui ne figurent pas dans les préoccupations des Antillais [1]. »

Elles ne figurent pas — c'est évident — dans les préoccupations de la métropole. Les DOM-TOM ne sont pas à l'ordre du jour du débat politique. Tout juste un sujet « marginal » pour la presse d'extrême gauche, une rubrique qui fut longtemps modeste dans *l'Humanité* et l'objet d'une maladresse dans le programme commun lui-même. Quant aux événements « énigmatiques » qui peuvent survenir — ici et là — outre-mer, leur place est réservée : la page des faits divers. Étant entendu d'ailleurs qu'ils n'ont aucune espèce de liens les uns avec les autres.

Une preuve récente? Au mois de novembre 1974, Cayenne est en état de siège, hérissé de barricades et de pancartes réclamant l'indépendance. Huit intellectuels guyanais sont arrêtés, transférés à Paris sous l'inculpation de « complot ». Une inculpation dont l'instruction démontrera la sottise. En juillet, Nouméa a connu de rudes manifestations « indépendantistes » nécessitant l'envoi de gardes mobiles. En septembre et novembre, un procès politique se déroule sans même qu'on en parle à Paris. Aux Nouvelles-Hébrides, pour la première fois, plusieurs défilés mélanésiens troublent l'insouciance des petits Blancs tandis que le National Party favorable à l'indépendance de l'archipel

---

1. Au sujet de ces incidents, *le Monde* des 15-16 décembre 1974 constate au contraire : « A M. Olivier Stirn qui affirmait récemment que les mots autonomie et indépendance n'avaient plus cours aux Antilles, les deux premières journées du voyage présidentiel dans les départements français d'Amérique ont apporté un démenti cinglant. »

accroît brusquement son audience. En décembre, les Comores — hormis l'île Mayotte — se prononcent pour l'indépendance. En Afrique, aussi bien à la tribune de l'OUA que par la bouche de Léopold Sédar Senghor, la France est attaquée sur la question de Djibouti où Ali Aref, « l'homme de Jacques Foccart », parle désormais lui-même d'une indépendance dont il espère recueillir les fruits après l'avoir officiellement combattue [1]. Petits exemples, poussières, péripéties choisis au hasard parmi les plus récents...

Elles valent surtout *a contrario* par l'absence de réactions qu'elles ont suscitées en métropole. Comme si la France refusait instinctivement *d'enregistrer* et même de *percevoir* ces bruits venus d'une autre époque.

Réfléchir sur ces quelques faits impliquait, il est vrai, que l'on se posât clairement une question scandaleuse : la France, en 1977, serait-elle devenue la dernière puissance coloniale du monde ?

La schizophrénie de l'opinion française à l'égard des DOM-TOM ne concerne pas seulement l'histoire (que l'on imagine arrêtée depuis quinze ans). Elle touche à la géographie. Relisez les discours, les interviews, les reportages, les analyses publiés à Paris depuis des années. On paraît y considérer les DOM-TOM comme des entités « non situées », posées très loin aux antipodes mais dans d'étranges *no man's land* qui n'auraient d'échanges qu'avec Paris, ne subiraient pas d'autres influences que celles — bonnes ou mauvaises — de la métropole. On imagine qu'une sorte de « cordon sanitaire » entoure nos chères possessions qui les isolerait, chacune séparément, de leur contexte géographique. Un slogan couvre cet aveuglement : « La continuité territoriale ».

On oublie continuellement en somme que chaque département,

---

1. Ce calcul sera déçu. En 1976, la France changeant subitement de politique « lâchera » M. Aref, pour préparer avec ses adversaires Issas une indépendance acquise le 27 juin 1977. Sans drames. Et sans M. Aref...

chaque territoire d'outre-mer appartient à une région du monde particulière, participe d'un ensemble géographique — et culturel — qui n'est pas français. On oublie surtout que ces ensembles ont connu depuis peu des bouleversements, au regard desquels l'immobilité politique des « possessions françaises » fut une extraordinaire exception. Les DOM-TOM situés au cœur de régions agitées par l'émergence des nationalismes insulaires et parfois révolutionnaires sont balayés par des tempêtes d'idées, de slogans, de rêves et de romantismes nationaux qui concernent le plus souvent des territoires comparables par leur taille, leur économie, leur histoire coloniale. Du Pacifique aux Caraïbes, la vitalité de ces jeunes idéologies, la richesse de ces bouillonnements culturels forcent l'intérêt sans parvenir toutefois à ébranler nos fonctionnaires. Des universités de Suva (îles Fidji) ou Port Moresby (Nouvelle-Guinée), de Port of Spain (Trinité et Tobago), de Georgetown (Guyane), Paramaribo (Surinam) partent chaque jour sous forme de films, de poèmes, de romans, de discours des « messages » qui parlent d'identité nationale, de « pouvoir noir » ou de « nation canaque ». Et rien ne peut empêcher que ces messages ne parviennent jusqu'à Fort-de-France, Cayenne, Port-Vila ou Nouméa — où ils sont reçus. Imagine-t-on ce que peuvent signifier, par contraste, les bégaiements ministériels, les rabâchages préhistoriques ou les conseils louis-philippards, (« Enrichissez-vous »!) qui constituent les seuls « discours » qu'adresse la France à ses lointains ressortissants?

On ne se souvient pas sans mélancolie que Nouméa et Papeete étaient encore au début du siècle des centres de culture et d'intelligence rayonnant sur tout le Pacifique-Sud. On y remâche aujourd'hui des anachronismes qui font sourire l'Océanie.

En clair, les empires occidentaux (britanniques, hollandais, américains [1], australiens) qui s'étendaient comme le nôtre sur des « poussières d'îles » et des archipels océaniens ont progres-

---

1. Quelques exceptions importantes pour l'Amérique cependant : Hawaï, Porto Rico, Guam...

sivement disparu. Nous voilà presque seuls outre-mer. Depuis peu de temps.

Le monde caraïbe auquel appartiennent les Antilles françaises vient d'être traversé par une deuxième vague de décolonisation qui parachève l'effacement du colonialisme britannique après l'échec des projets de fédération au cours des années soixante. En 1962, les « grandes îles », Jamaïque (2 millions d'habitants), Trinité et Tobago (1 million d'habitants) et la Guyane, avaient accédé à l'indépendance avant d'être secouées (à partir de 1969) par des conflits raciaux et les revendications d'un « pouvoir noir [1] » qui ne fut pas sans écho en Martinique. En 1966, les Barbades, colonies britanniques depuis plus de trois siècles, minuscule archipel agricole (430 kilomètres carrés) et « paradis touristique » pour milliardaires yankees, ont choisi à leur tour l'indépendance après avoir rejeté la « fédération des petites Antilles » proposée par Londres. En 1967 les sept « petites Antilles » britanniques deviennent elles-mêmes et malgré leur exiguïté des « États associés » jouissant d'une large autonomie interne, prélude à l'indépendance. L'une d'entre elles, Grenade, s'émancipe totalement en février 1974 après une longue série de troubles matés par la police de M. Eric Gairy, dictateur local. En juillet 1973 les 700 îles des Bahamas qui jouissaient de l'autonomie interne depuis 1964 s'étaient elles aussi affranchies de la couronne britannique tout en retombant — par le biais du tourisme et du paradis fiscal — dans une sorte de protectorat américain. En 1973, après quelques émeutes, le « pouvoir noir » d'un avocat créole, M. Bruma, triomphe au Surinam (Guyane hollandaise) déjà largement autonome et réclame une indépendance qui interviendra en novembre 1975. Les 6 îles des Antilles néerlandaises [2] s'acheminent sur la même voie qui conduit

1. Sous l'influence notamment de quelques écrivains célèbres comme les Jamaïcains C.-L.-R. James et Vic Reid, les Trinidadiens Vidia Naipaul, Georges Lamming, le Guyanais Wilson Harris. Plusieurs leaders du « black power » américains comme Stokely Carmichael ou Rap Brown sont d'ailleurs d'origine antillaise.
2. Curaçao, Aruba, Bonaire, Saint-Martin (dont les deux tiers appartiennent à la France), Saint-Eustatius et Saba.

à la disparition du « Royaume tripartite des Pays-Bas ». Sans doute serait-il naïf d'idéaliser l'aventure de ces nouveaux « États miniatures ». L'indépendance n'y a pas miraculeusement introduit le bonheur, la prospérité et la justice. Puisque tous au contraire sitôt « libérés » ont dû faire face au népotisme, aux conflits raciaux, à l'étranglement des économies sucrières et bananières, aux poisons insidieux du tourisme de luxe. L'histoire récente des Caraïbes s'apparente à un maelström d'émeutes, de crises et de répressions sur lequel planent les espérances pâlies de la révolution cubaine.

En règle générale le niveau de vie des habitants de ces jeunes nations caraïbes reste très inférieur à celui — artificiel il est vrai — des trois départements français de la région [1]. Beaucoup d'entre elles sont devenues de simples terrains de manœuvres pour les multinationales. Il n'empêche! Dans tous ces archipels créoles, parmi tant de peuples métissés qu'obsède la vieille quête d'une identité, ces conquêtes nationales, ces récupérations d'un destin *antillais* — même formelles, même payées au prix fort — sont apparues comme des progrès. L'histoire n'est pas seulement faite de chiffres. Qui oserait soutenir que l'humiliation pèse infiniment moins lourd que la pauvreté? Aimé Césaire le murmurait un jour avec mélancolie à Fort-de-France au lendemain d'une répression policière empoisonnée par le racisme « petit blanc » : « Si la France continue à montrer ce visage, nous, les autonomistes, risquons d'être dépassés par les indépendantistes. Le choix se fera alors entre l'âme et le ventre et les jeunes oseront faire ce que nous n'avons pas osé : ils choisiront l'âme [2]. » Paris devrait mieux regarder ces Caraïbes où depuis vingt ans la parole française ne s'adresse qu'aux ventres.

Dans le continent liquide du Pacifique sur lequel flottent les constellations insulaires de la Polynésie, Mélanésie et Micro-

---

1. Excepté peut-être pour Porto Rico sous tutelle américaine et les Bahamas « paradis touristique ».
2. *Le Monde diplomatique*, octobre 1971.

nésie — 45 000 îles! —, des phénomènes du même ordre se sont produits. Même si là-bas les contagions idéologiques se sont trouvées ralenties par les distances. En 1962, les Samoa occidentales qui s'étaient prononcées l'année précédente par voie de plébiscite se sont affranchies de la tutelle néo-zélandaise. Protectorat britannique depuis 1890, le vieux royaume de Tonga a obtenu son indépendance le 4 juin 1970. La même année les îles Fidji, anciennes colonies britanniques cédées en 1884 à la reine Victoria, déchirées par les antagonismes raciaux mais autonomes depuis 1965, ont accédé à la souveraineté internationale et sont devenues le 127e membre de l'ONU. La Papouasie-Nouvelle-Guinée jouissant depuis 1973 d'une autonomie interne sans tutelle australienne a proclamé son indépendance en mars 1975 [1]. Le minuscule îlot de Nauru (12 kilomètres carrés et 5 000 habitants), riche en phosphate, Koweit du Pacifique, est indépendant de l'Australie depuis 1968. Plus « subversives » encore, parce que situées à proximité immédiate de la Polynésie française, les îles Cook, qui dépendent de la Nouvelle-Zélande, bénéficient depuis 1965 d'une très large autonomie qui fait rêver les élus tahitiens. Les Salomon, Gilbert et Ellice et la Micronésie s'affranchissent peu à peu de leurs anciennes tutelles. Le plus souvent avec le soutien des Nations unies.

Sur toute l'Océanie désormais se répercutent les échos d'un débat qui enflamme les nouvelles générations « indigènes ». Coutume ou civilisation, frugalité acceptée ou « développement » corrupteur, indépendance romantique déjà menacée par les nouveaux impérialismes économiques des sociétés japonaises, des maisons de commerce australiennes ou des lobbies touristiques américains. C'est un débat nouveau. Pendant deux siècles les îles du Pacifique, dentelles de civilisations, ont été laminées par les certitudes conquérantes des missionnaires catholiques

---

1. La partie occidentale de la Nouvelle-Guinée quant à elle fut une colonie hollandaise mais ne cessa jamais d'être revendiquée par l'Indonésie. En 1962, elle provoqua une petite guerre entre la Hollande et l'Indonésie et devint province indonésienne le 1er mai 1963.

ou presbytériens, puis par les nouveaux messianismes — moins innocents — du bonheur industriel colportés par Londres, Paris ou Wellington. Aujourd'hui, alors que l'Occident doute brusquement d'un « modèle » qu'il imposa jadis à ses sujets, chaque nouvel État s'interroge sur sa propre définition du bonheur. L'indépendance lui en donne le droit à défaut des moyens. Régulièrement, depuis 1964, les jeux du Pacifique par exemple sont l'occasion de retrouvailles entre des peuples dispersés sur des milliers de kilomètres d'océan et qui, dans le faste un peu naïf des étendards, des hymnes et des chansons, redécouvrent leur parenté.

La première conséquence de ce retour aux sources favorisé par l'effacement — au moins politique — des Blancs est claire : le PNB (produit national brut) a cessé d'être l'unique critère servant à mesurer la « réussite » de chaque archipel. Pauvre, anachronique, le royaume de Tonga n'en rayonne pas moins aujourd'hui grâce à une culture traditionnelle préservée. Ce n'est qu'un exemple. D'une façon générale les colonialismes d'hier maintenant « désengagés » sont jugés autant pour le degré de respect qu'ils ont manifesté à l'égard des « coutumes » que pour leurs « réalisations ». Or, considéré du point de vue de l'ethnologue, le colonialisme français n'est pas loin d'avoir été le plus corrupteur. Le moins admissible étant qu'il continue de l'être. Cent conversations conduites de Port-Vila à Nouméa, de Papeete à Wallis indiquent que nos « gouverneurs » n'ont pas encore lu Lévi-Strauss...

Au Bishop Museum d'Hawaï, dans les universités australiennes, néo-zélandaises ou fidjiennes des chercheurs s'intéressent aux civilisations océaniennes qui, en 1975, méritent sans doute mieux que la poursuite d'une occidentalisation précipitée. A Papeete, Nouméa ou Port-Vila au contraire les recherches analogues des jeunes experts français de l'Orstom [1] — quand elles sont tolérées — sont tenues pour suspectes par l'administration.

1. Office de recherche scientifique et technique d'outre-mer.

« Qu'est-ce que ça représente toutes ces choses par rapport à la puissance calédonienne? » nous lançait avec agacement Louis Verger, haut-commissaire français à Nouméa. Vu de là-bas, Paris semble n'avoir d'autre projet océanien que celui de transformer les jeunes Mélanésiens ou Polynésiens en banlieusards « francisés » consommant des produits d'importation dans une HLM de Nouméa ou de Papeete. Tout le reste participant de la « subversion » ou de « l'agitation anti-française ». C'est peut-être un « dessein ». Qui oserait dire que c'est un « grand dessein »?

A l'autre bout du monde l'océan Indien — devenu zone stratégique mondiale — se débarrasse des formes les plus désuètes du colonialisme occidental. L'île Maurice, ancienne terre française devenue britannique en 1814, est indépendante depuis mars 1968. Dès 1961 elle s'y était d'ailleurs préparée et avait pu jouir à partir de 1964 d'une réelle autonomie politique malgré la pression des sucriers locaux et des classes moyennes réclamant une intégration politique à la Grande-Bretagne propre à sauvegarder leurs intérêts. L'archipel des Seychelles — sans autres ressources que celles du tourisme — doit obtenir sa souveraineté avant la fin de 1976.

La France elle-même a prouvé aux Comores qu'elle pouvait être décolonisatrice lorsqu'il ne lui en coûtait rien. Autonomes depuis 1961, misérables et surpeuplées, les quatre îles comoriennes ne présentaient plus d'intérêt pour Paris dès lors qu'on renonçait à en faire une position de repli pour les troupes françaises stationnées à Diego Suarez. Démunies de richesses minières ou agricoles, quasiment vides de colons français [1], les Comores n'avaient même plus l'intérêt stratégique qu'on a pu jadis leur prêter. Dès lors que, déçus par la parcimonie des efforts métropolitains à Moroni, les népotes locaux incarnés par M. Ahmed Abdallah et soutenus aveuglément par la rue Oudinot réclamèrent un statut autonome, puis l'indépendance, Paris n'y fit pas obstacle. Bien au contraire. Mieux (ou pire), on usa pour

---

1. Seule société de type colonial, la BAMBAO exporte des plantes à parfum.

justifier un « largage » qui faisait bon marché des protestations mahoraises, des arguments mêmes que l'on qualifiait de « subversion » ailleurs. MM. les secrétaires d'État aux DOM-TOM parlèrent sans rougir à Moroni le langage qu'utilisent « scandaleusement » leurs adversaires martiniquais ou calédoniens. Par le fait d'on ne sait quelle exception, l'exiguïté, l'absence de ressources et la surpopulation n'étaient plus des obstacles à l'émancipation. Subitement, il n'était plus « criminel » de ramener à sa juste mesure « l'attachement patriotique » des populations francophones. Il cessait même d'être interdit de parler de « dignité » à propos des colonisés qui souffrent d'autant plus de l'être que leurs voisins ne le sont plus. « Nous devons comprendre ce peuple fier qui veut tenir son rang et nous devons lui permettre de faire bonne figure dans l'océan Indien en ne le mettant pas dans un état d'infériorité par rapport à ses voisins [1]. » Vérité ici...

Tout près des Comores, à la Réunion par contre, le même vocabulaire est toujours dénoncé par l'administration et sur le mode apocalyptique par Michel Debré. A Djibouti l'indépendance — qu'on finit par accorder en juin 1977 — fut longtemps jugée « prématurée ». Situation d'autant plus exorbitante que la disparition du salazarisme à Lisbonne et du franquisme à Madrid est venue mettre fin au dernier entêtement colonial en Afrique. Le Mozambique, la Guinée, l'Angola, le Sahara espagnol émancipés, il ne reste sur le continent noir que trois parenthèses « blanches » : la Rhodésie, l'Afrique du Sud et le Territoire français des Afars et des Issas. Était-ce là notre « camp »?

Voilà bien une découverte qui mérite mieux que de l'indifférence. La France seule outre-mer, la France agrippée à quelques bouts du monde résistant aux tourbillons de cet extraordinaire « éveil des nationalités » qui domine l'histoire depuis un quart de siècle.

Aurions-nous un secret?

1. Émile Dubois, rapporteur du projet de loi sur l'autonomie des Comores, 22 décembre 1962.

Aurions-nous montré plus de clairvoyance ou de « générosité » que les Anglais, les Hollandais, les Portugais, les Australiens en protégeant malgré eux nos « ressortissants » contre les « chimères pernicieuses » et les « indépendances catastrophiques »? La « départementalisation », votée le 19 mars 1946 — réclamée à l'époque par la gauche et par l'ensemble des populations pour lesquelles elle représentait un grand espoir —, aurait-elle réussi à liquider « d'une autre manière » le colonialisme aux Antilles, en Guyane et à la Réunion? Le statut territorial élargi par la loi cadre de 1953, puis modulé par la suite selon les cas (large autonomie interne à Djibouti, autonomie restreinte en Nouvelle-Calédonie [1] et en Polynésie) aurait-il exceptionnellement résolu « à la française » des situations sans issue? C'était encore, en 1975, le point de vue officiel.

Mais alors? Si l'on s'abandonnait une seule seconde à cette auto-satisfaction, comment ne pas célébrer une exceptionnelle « réussite » qui — seule de son espèce — devrait briller à travers le monde. Que ceux qui font profession d'y croire encore, malgré tant d'échecs, d'amertume et de déceptions, le disent, le proclament, le crient à tue-tête. Qu'ils argumentent! La France seule aurait donc compris que cette « épidémie d'indépendance » dont parlait Aimé Césaire en 1962 n'était qu'une vilaine fièvre à laquelle il eût été coupable de céder. Grâce à Paris, 2 millions d'hommes et de femmes à travers le monde auraient résisté à ce « vertige » et jouiraient au milieu de territoires sous-développés d'une prospérité sans équivalent. En sus de la « dignité que confère l'appartenance à une grande nation ».

Prêtez l'oreille! Écoutez bien les derniers échos de ce catéchisme assimilationniste qui retentissent parfois encore au Parlement ou dans les vieux couloirs de la rue Oudinot. Quelque chose de fêlé, d'exténué, de coupable empêche le mieux disposé des témoins d'en accepter le premier mot. Un énorme sentiment

---

1. En 1963 la loi-cadre instituant une autonomie interne en Nouvelle-Calédonie a été abrogée par le vote des trois « lois Billotte ».

de malaise flotte au contraire sur toutes les discussions ultramarines. Comme s'il s'agissait maintenant de poursuivre une marche solitaire dans un marécage avec le pressentiment que chaque pas rendra plus douloureux un retour en arrière. D'où ces atermoiements bizarres, ce « sur place » embarrassé du guide qui refuse de rebrousser chemin. Non, elle n'est décidément ni innocente ni accidentelle cette gêne collective qui interdit d'ouvrir le dossier de nos dernières colonies.

Ouvrons-le! Vingt ans après, les articles de foi de la présence française outre-mer fournissent la trame d'un inventaire : celui d'un ahurissant gâchis.

CHAPITRE II

La honte

Deux mots dans mes notes : malaise et crispation. J'en ajouterai un troisième : la honte. C'est un sentiment que l'on remâche sans plaisir dans les avions qui vous ramènent vers Paris. Honte devant les barbelés français entourant Djibouti, les fonctionnaires fourbus de Cayenne, les « colons » UDR de Port-Vila, les jeunes Canaques de Nouméa ou les ouvriers agricoles de Martinique... Ce malaise et ces crispations perceptibles dans nos « départements » et « territoires » d'outre-mer ne sont peut-être rien d'autre qu'une honte qui n'ose pas dire son nom.

La honte?

En 1975, on ne retrouve pas sans déplaisir, à quelques heures de vol de Paris, une vieille momie que l'on croyait tombée en poussière, un monstre paléolithique gonflé de sottises péremptoires : la mentalité coloniale. Il faut commencer par elle. Certes, nous parlerons de scandales plus tangibles, de chiffres et de mécanismes politiques. Mais à quoi servirait-il d'ouvrir un dossier si on ne décrivait d'abord sa « couverture ». Celle-ci a les couleurs d'une relique. En Nouvelle-Calédonie, en Guyane ou même à Tahiti rôde encore le fantôme d'une France disparue — celle des gouverneurs musclés, des « petits Blancs » et des barbouzeries de sous-préfecture. Voici réfugié sur quelques îles, cerné, assiégé par le siècle un théâtre désuet que l'on dirait exhumé

39

des chroniques coloniales de l'entre-deux-guerres. Rentrant de Nouméa en 1974 un magistrat français pouvait écrire : « En arrivant en 1970 en Calédonie après environ vingt ans d'Afrique noire, j'ai eu le désagréable sentiment de me retrouver à l'époque de mes débuts, dans une atmosphère typiquement coloniale, telle que je l'avais connue des années avant la loi-cadre [1]. »

Indignation candide. Que dirait-il, ce magistrat, du maintien de l'ordre à Djibouti, des salons *békés* de Fort-de-France ou des discours officiels de Saint-Denis de la Réunion (« *Ce morceau de France palpitant sous d'autres cieux* »...). Un voyage outre-mer, c'est d'abord un voyage dans le temps. A la descente de l'avion, dans les moiteurs tropicales, vous attendent des colloques de souvenirs, des aigreurs bavardes et, oui vraiment, une formidable dose d'inconscience historique.

Quoi d'étonnant d'ailleurs? Sur le plan administratif, militaire ou commercial, les DOM-TOM sont d'abord des refuges. Où sont-ils passés nos anciens administrateurs de la « France d'outre-mer », nos juges de paix de l'AOF et nos capitaines de tirailleurs? Morts parfois mais le plus souvent réinstallés avec leurs certitudes et leurs méthodes sur ces « confettis » éparpillés dont on nous assure à Paris qu'ils n'ont plus rien à voir avec des « colonies ». Dans le Pacifique, la quasi-totalité des magistrats ont aujourd'hui plus de cinquante ans et sont issus de l'ancien cadre d'outre-mer. Le gros du personnel administratif des préfectures ou des hauts-commissariats a fait ses classes en Afrique (« *Ici, si ça bouge, je cogne* », nous disait le haut-commissaire de France à Nouméa). Les officiers de la Légion étrangère recasés en Guyane ou aux Comores, les commandants d'unité du TFAI ou les gendarmes de Papeete se consolent visiblement très mal d'avoir « perdu » l'Indochine et l'Algérie, d'avoir vu « mourir une époque ». La plupart des conversations que l'on peut avoir là-bas psalmodient la même petite musique : celle de « l'amicale des anciens coloniaux ». On y remue beaucoup de

1. Documents du Congrès national du syndicat de la magistrature, novembre 1974.

mélancolie en y poussant de grands soupirs — rétrospectifs.
A l'oreille, c'est la première découverte.

Il faut savoir en tout cas — parce que cela compte — que la
France y est souvent incarnée par des rescapés de l'histoire,
irascibles ou dévoués selon les cas mais qui, pour la plupart,
se font une idée particulière de leur mission. Ils sont « en poste »
pour que soit gagnée ici une bataille qui a été perdue ailleurs.
On ne les détrompe pas. Le poing crispé sur le drapeau, l'index
prompt à dénoncer les crimes de l'anti-France, ce sont les derniers
gardiens des derniers lambeaux du dernier empire. « *Ici on ne
passe pas.* » C'est parfois drôle. Pas toujours...

A ces « vieilles gardes » se trouve juxtaposée une autre catégorie de fonctionnaires qui n'est pas beaucoup plus libérale.
Celle des métropolitains modestes goûtant, l'espace d'un séjour
outre-mer, aux délices exceptionnels de la vie coloniale. Salaires
payés en francs CFP, en francs Djibouti ou en francs CFA, en
tout cas au prix fort [1]. Domesticité autochtone. Climats privilégiés. Tous ces serviteurs d'une administration pléthorique
(que la brièveté des séjours interdit de s'intégrer au pays) nour-
rissent ordinairement deux sortes de préoccupations. Profiter
de l'aubaine d'un poste outre-mer pour amasser un pécule
inaccessible aux salariés banlieusards ; obtenir si possible une pro-
longation de séjour. Deux projets qui inclinent au moins à une
prudence immobile ceux qui résistent à la tentation des petites
bassesses. A Djibouti, un club réunissait hier la plupart des
des « petits Blancs » du territoire : *l'Amicale des amis du président
Aref.* Mais si, dînant le soir à la *Siesta*, le meilleur restaurant
européen du « plateau des Serpents », vous prêtez l'oreille, peut-
être cueillerez-vous au vol ces « annonces » : « *Sept millions
ce mois-ci! Et toi?* » A 500 mètres de la *Siesta* commencent les

---

1. A Djibouti un petit fonctionnaire métropolitain gagnait en un mois le salaire
annuel d'un manœuvre « indigène ».
CFP : franc pacifique qui vaut 5,5 centimes.
CFA : 0,02 francs; le franc Djibouti quant à lui vaut 2,6 centimes.

bidonvilles du Magalla indigène : 11 000 baraques abritant 70 000 personnes...

Réfléchit-on à cette première donnée : dans tous les DOM-TOM la République est incarnée par des Français dont, sauf exceptionnelle grandeur d'âme, le plus grand souci est de « faire durer » une situation dont ils sont les premiers bénéficiaires. Tout l'appareil administratif et militaire d'outre-mer incline ainsi, par l'effet de son propre poids, vers un conservatisme sourcilleux. Et cet appareil-là reproduit sans le savoir sous les tropiques un langage mort depuis longtemps à Paris, réinvente les « attitudes » coloniales les plus anachroniques. L'univers des Blancs, comme il y a cent ans, reste une sorte de coffre-fort de dédain posé à proximité d'une population dont il ignore à peu près tout, étranger à ses peines et généralement à sa langue. Comme il y a cent ans, ses seuls interlocuteurs sont les membres de cette bourgeoisie autochtone (mulâtres des Antilles, *Demis* polynésiens, *Caldochs* [1] de Nouméa ou petits chefs mélanésiens comblés de médailles) balancée entre le souci de monnayer son loyalisme « patriotique », son zèle « imitateur » ou sa hâte d'occuper des postes investis par des concurrents venus de métropole. Nulle part en tout cas — sauf peut-être aux Antilles — je n'ai découvert de *vraie rencontre* entre la population et les représentants du « pouvoir blanc ».

Ce n'est que la toile de fond. Elle n'est pas sans importance. La force des vieilles pesanteurs coloniales est telle dans les DOM-TOM, et si lourd le poids des intérêts particuliers que, même si Paris choisissait sérieusement un jour une politique d'ouverture et de libéralisme, comme paraît le souhaiter M. Valéry Giscard d'Estaing, il lui faudrait d'abord vaincre cet obstacle. Parions que la résistance des structures administratives elle-même serait encore capable de freiner plus longtemps qu'on ne l'imagine la mise en œuvre d'une politique.

Si elle existait. Il n'est pas sûr que ce soit encore le cas.

---

1. *Caldochs* est le surnom donné aux Blancs de Nouvelle-Calédonie.

Tout se passe au contraire dans nos « territoires » et nos « départements » comme si un impératif prioritaire dominait encore et toujours l'action administrative, les projets commerciaux et la routine judiciaire. Plus qu'un impératif, une obsession : *maintenir*. Chaque préfet, chaque « haut-commissaire » se croit investi d'une mission proconsulaire et l'impulsion qu'il donne à l'appareil ne fait qu'aggraver des tendances dont on a vu qu'elles étaient naturelles. La vie quotidienne se trouve dès lors infectée par cette manière de hantise obsessionnelle (tout le monde y pense, personne n'en parle) qui justifie la politisation du moindre événement local. Politisation et manichéisme. Quand l'objectif officiel est l'immobilisme, chaque « mouvement » est un danger. « Monsieur le gouverneur » demeure hanté par le spectre d'une subversion multiforme et ses soucis l'amènent souvent bien au-delà du ridicule.

Dans l'île Wallis, un fonctionnaire fut mal noté pour avoir tenté de réapprendre aux Polynésiens un artisanat traditionnel, un art, une culture qu'ils avaient oubliés. A Papeete, en 1968, les conseillers territoriaux qui tentèrent d'introduire en Polynésie le principe d'un impôt direct qui eût été moins injuste se virent accusés de « *préparer en douce l'indépendance du territoire* ». A Djibouti, en mars 1974, on fit arrêter de jeunes Afars coupables d'avoir organisé une collecte au profit de leurs « frères » danakils d'Ethiopie décimés par la famine. En Guadeloupe les jeunes intellectuels « écologistes » qui luttent contre certaines habitudes de consommation et pour une revalorisation des productions vivrières locales sont « ridicules [1] ». En Guyane on ne saurait s'intéresser au sort des Indiens du Maroni et de l'Oyapock, clochardisés et « francisés » malgré eux, sans se révéler « gauchiste ».

Partout, quoi qu'on dise, les langues « indigènes » sont tenues pour subversives. A Tahiti, des enseignants réclament depuis

---

1. Réflexion d'un sous-préfet de Guadeloupe rapportée par *le Monde* du 13 décembre 1974.

des années que la langue polynésienne soit acceptée comme option facultative au baccalauréat. Revendication rejetée pour « des raisons politiques ». Le créole antillais n'est guère utilisé que par l'extrême gauche dans les « conférences » électorales. Ailleurs, en vertu d'un ahurissant décret du 11 décembre 1932, l'administration peut encore interdire une publication en langue indigène.

Ces réflexes inquiets, cette obsession « flicarde » empoisonnent à tel point l'atmosphère d'outre-mer que seuls les touristes gavés de jobardises « exotiques » ne s'en offusquent pas. Les « contacts » prolongés entre un fonctionnaire blanc et un « indigène » sont naturellement suspects. A Fort-de-France, un jeune coopérant affecté à la préfecture nous reçoit dans une arrière-salle où il parle à voix basse des scandales locaux. A Tahiti, l'industrie du renseignement — « justifiée » par l'installation du Centre d'expérimentation du Pacifique — produit chaque semaine quelques bons épisodes de vaudeville. Et des moins bons. En août 1973, à Nouméa, le gouverneur Louis Verger « informe » la presse locale que tel journaliste en visite est un « agitateur ».

En matière d'intelligence, l'obsession n'est jamais bonne conseillère. Est-il abusif de soutenir qu'elle paraît entretenir chez nos administrateurs et parmi les représentants locaux de la majorité une sorte de recroquevillement de la pensée autour de quelques « vérités premières » que rabâchent journaux et télévision aux ordres. La « vérité » est que l'on se trouve « de toute évidence » sur des terres françaises, que la population n'accepterait pas d'être « abandonnée » par une métropole généreuse. La « vérité », c'est encore que la France poursuit outre-mer une « grande œuvre » de civilisation et protège ses petits territoires des appétits « étrangers ». Pas un fonctionnaire du Pacifique qui ne vous parle l'œil humide de l'impérialisme australien sur l'Océanie. Pas un interlocuteur officiel de Cayenne qui ne vous adjure de croire que, sitôt la France partie, l'armée brésilienne franchirait l'Oyapock pour envahir la Guyane. Entre les deux tours des présidentielles de mai 1974 le directeur des Allocations familiales de Cayenne adressa un message radio aux Indiens oyampis de Trois Sauts (qui avaient tous voté Mitterrand au premier tour) pour leur dire qu'il fallait voter pour Giscard d'Estaing « sinon les Brésiliens envahiraient leur village ». (Au second tour Mitterrand ne recueillait plus que 2 voix sur 40.)

A Djibouti, les ambitions concurrentes de l'Ethiopie et de la Somalie sur le TFAI justifièrent longtemps pour certains irréductibles que nous restions « par devoir »[1]. Aux Antilles la France « tient en respect » la puissance américaine et « l'idéologie cubaine ». L'administration qui travaille l'œil fixé sur l'intangibilité du drapeau tricolore est au service exclusif du *statu quo* politique et des partis qui s'en font les champions. La vie publique tout entière — jusqu'à l'exercice de la médecine — s'en trouve dénaturée. Après une expérience décourageante en Guyane en 1974 le médecin-chef du secteur de Maripasoula (Haut-Maroni), le docteur Wolf, constatait : « En fait l'efficacité du médecin de secteur importe peu. Il est là pour occuper son poste et toucher son salaire justifiant la présence d'une punaise rouge sur la carte au niveau de Sinnamary ou de Maripasoula. Il est un pion de la politique électorale du gouvernement en Guyane. Une preuve de la présence française. »

Les élections, cela va sans dire, ne sauraient être qu'une lutte entre le « bien » et le « mal », et les administrateurs sont là pour faire triompher le « bien » en agitant l'épouvantail de la « sécession ». Or le « bien » est unidimensionnel : c'est non seulement le maintien ou le renforcement des liens avec la métropole mais c'est au bout du compte l'immobilité politique. Qu'une voix s'élève pour dénoncer telle absurdité du centralisme parisien, telle injustice locale, réclamer une évolution même modeste du statut, la voilà pourfendue au nom du « patriotisme français ». La presse se réfugie le plus souvent dans l'exploitation du fait divers local. Les stations régionales de l'ORTF sont soumises

1. Évoquant Djibouti dans une conférence de presse du 28 octobre 1966, le général de Gaulle parlait déjà des « visées de ses voisins l'Éthiopie et la Somalie qui par rapport à ce futur État sont des colosses ».

à un contrôle politique qu'aucun journaliste n'accepte sans rougir.

La fraude électorale est une tradition si notoire que l'expression elle-même de « fraude » a pu paraître linguistiquement inséparable des sigles DOM-TOM. Qu'elle ne soit pas le privilège des partis assimilationnistes, qu'elle soit pratiquée avec entrain par le parti communiste lui-même à la Réunion et aux Antilles ne constitue pas une excuse. Les conditions dans lesquelles fut organisé le référendum de 1967 à Djibouti [1], celui de 1958 en Polynésie, la naturalisation précipitée de 1 500 Chinois dont on savait qu'ils voteraient « français » à Papeete en 1973, celle — grotesque — des Indiens de Guyane entre 1966 et 1969 [2] sont des épisodes où la dignité de la France n'a rien gagné.

L'administration de la Justice elle-même — c'est peut-être plus grave — est conçue comme un moyen propre à assurer le succès d'une politique « française » dans les territoires d'outre-mer. (Et dans une moindre mesure dans les départements.) Jusqu'à une date récente les vieux magistrats ayant fait leur carrière aux colonies ne se formalisaient pas trop de cette « politisation du Code pénal » qui coïncidait avec leur « intime conviction ». Seuls les partis autonomistes protestaient rituellement — mais sans succès tant est inébranlable l'indifférence de la métropole — contre l'iniquité des répressions. L'arrivée outre-mer de quelques jeunes juges issus des écoles de magistrature, quelles que soient les pressions auxquelles ils furent soumis, a permis

1. Notamment les mesures de répression et d'expulsion prises à l'encontre des Issas qui prônaient le *non*. Au lendemain du référendum M. Ali Aref déclara d'ailleurs : « Ceux qui se sont délibérément coupés de la France n'ont plus de place dans le territoire. Les Afars et *eux seuls* ont signé un nouveau contrat avec la République française. »
2. Cette « francisation » des Indiens de Guyane pour le « profit électoral des hommes politiques locaux » fut un scandale dénoncé par tous les ethnologues, notamment par M. Jean-Marcel Hurault : *Français et Indiens en Guyane* (« 10-18 », 1972) et M. Robert Jaulin qui, consulté par l'administration, avait formellement déconseillé un projet qui fut néanmoins réalisé. En 1969, la Société des américanistes éleva une protestation solennelle restée sans effet : « Nous demandons que le gouvernement français reste fidèle aux principes libéraux et éclairés qui l'ont inspiré jusqu'à présent et qu'il renonce à s'engager dans la voie de " l'assimilation " unilatérale au moment précis où cette politique est dénoncée et rejetée par les hommes de science des deux Amériques. »

que de nouvelles voix s'élèvent pour condamner la survivance d'un véritable *état d'exception.* Le syndicat de la magistrature s'est penché sur le problème de la justice outre-mer. Un groupe de travail a été désigné lors du Congrès national de 1973. Les premières lignes de son rapport présenté l'année suivante sont sans ambiguïté : « S'il est une cause parfaitement solide qui doit pouvoir rallier tous les magistrats syndiqués, quelles que soient leurs tendances, leurs hésitations ou leurs doutes, c'est bien celle qui consiste à dénoncer la situation de la justice outre-mer. »

Scandale du silence, de l'indifférence, de l'inertie bien sûr, mais plus encore, scandale de l'assujettissement « colonial » de la justice. « Il y a, écrit le rapporteur du syndicat, le souci politique dominant, pour ne pas dire l'obsession du maintien de l'ordre à tout prix, lié à une conception étroite et mesquine de la permanence de la présence française. Cela introduit une nervosité et une fièvre constantes dans l'exercice de l'action publique, tant dans le sens de la répression la plus énergique lorsqu'il s'agit d'affaires à coloration politique ou même de petite délinquance autochtone, que dans le sens du classement et de l'indulgence complaisantes lorsqu'on est en présence de délinquants ou de secteurs politiquement protégés. »

Domestiqués, soumis à la tutelle vigilante des préfets et des gouverneurs, les magistrats sont exposés en outre aux pressions d'une petite société coloniale archaïque dont ils ne sauraient dénoncer les fondements sans « risque de passer, à la moindre incartade, pour des subversifs mettant en cause la présence française ». Le rapporteur du syndicat de la magistrature en conclut que « la justice telle qu'elle fonctionne outre-mer semble être devenue l'instrument d'une politique de *statu quo* et qu'elle n'est plus en mesure de remplir sa mission fondamentale de garante de l'exercice des libertés, notamment en matière de contrôle des gardes à vue, de liberté de l'information et de l'expression, de liberté de réunion, de respect des règles du droit du travail, du déroulement des élections, etc. ».

Djibouti et Nouméa [1] sont probablement les villes où cet anachronisme colonial est le plus criant. A Nouméa, la virulence de la société blanche des *Caldochs* (50 % de la population), obsédée par l'arithmétique raciale qui pourrait un jour la placer en position d'infériorité, donne le ton qui est ouvertement raciste et que le haut-commissariat ne combat que bien mollement. Il joue parfois au contraire avec un certain « réalisme » sur l'antagonisme des deux communautés pour asseoir l'autorité de l'administration métropolitaine. Rarement au profit des tribus mélanésiennes. Dans un rapport daté de mars 1973, un magistrat en poste à Nouméa présentait ainsi la situation : « Force est de constater que, sous prétexte d'une adaptation aux conditions locales et au nom des impératifs du maintien de la présence française dans ce TOM, la justice en vient à se soumettre pleinement à l'opinion publique calédonienne dominante, poussée dans cette voie par les Calédoniens qui la composent, avec d'ailleurs la résignation complice de l'administration du haut-commissariat, du Barreau et même de la presse locale dans sa majorité. Il existe ainsi une sorte de consensus de tous les pouvoirs à une situation de fait de nature coloniale qui se traduit par divers arrangements " à la calédonienne " (décisions abusives de classement, ou au contraire poursuites intempestives et exaspération de la répression selon les cas). »

Dans les départements d'outre-mer, où la population est nombreuse, les partis d'opposition puissants et les risques d'explosion politique toujours à craindre, l'arbitraire de la justice est sans doute moins marqué. Aucun fonctionnaire n'oserait faire à Pointe-à-Pitre ce qui reste monnaie courante à Papeete ou à Nouméa. Dans une note adressée au Bureau national, la section de Fort-de-France du syndicat de la magistrature n'en soulignait pas moins ceci : « La préfecture a une influence prépondérante sur tous les services administratifs. En matière électorale, la préfecture est le conseil de tous les partisans du

---

1. Réflexion désabusée d'un magistrat de Nouméa : « Ici il n'y a pas de classement sans suite, jamais de non-lieu et aucune relaxe. »

pouvoir en place. Elle n'hésite pas à demander, en outre, le report des affaires pénales qui peuvent avoir une incidence électorale. Un préfet dans les DOM est davantage un proconsul. Vis-à-vis de la justice le préfet intervient peu auprès des magistrats de la base mais il est évident qu'il est en rapport étroit avec la hiérarchie. Nous savons qu'il suggère des décisions dont on ne sait ensuite si elles sont l'œuvre de la seule hiérarchie. L'intervention du préfet sur les chefs de cour est une évidence dans certaines affaires; plus grave encore au début de toutes les affaires pénales politiques, la préfecture intervient directement auprès des services de police et de gendarmerie en leur donnant des instructions. Le procureur de la République est toujours informé après le préfet. »

Tous les « détournements » de la justice au profit de la « présence française » procèdent d'un état d'esprit diffus que l'on aurait tort de juger avec indulgence sous prétexte que Paris ne fusille plus les « agitateurs » qui contestent sa tutelle. Ce poison indéfinissable n'a guère changé de nature. « Assimiler un groupe humain, écrivait un ethnologue [1], c'est avant tout détruire ce qui, en lui, résiste à nos influences; c'est nier sa culture, sa représentation particulière de l'univers, son passé historique. » Écrits à propos des Indiens de Guyane ces propos s'appliquent à la lettre aux Canaques calédoniens ou néo-hébridais, aux Polynésiens de Tahiti ou de Wallis, aux nomades Somali du TFAI. L'assimilation reste dans les DOM-TOM un principe général " totalitaire " qui justifie toutes les injustices en condamnant « l'autre » à l'inexistence. C'est également une politique qui se ment à elle-même. Dans plusieurs territoires et départements cette assimilation complète à la métropole (que l'on peut contester bien sûr dans ce qu'elle a de pire) n'est pas effective dans ce qu'elle pourrait avoir de meilleur. La survivance d'une législation d'exception outre-mer (surtout dans les TOM) vient aggraver « légalement » les tendances naturellement répres-

---

1. Jean-Marcel Hurault, *Français et Indiens en Guyane, 1604-1972*, Union générale d'éditions, 1972.

sives du système. En vertu du principe de la « spécialité législative », la plupart des grandes réformes judiciaires mises en œuvre en métropole ne sont toujours pas appliquées dans les territoires d'outre-mer [1].

Ce n'est pas un hasard si ce retard est surtout criant en matière pénale. Le nouveau Code de procédure pénale qui marquait un progrès dans le respect des droits de la défense n'a toujours pas été étendu aux territoires d'outre-mer où seul demeure en vigueur le vieux Code d'instruction criminelle. Des réglementations qui nous paraissent désormais aussi naturelles que celles limitant les délais de garde à vue, instituant un « juge de l'application des peines », autorisant le sursis avec mise à l'épreuve restent inconnues sur ces « terres françaises » [2]. Les réformes plus récentes encore concernant la détention provisoire et le contrôle judiciaire, la tutelle pénale, le sursis ou la semi-liberté n'y ont pas été promulguées. L'ordonnance du 2 février 1945 sur les mineurs et le juge des enfants pas davantage. En matière de procédure pénale, subsistent enfin quantité d'archaïsmes dont on peut s'étonner qu'ils n'aient pas été plus fermement dénoncés. Ainsi la procédure correctionnelle reste-t-elle en vigueur devant les cours d'assises. Dans les sections détachées des juridictions les phases de la poursuite, de l'instruction et du jugement demeurent confondues en correctionnelle. La peine de travaux forcés subsiste et ce sont les gouverneurs qui apprécient souverainement les demandes d'extradition sans intervention de la chambre d'accusation.

En règle générale le Code pénal utilisé dans les territoires d'outre-mer est celui qui était en vigueur en métropole voici une quinzaine d'années sans partie réglementaire, avec les dispositions anciennes sur la « sûreté intérieure et extérieure de l'État » et les coups et blessures volontaires.

1. Sauf en matière de droit civil des personnes qui, outre-mer, a été à peu près aligné sur le droit métropolitain.
2. Exception faite pour les Terres australes et antarctiques où ne vivent que quelques équipes de scientifiques originaires de métropole.

Jusqu'en 1975, l'anachronisme était plus extravagant encore aux Nouvelles-Hébrides. Les 80 000 Mélanésiens de l'archipel demeuraient soumis à un « Code des indigènes » datant de 1914. Plusieurs manifestations ont eu lieu en 1974 à Port-Vila qui dénonçaient l'iniquité de ce système. « Jamais la justice dans les îles n'a été autant contestée qu'aujourd'hui », reconnaissait un Européen en mars 1974. Dans une thèse de doctorat consacrée au condominium, M. Hubert Benoist constatait déjà en 1972 : « L'administration des indigènes, que prévoyait le Protocole du 6 août 1914, semble appartenir à une époque révolue et l'on peut s'étonner de voir toujours appliquées des dispositions aussi anciennes [1]. »

Entouré par des manifestants mélanésiens le 6 mars 1974 à Port-Vila, M. Jean-Gabriel Eriau, nouveau haut-commissaire français en Nouvelle-Calédonie, déclara simplement : « Une bande de garçons curieusement accoutrés m'a accueilli ce matin. Je suis descendu de voiture et je leur ai dit que cela ne me paraissait ni l'endroit ni le moment de discuter, ni même du fond du problème. »

Citons pour mémoire enfin la trop célèbre ordonnance du 15 octobre 1960 qui permettait « le rappel d'office par le ministre dont ils dépendaient des fonctionnaires de l'État en service dans les DOM dont le comportement était de nature à troubler l'ordre public ». Prise en plein drame algérien à une époque où Paris craignait que la contagion ne gagne les Antilles et la Réunion, elle autorisa bon nombre d'expulsions de jeunes fonctionnaires ou enseignants autonomistes, provoqua grèves de la faim et protestations avant d'être abrogée le 12 octobre 1972. Seulement...

Invoquera-t-on, pour justifier ces « oublis » et ces « retards », l'éloignement des territoires, les lenteurs inhérentes à toute réforme législative? Comment expliquer, dans ces conditions, la rapidité avec laquelle les nouveaux textes y sont promulgués

---

1. Hubert Benoist, *Le Condominium des Nouvelles-Hébrides et la société mélanésienne*, Éd. Pedone, 1972.

dès lors qu'ils marquent un perfectionnement de l'appareil répressif? L'application immédiate de la loi du 8 juin 1970, dite « loi anti-casseurs », n'a soulevé aucune difficulté dans les territoires d'outre-mer...

Quoi d'étonnant! « De l'avis général, écrivait un magistrat de Nouvelle-Calédonie en 1974, la Justice est d'abord là pour sanctionner sévèrement les autochtones ivrognes, voleurs ou récalcitrants. En dehors de cela il est assez mal vu d'entretenir des rapports avec les populations locales. Cela ne se fait pas... »

Quelques projets d'inspiration libérale avaient été préparés par Bernard Stasi lorsqu'il manifesta, rue Oudinot, sa volonté de promouvoir enfin outre-mer un véritable « projet de société » et d'y « moraliser la vie politique ». C'était bien le moins. Un texte était même prêt qui visait à rendre applicable dans les TOM la loi du 17 juillet 1970. Or, aucun de ces projets ne put venir en discussion devant l'Assemblée nationale. Quant à Bernard Stasi, timide réformateur, il fut écarté du gouvernement par Jacques Chirac en mars 1974 après que *la Nation* eut exprimé à son endroit la colère outragée des gaullistes [1].

Mentalité dominante, pratiques administratives, politique judiciaire : rien de tout cela ne serait extraordinaire si l'on ne s'enflammait dans la majorité dès qu'une voix ose parler de « colonialisme » au sujet de la présence française outre-mer. Un mot dont on a vu qu'il était « interdit de discours » au Parlement. Suffit-il de n'en plus parler pour faire disparaître une réalité? Certes, en face de ces habitudes ultra-marines les partis d'opposition et les petits groupes extrémistes réagissent

---

1. « On peut s'étonner quand ce ministre qui appartient à l'une des formations de la majorité évoque de façon un peu ambiguë la nécessité de " moralisation " de la vie politique dans les DOM-TOM et préconise des " mœurs électorales plus rigides ". Le fait que les élections dans ces régions, sous la Ve République (comme d'ailleurs sous la IVe), aient toujours donné des majorités nationales et rejetant l'aventure serait-il immoral? » (*La Nation*, 2 novembre 1973.)

avec une outrance qu'il est facile de moquer. La virulence naïve des feuilles « gauchistes » d'outre-mer ou des tracts incandescents qui inondent en permanence la Guyane, les dénonciations rituelles du « colonialisme » à propos de tout et de rien en Polynésie française confinent — par leur démesure même — à l'insignifiance. Préfets et gouverneurs ont beau jeu d'en rire. Niera-t-on cependant que la France fournit elle-même — avec une inconscience qui donne le vertige — tous les alibis à l'extrémisme?

Ce n'est pas tout. L'atmosphère irrespirable des DOM-TOM se raréfie encore par l'effet de l'insularité et de l'isolement. Les capitales d'outre-mer sont des sociétés closes. On y trouve presque intactes des structures sociales — et mentales — héritées du XIXe siècle. « *Ici la gauche commence à Tixier-Vignancour* », nous disait en guise de boutade un jeune instituteur de Papeete. Parce qu'elle s'est crispée sur la volonté de maintenir coûte que coûte ces territoires dans la République, la métropole — quel que puisse être le libéralisme de son « discours » — a contribué à perpétuer d'étonnants anachronismes sociaux. Avec leurs grandes fortunes blanches, leurs petits peuples « indigènes », la subordination des populations à quelques minuscules groupes d'intérêts, les sociétés d'outre-mer sont encore des pièces de musée [1].

Or c'est généralement avec les bourgeoisies les plus désuètes ou les fortunes les plus insolentes que la métropole a dû faire alliance — bon gré mal gré — pour consolider sa politique du *statu quo*. L'urgence de la fin justifiait sans doute que l'on passa sur les moyens. L'administration d'outre-mer se trouve aujourd'hui si compromise par ces alliés locaux que l'on trouve là-bas plus d'un fonctionnaire pour — en privé — s'en avouer gêné.

Aux Nouvelles-Hébrides la résidence française défend les

---

1. Avec des variantes naturellement. La société polynésienne par exemple est complexe et se prête mal à des analyses fondées sur la lutte des classes. Encore que les bouleversements introduits par l'installation du Centre d'expérimentation du Pacifique y aient provoqué un commencement de prolétarisation.

intérêts d'une poignée de colons, propriétaires de grands domaines usurpés jadis aux tribus mélanésiennes et ceux d'une antique société coloniale : la Société française des Nouvelles-Hébrides. La section UDR locale qui regroupe quelques-uns de ces ressortissants français est d'un conservatisme caricatural. En Guyane française les principaux appuis du préfet, l'*establishment* pro-gouvernemental (Chambre de commerce, sociétés d'import-export, etc.), rassemblent des noms intéressants pour qui se souvient de l'histoire de la « France équinoxiale ». Ce sont les héritiers des grands commerçants de Cayenne qui, au XIXe siècle, bâtirent leurs fortunes en exploitant les difficultés de ravitaillement des orpailleurs attirés dans la forêt par la ruée vers l'or. « Les gros négociants de Cayenne avaient établi des succursales dans les bourgs desservant les *placers*. De là, ils organisaient des expéditions de marchandises vers l'intérieur. Des canotiers assuraient régulièrement le trafic. Tout se payait en or suivant un barème établi par les commerçants. Mais ceux-ci ne se limitaient pas à vendre des denrées à des prix exorbitants, ils étaient très souvent concessionnaires : en principe ils touchaient alors 10 % de la production de leurs « bricoleurs » mais leur vocation commerciale les poussait généralement à transformer une partie de cette redevance en une obligation de s'approvisionner dans leurs magasins [1]... »

Un siècle plus tard, les mécanismes du profit sont restés à peu près les mêmes. Dans ce département totalement « assisté » où l'essentiel de ce qui est consommé grâce aux « transferts » de la métropole est importé au prix fort, les grands commerçants locaux et quelques sociétés nantaises tirent le principal bénéfice de la départementalisation en récupérant la meilleure part des « crédits d'assistance ».

S'agissant des Antilles, est-il besoin de s'étendre longtemps sur le cas des *békés* (descendants blancs des premiers colons)? Les quelques dizaines de familles qui rassemblent entre leurs

1. M.-J. Jolivet, « Une approche sociologique de la Guyane française. Crise et niveau d'unité de la " société créole " », *Cahier Orstom*, 1971.

mains la richesse foncière — et maintenant commerciale par le biais des « grandes surfaces » — mais investissent leurs profits à l'étranger ou en métropole constituent un véritable vestige de l'histoire politique mondiale. L'exploration de ce petit univers confiné dans ses nostalgies est un travail d'entomologiste [1]. Pas un mot, une réflexion, un parti pris qui ne fasse sursauter l'observateur le plus tolérant à l'égard de la mentalité coloniale et de ce que dut être — jadis — la « fascinante société créole ». Or l'administration française aux Antilles défend ouvertement les intérêts *békés* — florissants et insolents — qui jugent avec condescendance les fonctionnaires métropolitains et téléphonent leur courroux aux préfets qui s'inclinent ou rentrent à Paris. La France s'est montrée incapable de réaliser aux Antilles cette réforme agraire qui fut la grande promesse des années soixante.

En Polynésie française la bourgeoisie locale — les *demis* — se partage à égalité entre les camps autonomiste et UDR mais la politique territoriale est entièrement assujettie aux impératifs militaires du Centre d'expérimentation atomique. Les nécessités de « la bombe » l'emportent sur toute autre considération et justifient bien des manigances « coloniales ». Les péripéties de la politique polynésienne depuis une dizaine d'années en portent témoignage.

A Djibouti, par contre, l'autoritarisme et la mégalomanie du président Ali Aref Bourhan — qui fut un protégé et un ami de M. Jacques Foccart — ont longtemps conduit la France (qui l'avait choisi à cause de son supposé loyalisme) à cautionner des pratiques brutales et arbitraires dont furent surtout victimes les Issas. Dans les locaux vieillots du haut-commissariat de Djibouti, on nous avouait avec amertume que les excès du « président » ne faisaient guère honneur à Paris mais que, hélas, il eût été naïf de prétendre contrôler un homme « *prenant ses consignes à*

---

1. L'une des études les plus récentes sur les *békés* antillais a été faite par Edith Beaudoux-Kovats et Jean Benoist dans *Archipel inachevé* (Les presses de l'Université de Montréal, 1972.)

l'Élysée ». Les officiers supérieurs basés à Djibouti se plaignaient sur le même ton de ce que la politique française les contraigne à un rôle de *vopos* dont ils ressentaient l'indignité.

Qui écoute ces voix embarrassées et embarrassantes? Seul aspect ironique de cette « compromission » : les arrière-pensées assez précises du protégé de la France qui attendait un affermissement de son pouvoir local pour réclamer *crescendo* l'indépendance dès qu'il serait assuré de la solidité de son pouvoir. En mai 1974, M. Ali Aref écrivait au *Monde* pour protester de son patriotisme français alors même qu'il parlait déjà d'indépendance — mais en langue afar — à son public électoral.

En Nouvelle-Calédonie la fermeté de la métropole et le refus de toute autonomie interne s'expliquent surtout par le souci de conserver à la France les gisements de nickel qu'exploite l'omniprésente Société Le Nickel (SLN) appartenant au groupe Rothschild.

Partout, de l'océan Indien au Pacifique, les couleurs françaises et les grandes générosités assimilationnistes couvrent des intérêts bien particuliers. Partout l'emphase des discours officiels camoufle de petits (ou grands) calculs. S'étonnera-t-on, dans ces conditions, si les mots eux-mêmes en deviennent suspects, si une gêne bizarre s'installe dans l'esprit des visiteurs sitôt passés les premiers éblouissements exotiques? Pour la majorité des Français, la décolonisation — de Dien Bien Phu aux accords d'Evian et aux chimères de la « Communauté » — fut une douloureuse étape de violences et d'illusions. Elle a représenté aussi une manière d'auto-critique forcée, l'écroulement d'un édifice de certitudes. Rétrospectivement les erreurs et les injustices de l'empire nous sont apparues impardonnables. Considérant le passé à la lumière du présent, nous nous sentons désormais capables de montrer du doigt telle folie coloniale, telle « bonne conscience » d'autrefois devenue risible aujourd'hui, telle addition de petits mépris et d'humiliations, coupables d'avoir mis en mouvement, au fond des âmes « indigènes », les mécanismes de la révolte. Après avoir payé pour prendre la mesure exacte de nos erreurs, nous avons appris à nous méfier des grands sentiments et des protestations tricolores.

Est-ce pour cette raison que notre sensibilité demeure à vif sur ces chapitres? Est-ce pour cela que l'impérialisme des autres — celui des États-Unis en Asie ou, hier encore, du Portugal en Afrique — nous arrache tant de protestations condescendantes?

Mais que dire lorsqu'un grand voyage dans les DOM-TOM nous confronte subitement à un petit morceau fripé, refoulé, de notre propre mémoire? Lorsque à mille détails de la conversation, à quelques adjectifs, à deux ou trois réflexes d'un interlocuteur, à d'infinis tics de langage, nous retrouvons — presque intacts — le Sénégal de 1930, les Comptoirs de l'Inde ou la Cochinchine française?

Quoi? Ces choses existent encore?

CHAPITRE III

La faillite

« Quant à dire que les colonies pourraient bien être déclarées départements français sans que rien ne soit changé à leurs structures politiques et sociales actuelles, nous tenons à déclarer que nous n'admettons pas cette conception. Il faut au contraire prouver à nos populations qu'elles peuvent faire confiance à la France. Aucune équivoque ne saurait subsister — c'est la parole de la France qui est engagée. »

Léon Lepervanche, député de la Réunion,
mars 1946.

« *Oui, mais ils sont riches!* » On n'échappe pas à l'argument. Cinquante fonctionnaires français, de Nouméa à Djibouti, vous jetteront à la figure les mêmes statistiques, suffisantes à leurs yeux pour absoudre la France de ses péchés coloniaux. Riches nos territoires, grassement nourris nos ressortissants... Observez les rues de Pointe-à-Pitre et leurs bazars tropicaux; tâtez les mollets des enfants de Tahiti-Faaa; comptez les voitures et les télévisions dans les réserves canaques de Nouvelle-Calédonie; mesurez la longueur des pistes des « aéroports internationaux »; l'envergure des hôpitaux réunionnais; recomptez les écoles et les crèches en Martinique; plongez-vous un peu dans les mystères arithmétiques du « produit intérieur brut ».

Alors?

Comparées aux territoires — indépendants ou autonomes — qui les entourent, ne sont-elles pas privilégiées nos *possessions* d'outre-mer? N'ont-ils pas quelques raisons de se féliciter d'être français, ces insulaires nantis à qui la métropole assure le gîte, le couvert et les allocations familiales? Comment pourraient-ils faire preuve d'ingratitude, ces lointains ressortissants que nous comblons de crédits et de subventions? Pas une conversation un peu serrée avec un représentant de l'administration qui ne finisse par amener la même boutade accompagnée d'un vague haussement d'épaules : « *Soyons sérieux! Regardez les chiffres.* »

A tous les « rêveurs » qui réclament depuis vingt ans un nouveau statut, un relâchement de la tutelle coloniale, Paris oppose l'« évidence ». Sans l'argent métropolitain, les DOM-TOM se trouveraient précipités dans la plus cruelle des misères. Sans l'aide de la France, aucun d'entre eux ne parviendrait à vivre décemment. « On ne peut revendiquer en même temps l'indépendance et la sécurité sociale », déclarait Bernard Stasi le 26 février 1974. Une répétition obsédante des mêmes statistiques a fini par créer localement des amalgames « spontanés ». Indépendance égale pauvreté, sécession égale privation [1]. Par contre, « tant que les hommes qui habitent les TOM veulent demeurer sous notre drapeau, la France n'entend leur ménager ni sa sollicitude ni ses investissements » (Pierre Billotte, 29 novembre 1967). L'obscénité du chantage ne trouble pas trop ces gouverneurs et ces préfets qui brandissent depuis trente ans l'urne et le carnet de chèques — ensemble. Pas plus qu'il ne répugne aux représentants du pouvoir d'invoquer dans la même phrase les commandements du cœur et ceux du budget. La France paye. La fidélité qu'elle réclame en retour ne serait après tout qu'une exigence minimale. Chaque élection outre-mer est ainsi l'occasion d'un de ces petits et grands marchandages qui, en vérité, ne donnent pas chaud au cœur.

---

1. Un exemple de ce lyrisme mortificateur : « La Réunion ne sombrera pas dans les ténèbres. Au contraire elle vivra, elle prospérera dans un esprit de liberté, de justice et de fraternité, afin de pouvoir remplir dignement sa glorieuse mission : faire flotter toujours superbement dans l'immensité de l'océan Indien le symbole de la générosité, de l'honneur, de la gloire, le drapeau tricolore, image sacrée de la France immortelle, notre Alma Mater » (J.-E. Isnard, président de la FDSEA, *Les Problèmes sucriers de la Réunion*, étude polycopiée, mai 1964).

A la veille de l'élection présidentielle de 1974, les Martiniquais sont « prévenus » par la presse pro-gouvernementale *(France-Antilles)* qu'ils perdront le bénéfice des allocations familiales si Mitterrand est élu. Les Réunionnais apprennent régulièrement qu'ils doivent à la France — et à Michel Debré — de ne pas mourir de faim [1]. Les Polynésiens sont invités à remercier les militaires du Centre d'expérimentation du Pacifique qui répandent sur les archipels leurs « milliards atomiques ». Dans tous les discours officiels, le port de Djibouti était un « îlot de prospérité » si extraordinaire qu'il attirait comme des papillons toutes les tribus nomades de l'Afrique orientale. Seul le barrage de barbelés de 15 kilomètres qui ceinturait la ville la préservait d'être envahie par la misère. « La France ne peut tout de même pas nourrir toute l'Éthiopie et toute la Somalie », s'écriait devant nous avec une pointe de satisfaction condescendante le chef de cabinet de M. Ali Aref. Aux Nouvelles-Hébrides — où par la vertu du condominium les colonialismes français et britannique se font vis-à-vis — la « résidence française » écrase son homologue anglaise sous la superbe de ses réalisations (hôpitaux, écoles, etc.) et considère de haut la « ladrerie » coloniale de Sa Gracieuse Majesté.

Petits exemples... Partout où il se trouve dans le monde, le triomphalisme statistique de l'administration française fait plaisir à voir. Joues roses, bonne santé, bonne conscience. Thème obligatoire de toute homélie ou fin de banquet : la France bâtisseuse, la France riche et généreuse qui sème à tous les vents d'outre-mer les bénéfices de la solidarité nationale. A force d'être rabâchée, cette vérité a formé une sorte de modèle stéréotypé de discours. Rue Oudinot les ministres changent. Pas

---

1. « Contingent de sucre acheté à prix garanti par la métropole, salaires versés par les finances publiques au travers des dépenses d'équipement, sécurité sociale et allocations familiales alimentées par le régime national, enfin assistance médicale gratuite largement diffusée aux frais du budget de l'État : la prospérité ou simplement le minimum vital sont pour une grande part attachés à la production et aux finances de la patrie » (Michel Debré, ministre d'État chargé des DOM-TOM, 4 octobre 1965).

les mots. Ces mots, les voici organisés en *démonstration irréfutable*. Un modèle passe-partout.

Un : la France, après des années de négligence — « oui, ayons le courage de le reconnaître » — a pris des engagements solennels vis-à-vis de ses ressortissants d'outre-mer. *Deux :* grâce à la départementalisation (DOM) ou à la loi-cadre (TOM) des efforts considérables ont été faits, une « œuvre » dont la France peut être fière [1]. Naturellement il reste beaucoup à faire mais le gouvernement, etc. *Trois :* ces territoires, victimes de leur exiguïté et de leur éloignement, ne possèdent hélas par eux-mêmes aucune des ressources nécessaires à un véritable développement. Celui-ci n'est possible que grâce aux transferts de la métropole, à la générosité de la mère patrie qui est d'ailleurs un devoir moral, une mission de l'histoire, etc. *Quatre :* les DOM ou les TOM ne pourraient constituer des entités indépendantes économiquement viables. Une rupture des liens avec la métropole entraînerait donc pour les habitants une chute catastrophique du niveau de vie, une folle aventure. *Cinq :* cela dit, la France qui ne défend là-bas ni privilèges ni intérêts — hormis ceux de l'histoire nationale — est prête à s'en aller si la « majorité » le lui réclame. *Six :* depuix vingt ans, hélas, les économies locales — fondées sur le sucre, la banane, le coprah, le nickel et la forêt — n'ont guère progressé. La natalité au contraire... Par conséquent l'effort de la métropole n'a cessé d'augmenter en devenant chaque année plus nécessaire. Cela dit, il faudrait développer les cultures vivrières, etc.

Gravons dans le marbre ces *six* « évidences ». Apprenons-les par cœur. Elles prétendent définir toute une « politique ». Et justifient par avance les sautes d'humeurs cartiéristes du prince. « *Voilà des danseuses qui coûtent cher* », murmurait M. Giscard d'Estaing alors ministre des Finances, à l'issue d'un Conseil des ministres. Confusément imprégnée de ces *six vérités*, toute

1. « La France peut se montrer satisfaite de l'œuvre accomplie ici en dix années seulement » (Gilbert Jules, ministre de l'Intérieur, 24 janvier 1957). A propos de... la Guyane!

la France est prête à soupirer avec lui. Les « autonomistes » ultra-marins n'ont qu'à bien se tenir. « *Partout où je vais,* nous disait en avril 1974 M. Olivier Stirn, *je dis à mes interlocuteurs : si vous voulez vraiment l'indépendance, d'accord, prenez-la.* » Petit sourire. M. Olivier Stirn était serein.

A tort.

Car rarement on aura mélangé tant d'aveuglement, de mauvaise foi et de paresse politique que dans l'élaboration de ces six petits postulats — oreillers sur lesquels somnolent depuis trente ans nos ministres. A l'abri derrière des barricades de chiffres et de dossiers dont l'opacité désarme la critique, servie quelquefois par les outrances d'une opposition ultra politisée qui répond à des mensonges par des schémas dogmatiques, l'administration ronronne. Et le temps passe. Le réveil, facile à prévoir et pas difficile à comprendre, sera cruel.

Reprenons les choses d'un peu plus près. Et commençons par nous souvenir de la nature exacte des promesses que fit — à l'origine — la métropole à ses lointaines colonies pour sceller les premiers témoignages de leur « fidélité » patriotique.

Pour les quatre départements d'outre-mer le contrat était clair. En choisissant de « s'assimiler » à la France, les « vieilles colonies » attendaient qu'elle les arrache au sous-développement et à l'injustice. Beaucoup de promesses solennelles et de protestations cocardières saluèrent ce qu'un ministre de la France outre-mer appela à la Libération *un geste et un symbole admirables* [1]. Pour ces colonies dispersées livrées à l'arbitrage des décrets spéciaux, des gouverneurs et des colons, l'entrée dans la République ne pouvait être qu'une libération. Paris briserait sur place la dictature paternaliste des intérêts coloniaux en apportant aux Noirs de Guadeloupe et aux mulâtres réunionnais la dignité et l'égalité. Dans les « vieilles colonies » *l'assimilation* avait été pendant un quart de siècle une revendication de la gauche tandis qu'à droite la « plantocratie » luttait pour main-

---

1. M. Marius Moutet, débats à la Chambre, 14 mars 1946.

tenir une « autonomie spéciale » protégeant ses privilèges. De la Monarchie à l'Empire, puis à la IIIe République les représentants « progressistes » des Isles avaient réclamé cette assimilation dont Victor Schœlcher, le libérateur des esclaves, définissait déjà en 1848 l'inspiration : « Elle est basée, disait-il, sur les principes de la France qui n'admet pas plus aux Antilles que dans la métropole de distinction entre ses enfants, qui leur reconnaît à tous les mêmes droits et leur impose les mêmes devoirs. »

A l'époque, les habitants de l'outre-mer n'attendaient pas seulement de la métropole qu'elle brise juridiquement leurs chaînes. Il s'agissait qu'elle consente dans le même temps à un effort financier particulier. Après tant de bénéfices retirés du « pacte colonial », elle devait bien cela. L'émancipation des Antillais le 27 avril 1848 avait coûté à la France 260 millions de l'époque. Quelques députés s'étaient risqués à trouver le « sacrifice » considérable. Mais Victor Schœlcher, auteur du décret, les avait foudroyés du geste et de la voix. « Il faudrait désespérer de la grande nation si l'on pouvait douter d'obtenir des Chambres l'argent nécessaire pour désinfecter les colonies. Elle a pu donner 1 milliard aux émigrés et elle ne pouvait payer l'affranchissement! Nous ne voulons pas le croire! Il ne s'agit pas du trésor, il s'agit de la morale. »

De la même façon en 1946 lorsque fut débattu à la Chambre le projet de loi sur la « départementalisation » des Antilles, de la Guyane et de la Réunion — dans l'enthousiasme égalitaire de la Libération —, une seule voix discordante se fit entendre : celle du ministre des Finances. L'extension des lois sociales du Front populaire aux nouveaux départements ne risquait-elle pas de coûter trop cher à la métropole? Cette réserve « égoïste » avait fait bondir le 12 mars 1946 le rapporteur du projet de loi. Avec la même indignation que celle manifestée un siècle plus tôt par Schœlcher : « Si par impossible l'application de la loi nouvelle devait entraîner pour la France des dépenses supplémentaires, il serait indigne de ce pays, indigne de cette assemblée de s'arrêter à d'aussi mesquines considérations. »

Ce rapporteur acharné à pourfendre les nostalgies « autonomistes » des grands *békés*, cet avocat ardent de l'assimilation s'appelait Aimé Césaire. Il n'avait pas encore rompu avec le Parti communiste [1]. Le même homme deviendra quelques années plus tard le premier leader des autonomistes de la France d'outremer. Changement d'opinion? Non. Constat d'une faillite, amertume justifiée et conclusion logique d'une réflexion.

Mais restons en 1946. Quel beau débat! Et quelle ironie! Partagés entre les rêves patriotes de l'après-guerre et les angoisses du ravitaillement hexagonal, soucieux jusqu'à l'obsession de restaurer — après Vichy — la dignité nationale, les députés français écoutent les 12 et 14 mars 1946 ces hommes de couleur qui — de la tribune — tendent la main à la « France blessée et affaiblie ». On renchérit d'adjectifs enflammés. Pourrait-on faire autrement d'ailleurs en entendant Aimé Césaire s'écrier : « A l'heure où çà et là des doutes sont émis sur la solidité de ce qu'il est convenu d'appeler l'empire, à l'heure où l'étranger se fait l'écho de rumeurs de dissidence, cette demande d'intégration constitue un hommage rendu à la France et à son génie [2]. »

Sur le même ton, le Guyanais Gaston Monnerville — qui, lui, restera « assimilationniste » contre vents et marées — s'exclame : « Après la fraternité et la liberté, nous venons vous demander de compléter l'œuvre commencée avant vous et avant nous et de nous donner l'égalité dans la famille française. » La gauche écrase une larme. Mais ce jour-là dans l'hémicycle tout le monde est « à gauche ». Les rares réserves d'ordre politique que peut encore susciter ici et là le projet de « départementalisation » sont accueillies par des murmures scandalisés. Dommage. Certaines sont prémonitoires.

1. Inscrit au groupe communiste depuis sa première élection, en octobre 1945 à l'Assemblée nationale, Aimé Césaire avait rompu en octobre 1956 avec le Parti après les événements de Hongrie. Dans une lettre à Maurice Thorez le maire de Fort-de-France écrivait notamment : « Ce que je veux c'est que le marxisme et le communisme soient unis au service des peuples noirs et non les peuples noirs au service du marxisme et du communisme. »
2. Pendant la guerre 1935-1945, il fut question de céder les Antilles aux États-Unis en paiement des dettes contractées par la France.

Le député Paul Valentino murmure : « J'ai la conviction intime qu'une assimilation qui remettrait désormais au pouvoir central la responsabilité totale du destin des peuples coloniaux finirait par porter atteinte aux liens sentimentaux qui les unissent à la métropole. » Le ministre de la France d'outre-mer, Marius Moutet lui-même, manifeste à l'égard du projet de loi créant les départements d'outre-mer des réticences de principe, qui, par bien des côtés, annoncent les colères autonomistes d'aujourd'hui. Ne souligne-t-il pas les dangers d'une centralisation abstraite, oublieuse des réalités géographiques? Ne va-t-il pas jusqu'à s'interroger sur la « nature des cultures » et sur le type de civilisation que la métropole se propose de promouvoir outremer?

Qu'importe! Personne n'a très envie d'écouter ces voix marginales qui parlent à contre-courant. Le mouvement qui pousse alors les « vieilles colonies » vers le giron de la métropole participe d'une trop grande espérance. Libération politique, égalité économique... Oui, économique. Dès cette époque les choses sont nettes. La France s'engage à ouvrir sa bourse aux ressortissants d'outre-mer, la métropole promet solennellement d'assurer *le plus rapidement possible* l'égalité des conditions entre ces nouveaux départements et ceux de l'hexagone. « *C'est la parole de la France qui est engagée* », précise même un député de la Réunion [1]. Tout le monde en convient.

C'est le poids de cette espérance déçue, le souvenir de cette « parole » oubliée qui vont peser sur les futures revendications des années soixante et soixante-dix. Que peut bien ressentir un élu des Antilles ou de la Réunion en enregistrant — trente ans plus tard — les réactions cartiéristes de l'opinion française? Les DOM nous coûtent-ils trop cher? Sont-ils des danseuses prodigues? Allons donc! Le vilain murmure qui rampe aujourd'hui entre les rues Oudinot et Rivoli, tous ces soupirs discrets que l'on peut recueillir entre deux portes capitonnées ne sont

1. Léon Lepervanche, débats au Parlement, 14 mars 1946.

pas acceptables. D'abord parce qu'ils sont indignes. Ensuite et surtout parce qu'ils procèdent de calculs truqués, d'estimations mensongères. Aussi bien pour les « départements » que pour les « territoires » d'outre-mer.

Ce « contrat » que les DOM avaient en quelque sorte passé dès 1946 avec la métropole, les « territoires » du Pacifique et de l'océan Indien y souscriront un peu plus tard à leur façon. En votant « oui » au référendum de 1958 — pour la Polynésie française, l'archipel des Comores, la Nouvelle-Calédonie notamment. Puis en répondant à nouveau « oui » à la consultation de 1967 — pour le TFAI —, et en réclamant eux-mêmes le statut de territoire en 1961 — pour Wallis-et-Futuna. Toutes ces « adhésions » procédant du même état d'esprit que celui des DOM en 1946. La propagande électorale de l'époque en fait foi. Thème placardé par les « nationaux » : la France saura récompenser ceux qui resteront fidèles, la France assumera les devoirs que lui impose la solidarité nationale en faveur de ceux qui voteront « oui ». Quant aux autres...

Voici un extrait de l'appel signé par le général de Gaulle en 1958 à l'occasion du référendum, appel placardé dans tous les territoires d'outre-mer, lu plus de dix fois à toutes les radios locales : « Si vous dites *non* la France saura que vous avez choisi de voler de vos propres ailes et ne vous retiendra pas. Elle vous souhaitera bonne chance et vous laissera vivre votre vie en cessant complètement de vous aider matériellement et moralement puisque vous vous serez estimés capables, comme de grands garçons, de gagner votre pain tout seuls. Ce sera alors la sécession [1]. »

En recevant par la suite une aide économique venue de Paris,

---

1. Juste avant le référendum de 1958 à Djibouti la propagande officielle faisait valoir la somme de 3 700 millions de francs-Djibouti investis par la métropole entre 1948 et 1958. Au mois de février 1967, un mois avant le second référendum au TFAI, le gouvernement français annonçait l'octroi d'une aide spéciale de 18 millions de francs-Djibouti pour les victimes de la sécheresse. Acte sans précédent alors que la sécheresse sévissait depuis plusieurs années... (Source : Philippe Oberlé, « Le dossier Djibouti », *Présence africaine*, 1971).

aucun de ces territoires fidèles n'aura l'impression d'obtenir une faveur extraordinaire. Tous en revanche constateront vite avec amertume qu'en fin de compte la « fidélité » n'est pas récompensée et que la France se montre souvent plus généreuse avec ceux qui menacent de la quitter qu'avec les « colonies fidèles ». Rentrant en juillet 1962 d'une tournée dans les TOM du Pacifique, un sénateur de la gauche démocratique, M. Pinton, déclarait à la tribune du Sénat : « Au cours de notre mission nous avons souvent entendu dire que la fidélité ne paie pas. Et il est certain que la France se montre plus généreuse envers les anciens territoires devenus indépendants qu'envers ceux qui lui ont conservé leur attachement. »

Pendant toutes ces années pourtant, alors que s'expriment un peut partout sur un ton sans cesse plus pressant les regrets et les déceptions, le « discours » des fonctionnaires de l'outre-mer ne change pas d'un iota. Comme s'il s'agissait de prouver contre les autonomistes, les « anti-français » et aussi contre les évidences que les termes de ces vieux contrats sont bel et bien respectés. « Les populations des TOM n'auront pas à se repentir de leur fidélité », lance sèchement Louis Jacquinot en réponse à la mélancolie qu'exprime le sénateur Pinton.

Ce qui est faux. Trente ans après la création des quatre départements d'outre-mer, dix-sept ans après le référendum de 1958, *l'égalité* est loin d'être effective entre les Français de métropole et ceux d'outre-mer. Plus grave : aucun des mécanismes du vieux pacte colonial n'a vraiment été éliminé.

Certes le spectacle de la rue peut faire illusion. Une simple promenade à Pointe-à-Pitre, Fort-de-France ou Cayenne suffit pour constater que les grandes misères d'avant-hier, la faim et l'esclavage prolétarien, ont à peu près disparu. Le niveau de vie des Réunionnais et des Antillais est plus élevé, c'est vrai, que celui de leurs voisins mauriciens, jamaïquains et saint-luciens.

L'infrastructure urbaine et routière de nos départements d'outre-mer — excepté pour la Guyane laissée « à l'abandon » — peut faire rêver les jeunes gouvernements des îles Caraïbes ou de l'océan Indien. Il serait malhonnête de sous-estimer l'amélioration des équipements publics dans nos départements d'outre-mer depuis 1946. En Martinique, 98 % des enfants vont maintenant à l'école. On a construit un millier de classes primaires en trente ans et le nombre des établissements secondaires est passé de 15 à 50. Dans le même temps, le nombre de lits d'hôpitaux est passé de 1 500 à 4 000 et il y a aujourd'hui 1 médecin pour 1 500 habitants contre 1 pour 2 400 en 1946...

En 1970, le revenu national par tête était de l'ordre de 500 à 600 dollars pour les Antilles françaises (et la Barbade) alors qu'il ne dépassait guère 200 dollars dans la plupart des autres îles de la Caraïbe [1]. Le SMIG a été institué par décret aux Antilles françaises dès le 1er mars 1951 et par la suite il a progressé plus rapidement qu'en métropole sans toutefois rattraper le salaire minimal appliqué dans l'hexagone (le principe de « l'alignement » des SMIC est cependant acquis depuis 1964). Même à la Réunion, où la situation n'est pas brillante, les efforts consentis par la métropole en matière de logement, de salaires et d'allocations familiales sont reconnus.

Dans le Pacifique tous nos territoires font figure de "nouveaux riches". « Lorsque les représentants des archipels indépendants arrivent à Nouméa, nous disait un fonctionnaire de la Commission du Pacifique-Sud, ils ont l'impression d'être à Los Angeles. » A Tahiti, les pirogues de pêche sont désormais équipées de moteurs hors-bord et Papeete connaît des embouteillages dignes de l'hexagone. Les habitants de Nouvelle-Calédonie bénéficient d'un niveau de vie exceptionnel pour la région et grâce au « boom » sur le nickel le produit intérieur brut a pu augmenter

---

1. Source : revue *Tiers Monde*, IEDES, avril-juin 1974 (Presses universitaires de France). A signaler toutefois qu'à Trinidad — île industrialisée — le revenu par tête avoisine les 800 dollars.

de 46 % en une seule année (1970) contre 12 % en métropole. Comment nier tout cela?

Mais comment ose-t-on s'en féliciter si bruyamment? Si l'effort consenti par la métropole en faveur de ses départements et territoires d'outre-mer est parfois spectaculaire, est-on certain qu'il représente — même en valeur absolue — une si grosse dépense? Les Vᵉ et VIᵉ Plans étaient certes généreux pour les DOM-TOM. Mais ils n'ont été exécutés qu'à 30 ou 40 %... Le total des « transferts » financiers de la métropole aux départements d'outre-mer est certes passé de 850 millions en 1965 à 1,8 milliard en 1970 mais le volume de cette aide affectée aux Antilles françaises est inférieur aux indemnités viagères de départ (IVD) versées par l'hexagone aux paysans qui quittent la terre. Inférieur à l'argent gaspillé à la Villette. Beaucoup de territoires d'outre-mer ne recevront aucune aide du FIDES avant 1961 ou 1965. Certains comme les Comores ou le TFAI sont quasiment oubliés.

Et puis, à trop vouloir comparer — parce que c'est avantageux — le niveau de vie des habitants des DOM-TOM avec celui des territoires voisins, on finit par oublier qu'il reste très inférieur à celui des Français de métropole. La misère est criante dans les bidonvilles de Djibouti. La famine a provoqué encore en 1970 des morts parmi les Afars des « cercles » du Nord. Est-ce donc une consolation de savoir qu'on meurt « davantage » de faim en Éthiopie ou en Somalie? Les coupeurs de canne des Antilles ou de la Réunion où même les petits planteurs vivent dans des conditions « limites » qui n'excluent même pas la malnutrition. Les ouvriers de la banane, qui firent grève — une nouvelle fois — en 1974, réclamaient un salaire de ...791 francs! Est-il suffisant de savoir qu'à Sainte-Lucie, l'île anglo-saxonne voisine, le niveau de vie est *encore* plus bas? La « société de consommation » a fait irruption en Polynésie à partir de 1965. Soit. Sait-on qu'il pousse aujourd'hui des bidonvilles autour de Papeete et qu'un salarié moyen déraciné, prolétarisé ne gagne plus en un jour de quoi s'acheter le *maa tahiti* (poisson cru, féculent), plat national qui faisait jadis son ordinaire ? On devrait parler avec moins de suffisance de la « prospérité » des DOM-TOM. D'abord parce qu'elle n'est pas évidente pour tout le monde. Loin de là. Les inégalités sociales qui se perpétuent — et dans certains cas s'aggravent — outre-mer rendent fallacieuses les statistiques sur le « niveau de vie moyen [1] ». Dans les TOM, l'absence d'impôts directs sur le revenu et l'existence de seules contributions indirectes sur la consommation pénalisent les plus pauvres et favorisent les grandes fortunes. Il subsiste un peu partout dans les DOM-TOM des « secteurs de misère » indignes de la France. Je ne suis pas prêt d'oublier la stupéfaction de ce journaliste pro-gouvernemental qui, en 1975, découvrait pour la première fois et un peu par hasard le Magalla (quartier indigène) de Djibouti : « *Quoi ? Voilà des Français à part entière ?* » En outre, dans tous les départements et territoires d'outre-mer une augmentation fantastique du coût de la vie est venue ramener à de plus modestes proportions les statistiques sur le niveau des revenus. A la Réunion — ce n'est qu'un exemple — la tonne de marchandises importée a augmenté en moyenne de 92 % entre 1959 et 1971. « L'amélioration des conditions de vie de certains travailleurs, disait un dirigeant syndicaliste de Saint-Denis de la Réunion, est trop relative pour que ces travailleurs ne se sentent pas exploités et frustrés [2]. »

Mais voilà bien des réserves et des observations accessoires. Utiles pour connaître les « limites » de la générosité française et l'injustice de sa distribution. Insuffisantes pour comprendre

---

1. Les fonctionnaires de l'administration, en nombre sans cesse croissant, monopolisent à eux seuls une part importante de « l'aide à l'outre-mer ». En 1970 par exemple pour les trois DOM insulaires (Martinique, Guadeloupe, Réunion), les fonctionnaires représentaient 15 % de la population active disponible et... 50 % des salaires versés. Selon l'INSEE, en 1971 à la Réunion, « les traitements des fonctionnaires, enseignants compris ont constitué 25 % du produit intérieur brut contre 7 % seulement en métropole ».

2. *Problèmes politiques réunionnais*, plaquette polycopiée diffusée par le secrétariat social de la Réunion, novembre 1967.

la véritable faillite économique de l'outre-mer française. Si, globalement et compte tenu de ces correctifs, le niveau de vie s'est tout de même amélioré depuis 1946 dans les départements, depuis 1960 ou 1965 dans les territoires, cette amélioration obtenue artificiellement à coups de subventions est venue masquer un effondrement vertigineux de toutes les économies locales. Des îles qui, avant guerre, vivaient certes pauvrement mais par elles-mêmes sont petit à petit devenues des enclaves sans ressources propres, suspendues corps et âmes à « l'assistance » de la métropole. L'argent français mal distribué, mal utilisé ou détourné de son but a *tué* ce qu'il restait des économies insulaires, les importations ont chassé les productions. L'ensemble des équilibres agricoles ou semi-industriels des territoires s'est trouvé comme pulvérisé par le système des importations subventionnées. Ainsi, par un cruel paradoxe, chacun des départements devenait sans cesse un peu plus pauvre à mesure que ses habitants devenaient « riches ».

Les Antillais, les Polynésiens, les Guyanais ou les Réunionnais ont donc commencé à vivre au-dessus de leurs moyens. Ils sont en passe aujourd'hui d'être condamnés à survivre *sans aucun autre moyen* que ceux qui leur viennent de métropole. Fabuleux fiasco! Aux Antilles les activités traditionnelles (le sucre, le rhum...) sont en voie de disparition. Au XVIIIe siècle, il existait 456 sucreries en Martinique : il en reste 2. A la Guadeloupe où la production de sucre avait progressé jusqu'en 1965, il en restait 9 en 1973, 7 en 1974 parmi lesquelles 2 déjà en déficit. En 1963, la Martinique produisait encore 90 000 tonnes de sucre. Dix ans plus tard elle n'en produisait plus que 14 000 tonnes. La banane qui devait prendre le relais est elle-même en déclin depuis 1965 (198 000 tonnes en 1969, 150 000 en 1973); pénalisée au surplus par une stagnation des prix mondiaux, un renchérissement du fret et un monopole des trusts locaux.

A la Réunion, la production de sucre a diminué elle aussi entre 1961 et 1972, tout comme celle du géranium ou de la vanille. Première conséquence : il y avait encore 22 235 ouvriers agricoles en 1961, il en restait à peine 12 000 en 1972 [1]. En Guyane, en dépit des milliards de subventions gaspillées, toutes les tentatives de mise en valeur de la forêt, des gisements de bauxite ou de la pêche se sont soldées par des échecs si retentissants qu'ils confinent au scandale. La production du département est aujourd'hui presque nulle. En Polynésie française, les chercheurs de l'Orstom mettent en évidence dans des études — souvent remarquables mais hélas trop ignorées [2] — les conséquences funestes pour l'équilibre socio-économique des archipels de l'installation du Centre d'expérimentation atomique. En quelques années il provoqua une augmentation de 50 % de la masse monétaire en circulation, accéléra le dépeuplement des archipels au profit de Papeete et « cassa » littéralement ce qu'il restait de l'agriculture polynésienne et des productions traditionnelles (nacre, vanille).

Aux Comores, la pratique systématique de « l'assistance » souvent liée à l'électoralisme) a abouti à faire dépendre entièrement pour son alimentation la population des 15 000 tonnes de riz importé chaque année de Thaïlande (et subventionné). Qu'un bateau manque et la famine menace. Dans la minuscule île Wallis elle-même, les habitants se sont détournés de l'agriculture et de la pêche et vivent grâce aux crédits parisiens et aux mandats des émigrés. Même en Nouvelle-Calédonie, seul territoire à posséder de vraies richesses (le nickel), la mono-industrie spéculative a précipité le déclin de l'agriculture. Avec ses 150 000 têtes, l'élevage lui-même — spécialité de ce pays de cow-boys — est désormais insuffisant pour couvrir les besoins locaux.

Résultats?

---

1. Source : Note sur *La Situation socio-économique de la Réunion* publiée en février 1973 par l'Union générale des travailleurs réunionnais en France.
2. Signalons notamment Gérard Ringon, *Une commune de Tahiti à l'heure du Centre d'expérimentation du Pacifique : FAA*, et *Tahiti et Moorea, étude sur la société, l'économie et l'utilisation de l'espace* (ouvrage collectif). Deux études publiées par l'Office de la recherche scientifique et technique d'outre-mer.

Le plus spectaculaire d'entre eux est — dans tous les territoires — un appel frénétique à l'importation, non seulement des produits industriels mais de l'alimentation de base elle-même [1]. Cette pratique systématique de l'importation, fruit de la facilité et des manigances du grand négoce, touche parfois à l'absurde. En Guyane, au milieu de 9 millions d'hectares de forêt, on importe de métropole et au prix fort les poteaux télégraphiques (en bois!). A Papeete ou aux Antilles, les habitants achètent au supermarché du poisson en boîte pendant que les sociétés de pêche coréennes ou japonaises écument leurs eaux territoriales. A Djibouti, la viande (destinée à la colonie européenne) arrive par avion de métropole mais la pêche locale reste artisanale. A Moroni (Grandes Comores), on fait venir les légumes de Madagascar, la viande de Tanzanie et tout le reste de France. La Réunion importe elle aussi sa nourriture de base : le riz. Elle importe également aujourd'hui des produits alimentaires (maïs, haricots, pommes de terre) alors qu'en 1960 elle en produisait encore suffisamment pour en exporter une partie. La Polynésie importe 95 % de ce qu'elle consomme.

Partout dans « notre » outre-mer les productions locales sont ainsi abandonnées notamment au profit de « ce qui vient de France ». De nouvelles habitudes de consommation s'installent, favorisées encore si besoin était par « l'idéologie de l'assimilation » colportée vingt-quatre heures sur vingt-quatre et qui pousse tout le monde à « *vivre à la française* ». On achète tout à l'extérieur sans presque rien produire. Les chiffres traduisent à leur façon les conséquences de ce phénomène.

Dans les territoires et les départements d'outre-mer le déficit des balances commerciales s'est aggravé jusqu'au désastre depuis quinze ou vingt ans. En Martinique il a augmenté de 250 % entre 1966 et 1973. Aux Comores de 600 % entre 1961 et 1972 [2].

---

1. Aux Antilles, en 1969, pour une consommation alimentaire totale de 1 250 millions, les aliments importés représentaient (marge bénéficiaire comprise) 770 millions, soit plus de la moitié.

2. Source : *Pour le développement rural aux Comores*, UNICEF, octobre 1974.

Le taux de couverture des importations par les exportations — qui est une autre manière de mesurer l'insolvabilité des territoires — a diminué quant à lui avec une rapidité correspondante (excepté en Nouvelle-Calédonie). Aux Antilles, par exemple, la balance commerciale était restée constamment excédentaire de 1905 à 1948. C'est-à-dire que le « taux de couverture » était supérieur à 100 % (132 % en 1939). En Guadeloupe, il est tombé à 89 % en 1951, à 69 % en 1961, à 34 % en 1971. Deux ans après — en 1973 — il n'était plus que de 30 %. L'ensemble des autres territoires et départements ont subi une faillite analogue. Les « taux de couverture » respectifs étaient tombés en 1973 aux pourcentages suivants : 21 % en Martinique, 9 % en Guyane, 28 % à la Réunion, 12,6 % à Djibouti.

Les chiffres sont austères. Mais parlants. Trente ans après la départementalisation, vingt ans après le référendum sur la communauté, voilà donc nos « possessions » en faillite. Condamnées à une « assistance » sans cesse plus importante de la métropole, totalement assujetties au budget de la France, étranglées peu à peu par ce qu'Aimé Césaire appelle le *nœud coulant* de l'assimilation. Cette ruine des économies locales n'a pas seulement des conséquences graves sur le budget des territoires. Jointe à une augmentation importante de la population, elle transforme ceux-ci en véritables réserves de chômeurs. Aux Antilles où ils représentaient 10 % de la population active en 1950, ils sont aujourd'hui plus de 40 %. On compte environ 20 000 chômeurs dans chaque île. A la Réunion le nombre des chômeurs est passé de 9 000 en 1961 à 27 000 en 1968 et 50 000 en 1972 (chiffres INSEE). Pour toute la jeunesse d'outre-mer, l'alternative au chômage est désormais claire : c'est l'exil en métropole.

Pourquoi ce désastre? Comment?

S'il est d'usage dans l'administration d'outre-mer et dans les rangs de la majorité de se féliciter des améliorations du niveau de vie outre-mer, il n'est pas moins traditionnel de se lamenter sur les « difficultés économiques » des départements et territoires. La relecture de trente années de débats au Parlement sur le budget de l'outre-mer est à cet égard saisissante. D'un orateur à l'autre, c'est une litanie immuable de constatations amères, de reproches et de promesses grandiloquentes. Échantillons : « Je pense qu'il serait possible d'accroître les cultures vivrières, la pêche et l'élevage, ce qui assurerait un plus grand équilibre économique » (Gilbert Jules, ministre de l'Intérieur, janvier 1957). « Il faut s'efforcer de développer la production vivrière dans les départements d'outre-mer » (Robert Lecourt, ministre d'État chargé du Sahara et des DOM-TOM, juin 1960). « Les DOM-TOM tendent à devenir des zones de consommation qui ne parviennent pas assez à créer par elles-mêmes les revenus nécessaires pour soutenir un niveau de vie élevé et pour relayer progressivement l'effort de solidarité nationale » (M. de Rocca Serra, rapporteur du budget des DOM-TOM, novembre 1968).

Mêmes mots, même scénario, mêmes rites. La gauche dénonce la banqueroute. Elle accuse le gouvernement d'abandonner les DOM-TOM à leur sort ou pire à les piller. L'administration promet, promet, promet encore en rappelant les « gros efforts déjà consentis ». Elle énumère sur un mode navré les handicaps dont pâtissent les économies d'outre-mer. Étroitesse des marchés, éloignement de la métropole, démographie galopante, « insouciance » ou même « paresse tranquille » des populations. Régulièrement — surtout lorsqu'on craint une explosion politique [1] — quelques grands projets sont annoncés pêle-mêle — souvent plusieurs années de suite. On va industrialiser les Antilles, exploiter (enfin!) l'immense forêt guyanaise, promouvoir le tourisme dans le Pacifique et l'élevage aux Nouvelles-Hébrides. On va mettre en valeur les richesses géothermiques du TFAI, lancer l'agriculture en Polynésie, réaliser les réformes agraires indispensables aux Antilles et à la Réunion.

Mais les accès de curiosité de la France à l'égard de ses der-

---

1. Combien de fois a-t-on pu lire dans *le Monde* des titres de ce genre : « Dans l'intention de prévenir des revendications politiques le gouvernement prend diverses mesures économiques et sociales en faveur des DOM » (4 octobre 1961).

nières possessions sont rares et brefs. A peine a-t-on pris le temps « d'annoncer des mesures » que l'opinion se détourne du sujet. Les DOM-TOM sont abandonnés à leur lointain oubli. Qui s'inquiétera de savoir demain si les grandes ou petites entreprises de la France se concrétisent vraiment outremer? Les parlementaires eux-mêmes n'ont plus guère de goût pour les « affaires coloniales ». Depuis longtemps les protestations de leurs collègues d'outre-mer sont classées au dossier des « numéros » classiques de la routine parlementaire. Il faudra l'occasion d'un prochain débat sur le budget ou d'un voyage du nouveau secrétaire d'État pour redécouvrir — l'espace de quelques jours — les mêmes « problèmes ». Intacts. Entre-temps, on aura prévenu les explosions politiques grâce à l'octroi précipité de nouveaux crédits ou d'un « train de mesures sociales » bruyamment annoncées dans la presse. On sautera ainsi à pieds joints d'une année sur l'autre. Sourds et aveugles.

Quelquefois il arrive pourtant qu'un élu sursaute; qu'il s'indigne de retrouver inchangées au fil des années les mêmes absurdités, les mêmes catastrophes économiques. Le 12 novembre 1974, M. Jean-Paul de Rocca Serra, rapporteur du budget des DOM-TOM, s'écrie avec une sincérité un peu ingénue : « Certes, les conditions de climat, la démographie, l'éloignement, l'absence de ressources énergétiques constituent des handicaps sévères, mais on peut se demander si dans nos départements d'outre-mer les crédits publics sont utilisés à bon escient dans le meilleur des cadres administratifs possible. Il est inadmissible que les problèmes demeurent ainsi année après année dans leur diversité et leur acuité. »

Inadmissible? Les échecs seraient-ils le fruit d'une incompréhensible fatalité? La France serait-elle condamnée par le simple jeu des « handicaps sévères » à pratiquer une surenchère de « générosité » jusqu'à ce que, lassés par ces gaspillages anonymes, les électeurs de l'hexagone ne se révoltent en réclamant un « largage » des dernières colonies? La France devrait-elle porter indéfiniment le « fardeau » d'outre-mer alourdi chaque année un peu plus par la « démographie galopante » des Antilles et de la Réunion, l'effondrement des cours du coprah dans le Pacifique ou la récession touristique?

Il faut rejeter ce type de discours désolé, cette rhétorique « distributive » qui gonfle de trémolos les homélies de tout secrétaire d'État en tournée. Parce qu'il s'agit d'un mensonge. Au minimum, d'un mensonge par omission.

L'effondrement économique des DOM-TOM, toutes ces faillites locales ne sont pas, à la vérité, des catastrophes pour tout le monde. Loin s'en faut. La pratique systématique de l'échec économique compensé par l'assistance sociale sur place ou l'émigration quasi forcée est sûrement un système absurde. Chacun, au vu des chiffres, en conviendra. Mais cette absurdité a ses profiteurs. Sur les quelques milliards de deniers publics injectés chaque année par la métropole outre-mer, bien peu en définitive le sont à fonds perdus pour le seul bien-être des populations intéressées. Une partie considérable de cet argent sert tout d'abord à entretenir un appareil administratif démesuré, alimente une bureaucratie largement parasitaire justifiée par la politique « d'assimilation » et constituée le plus souvent de Français métropolitains qui renvoient en métropole une partie de leurs salaires. Pour navrant qu'il soit, ce gaspillage reste toutefois marginal comparé au reste.

En réalité, les crédits distribués localement de différentes manières (allocations diverses, subventions directes, exonérations fiscales...) sont consacrés au financement de travaux d'équipement ou à l'achat de biens de consommation importés. Or les premiers sont en général réalisés par de grandes entreprises françaises dont le siège est à Paris et qui rapatrient leurs bénéfices vers l'hexagone. Dans chaque territoire, on retrouve ainsi quelques « maisons » bien placées, jouissant d'appuis politiques discrets et qui décrochent des contrats d'adjudication avantageux. Elles récupèrent *ipso facto* une part importante des « crédits d'assistance » affectés aux DOM-TOM. Les derniers « grands travaux » entrepris en Guyane (port du Degrad des Cannes, pont du Larivot, route de Sinnamary, ville nouvelle de Kourou) et dont l'utilité immédiate se révèle discutable, ont rapporté beaucoup d'argent à deux ou trois entreprises de Nantes à une époque où M. Henri Rey, député de Nantes, était secrétaire d'État aux DOM-TOM, ou à la Simko dont le PDG était un député UDR du département.

A Djibouti, la propagande officielle faisait valoir à la veille du référendum de 1958 que 3 700 millions de francs-Djibouti avaient été investis par la métropole dans le territoire au cours des dix dernières années. En réalité près de la moitié de cette somme (1 700 millions) avait été engloutie dans les travaux d'aménagement du port (qui, en 1975, n'était toujours pas concurrentiel) profitant essentiellement aux sociétés françaises chargées de construire de nouveaux quais [1]. Dans chaque territoire on trouve des exemples analogues. Mais qui prend la peine d'examiner à la loupe les marchés d'adjudications d'outre-mer ?

Pour le reste les dépenses de consommation autorisées par un « niveau de vie » artificiel et encouragées par la diffusion de « modèles de comportements hexagonaux » entretiennent un fabuleux marché d'importations. En droit ou en fait les DOM-TOM sont obligés d'acheter en métropole les biens dont ils ont besoin. Ils fournissent ainsi un marché providentiel aux produits français et surtout à quelques sociétés d'import-export ou des compagnies de transport (Transat, Air France, etc.) qui appliquent des tarifs de fret prohibitifs. Les marges bénéficiaires que s'attribuent les grands importateurs en position de monopole représentent jusqu'à 60 % de la valeur des produits évaluée aux prix CAF. A la Réunion, par exemple, les marges bénéficiaires sur les produits importés représentent 26 % du produit intérieur brut alors que dans l'île Maurice voisine — où les prix sont nettement plus bas — elles ne dépassent

1. Philippe Oberlé, « Le dossier de Djibouti », *Présence africaine*, 1971.

pas 10 % [1]. La masse monétaire en circulation et la règle du profit commercial maximal accélèrent dans les DOM-TOM une escalade permanente des prix (plus rapide qu'en métropole) qui, à son tour, rend nécessaire l'accroissement de l'aide publique et ainsi de suite [2]. Non seulement les importations « tuent » les productions locales mais elles enrichissent une minorité au détriment de la population concernée et, subsidiairement, du contribuable français. Les DOM-TOM deviennent de véritables *colonies de consommation*. A la limite, ils ne sont plus que des relais financiers permettant une transmutation de l'argent public en bénéfices privés. Les autonomistes n'ont pas tort de parler de « subsistance du vieux pacte colonial ».

Cet avantage est si net que les porte-parole du grand négoce eux-mêmes en usent comme d'un argument destiné à combattre les velléités « cartiéristes » de l'opinion française (cartiérisme dont ils seraient les premiers à souffrir). Dans un numéro spécial consacré aux territoires d'outre-mer de *Marchés tropicaux et méditerranéens* (revue professionnelle des exportateurs, 17 mai 1974), on pouvait lire cet aveu involontairement cynique : « Les exportations françaises vers les territoires d'outre-mer ne sont pas loin de contrebalancer à elles seules en marchandises les dépenses inscrites dans les budgets métropolitains. En visant à l'épanouissement de chacun de ses territoires, la France se crée des marchés dont elle peut espérer qu'ils parviendront un jour à payer leurs importations par des recettes propres. »

L'état d'esprit qui inspire les lignes ci-dessus et la « vision politique » dont elles procèdent sont assez nets. Les vieux commandements de l'économie coloniale n'ont pas changé. « Le procédé n'est pas compliqué, notait déjà en 1948 un écrivain guadeloupéen, imposer à la population tout ce qu'on veut placer avantageusement d'une part, d'autre part l'empêcher

---

1. *Note sur la situation économique des DOM au terme du V*e *Plan et sur le rôle des dépenses publiques*, INSEE.
2. Entre décembre 1968 et décembre 1972, l'indice des prix a augmenté de 28,3 % en Guadeloupe, 22,6 % en Guyane, 27,1 % à la Martinique, 27,2 % à la Réunion et 26,6 % en métropole.

d'exploiter ses propres ressources. Nous possédons tout et nous importons tout [1]. » Le plus inquiétant est peut-être que ce numéro spécial très cyniquement « assimilationniste » de *Marchés tropicaux et méditerranéens* constituait l'essentiel du « dossier de presse » que remettaient en 1975 les services de M. Olivier Stirn aux journalistes chargés de l'accompagner dans ses tournées outre-mer.

1. Rémy Nainsouta, *La Conférence des Indes occidentales*, Basse-Terre. 1948.

CHAPITRE IV

Les pillages

On ne s'étonne plus des scandales. Ils font partie de la vie. Et de la politique. Après quinze années de grandes manœuvres immobilières, on peut trouver superflu de s'indigner encore du vieux flirt entre la politique et l'argent. L'hexagone a quelques raisons d'être blasé. On n'entretient d'ailleurs que depuis peu en métropole l'espoir de voir démantelées les forteresses UDR et les lobbies d'antichambre qui, en défigurant ses villes, ont régné si longtemps sur l'urbanisme de la France. Les changements d'équipe politique, la rupture d'une trop longue « continuité du pouvoir » autorisent — c'est connu — quelques rêves vertueux. Au moins jusqu'à ce que se reconstituent à l'ombre du « giscardisme » de nouvelles complicités entre ceux qui décident et ceux qui profitent. Les choses risquent d'aller vite. Qu'importe! Voilà du temps gagné.

Sauf dans l'outre-mer!

Le flux des scandales financiers, des interventions suspectes, des « coups » réussis est encore tel, là-bas, qu'il y aurait de la légèreté à ne pas s'y arrêter. Non, décidément, on ne s'habituera pas à retrouver dans tous les départements et territoires d'outre-mer les mêmes fouillis d'opérations louches couvertes par l'administration, la même complaisance pour le *business* colonial. On écoute. On prend des notes. On sursaute. D'un territoire à l'autre les « découvertes » du visiteur ou du curieux finissent par justifier une question : cette surabondance de scandales ultra-marins ou de « bêtises » profitables est-elle

81

le fait du hasard? Retrouve-t-on au contraire, caricaturée par le laxisme tropical, protégée par l'éloignement et l'indifférence de l'opinion, la copie conforme d'un affairisme toujours vivant en métropole? Ou bien cette cascade « d'affaires » ne représente-t-elle rien d'autre que l'incarnation ricanante d'un « principe colonial » enfin dépouillé de ses phrases? Poser la question, c'est y répondre.

C'est sans aucun doute la Guyane qui fournit le plus extraordinaire contingent de scandales. Considérant leur monotone succession depuis vingt ans, on trouve beaucoup moins incompréhensible l'échec total de tous les efforts de « mise en valeur » d'un département dont on répète mécaniquement à Paris qu'il recèle des richesses inexploitées.

En 1960, on dépense 1 milliard 200 millions d'anciens francs pour « moderniser » le port de Cayenne. Immédiatement après, on réalise l'inutilité de ces aménagements construits sur « fond de boue », dans un site sujet à l'envasement, ceinturé au surplus par des terrains privés rendant impossible toute extension. En outre, l'administration paraît découvrir, après les travaux seulement, que la Guyane ne reçoit qu'un bateau par mois et dispose déjà, au Larivot, à 11 kilomètres de Cayenne, d'un appontement suffisant. Qu'importe!

Deux ans après on engage les finances de l'État dans la construction d'un nouveau port à Degrad des Cannes, à 14 kilomètres au sud de Cayenne, sur des terrains marécageux rachetés (au prix du mètre carré agricole en métropole) à un heureux propriétaire : le président de la Chambre de commerce de Cayenne, M. Tanon, un *béké* martiniquais venu à Cayenne au temps de la « ruée vers l'or [1] ».

L'utilité d'un nouveau port, pourtant, pouvait paraître discutable. Dockers, marins et douaniers de Cayenne déconseillaient le site. On invoqua, pour « faire passer » le dossier très vite, les projets de mise en valeur de la grande forêt guyanaise

---

1. 800 000 nouveaux francs pour 50 hectares de marécages. Ramenés finalement à 600 000 francs.

et notamment l'installation dans le département de plusieurs entreprises françaises venues du Gabon pour exporter le bois de Guyane. D'année en année, après l'adjudication des travaux du port à une entreprise politiquement bien placée, le devis initial enfla. Rien n'ayant été prévu notamment pour la *containerisation*, on dut reprendre le dossier à zéro et réclamer à Paris des rallonges de crédits. En 1973, on avait ainsi dépensé plus de 4 milliards d'anciens francs au Degrad des Cannes. Pour des résultats catastrophiques.

Mal situé de nouveau, le port ouvrait sur un chenal d'accès trop étroit, ses hangars s'avéraient mal adaptés et le nouveau quai s'effondrait avant même d'avoir été utilisé. Seuls bénéficiaires de l'opération : les entreprises chargées des travaux et les anciens propriétaires de terrains.

Plus grave : les projets forestiers mirobolants, qui avaient « justifié » la construction d'un nouveau port, s'étaient entretemps envolés en fumée. De bien curieuse façon. En 1969, après avoir touché près d'un milliard ancien de subventions d'installation, la principale entreprise de forestage (les Établissements Rougier) avait plié armes et bagages pour retourner au Gabon, en emportant jusqu'au matériel destiné à la Guyane. Beaucoup de gens à Cayenne savaient que le département venait d'être victime, une fois encore, d'une pure et simple escroquerie à la subvention couverte par la métropole en vertu de connivences notoires.

L'affaire dite du *polder Marie-Anne* fut plus extravagante encore. Pour développer *enfin* l'agriculture guyanaise, on songea à mettre en valeur — comme elles l'avaient été en 1776! — les terres basses du littoral riches en « argile bleue ». En 1965, on lança donc un projet expérimental de poldérisation sur 300 hectares, à grand renfort de subventions. Le BAFOG (Bureau agricole et forestier guyanais) se chargea des travaux, étroitement soumis, il est vrai, à la « tutelle » de l'administration centrale. Échec, gabegie, erreur de conception... Après avoir raté sur le polder l'implantation de 30 000 pieds de bananes importés d'Haïti, on dut reconnaître au bout de quelques années l'étendue du désastre. Le polder Marie-Anne était devenu, de l'aveu des fonctionnaires de Cayenne eux-mêmes, un gouffre à milliards, une sorte de « Villette » guyanaise. On chercha à s'en débarrasser discrètement. Après avoir refusé la vente en 1967 à une société languedocienne qui s'était portée acquéreur, on céda le polder en 1973 à un « courageux » particulier. Il fit faillite derechef.

La brousse et les herbes folles engloutirent rapidement ce qu'il restait du polder français. Une entreprise qui avait coûté à la France des dizaines de discours « optimistes » sur l'avenir agricole du département, des tonnes de dossiers et plusieurs milliards dépensés en pure perte. Les Guyanais n'eurent d'autres ressources que de considérer avec mélancolie le Surinam voisin (ex-Guyane hollandaise) où depuis fort longtemps 100 000 hectares ont été poldérisés.

Les autres projets de développement agricole ou forestier ne connurent pas un meilleur sort. La Compagnie forestière de l'Approuage (CFA) bénéficia d'importantes subventions métropolitaines avant que l'administration ne s'aperçoive que son promoteur principal était un escroc américain fiché par Interpol. En matière d'infrastructure routière (la Guyane dispose d'à peine 350 kilomètres de routes goudronnées), la plupart des « grands travaux » adjugés sans contrôle véritable ont abouti à des catastrophes financières. Percée à grands frais en 1952, la route intérieure « pénétrante » Belizon-Saül a été abandonnée. Aujourd'hui, elle n'est même plus visible d'avion. Un second projet prévoyait en 1973 une route intérieure qui, partant de Sinnamary, village situé entre Kourou et Saint-Laurent, aurait été raccordée à la branche nord de la transamazonienne brésilienne. On engagea des travaux coûteux et difficiles. En 1975, 18 kilomètres avaient été percés et une vingtaine d'agriculteurs déjà installés sur les terrains rendus accessibles. C'est alors que le Conseil général de Cayenne changea brusquement d'avis et décida d'abandonner l'entreprise.

La gabegie est telle en Guyane, l'échec si permanent et si « incompréhensible » que les hommes politiques proches du pouvoir eux-mêmes ne peuvent faire moins que de s'en indigner. Le 17 avril 1974, au cours d'une séance au Conseil général, le président Ho-A-Chuck qui a rejoint la majorité pro-gouvernementale s'écriait : « Le secteur de production de notre économie ne cesse de connaître déboires et échecs. Les grandes tentatives du développement agricole et d'élevage sur les polders Marie-Anne ont abouti à l'échec que vous savez. L'exploitation forestière a subi un préjudice non seulement économique mais psychologique aux yeux du monde du fait des Établissements Rougier qui ont purement et simplement fermé leurs portes en prétendant faussement qu'elle n'était pas rentable. Ils n'ont cependant pas manqué de profiter des 800 millions de subventions offerts par l'État (...) Devant tant d'échecs, de déboires et d'espoirs déçus, nous, Guyanais, sommes en droit de nous poser des questions [1]. »

Mais les Antilles voisines connaissent elles aussi des affaires douteuses (escroqueries à la subvention, manipulation de crédits) dont on peut s'étonner qu'elles soient si mollement dénoncées en métropole. A la Martinique et en Guadeloupe une petite oligarchie de *békés* reconvertis dans l'import-export s'attache à torpiller les tentatives de développement de la production locale qui risqueraient de diminuer le prix des marchandises importées (et donc les marges bénéficiaires). Les exemples de ces sortes de « coups bas » sont légion. A Pointe-à-Pitre, un quincailler considérant la pénurie de clous dans le département avait décidé de créer sur place une tréfilerie, petite unité industrielle susceptible de fournir quelques emplois. Le bloc de l'import-export répliqua en pratiquant, pendant un an, une baisse brutale sur les prix des produits finis correspondants importés de métropole et une hausse des produits semi-finis destinés à la tréfilerie. Jusqu'à la faillite de celle-ci ... Un fabricant de

---

1. Procès verbal de la séance du Conseil général, première session ordinaire du 17 avril 1974.

boissons gazeuses avait lancé une brasserie en Guadeloupe : aussitôt les importateurs obtinrent de la *Transat* le même tarif de fret pour les bouteilles vides que pour les pleines. Manœuvre suffisante pour « casser l'entreprise ».

Rompus à ce genre d'opération dont l'économie antillaise fait toujours les frais, les commerçants *békés* sont également propriétaires des plus grosses plantations de cannes, de bananes ou d'ananas. Cette double qualité leur permet de pratiquer un fructueux détournement de subventions. Des crédits destinés à soutenir ou à développer telle production agricole sont ainsi « transformés » en des investissements commerciaux qui précipiteront un peu plus le déclin de l'agriculture. Les profits de l'importation, il est vrai, sont plus intéressants que ceux de l'agriculture ou de la pêche. En vingt-quatre heures, un commerçant de Pointe-à-Pitre gagne autant d'argent en vendant deux moteurs hors-bord, qu'en une année le petit pêcheur qui les utilisera.

L'argent de l'État affecté au sauvetage de l'agriculture antillaise est ainsi utilisé contre elle...

Il en fut ainsi pour l'aide au sucre martiniquais dont la production n'a cessé de s'effondrer, surtout à partir de 1967. Depuis le 1er janvier 1968 dans la Communauté économique européenne le marché du sucre est soumis à un système de garantie des prix lié à l'attribution de quotas de production. Apparemment avantageux pour les Antilles, les quotas sont néanmoins attribués aux grandes entreprises sucrières qui demeurent libres de les répartir selon la capacité productrice des régions contrôlées. Or la plupart des groupes français (Générale sucrière, Saint-Louis, etc.) détiennent des participations dans les sociétés sucrières antillaises. Les quotas antillais pourront être ainsi transférés au bénéfice de la production betteravière métropolitaine. Et au détriment des Antilles.

A partir de 1967 les plans d'aide au sucre martiniquais firent l'objet d'innombrables discours rassurants et de promesses électorales. Au cours des six années suivantes, c'est vrai, l'État ne ménagera pas ses efforts. Le total des aides et prêts avantageux consentis par la métropole au secteur du sucre représenta 11 milliards d'anciens francs. Sans aucun résultat puisqu'en 1973 la production martiniquaise était tombée à 14 000 tonnes, au lieu de 90 000 tonnes en 1963. Plusieurs parlementaires et des fonctionnaires de la rue de Rivoli s'inquiétèrent de cet échec et surtout de la disparition de 11 milliards d'anciens francs de deniers publics dans le tonneau des Danaïdes antillais. Des missions d'enquête furent envoyées à Fort-de-France. Décidée à « *y voir clair dans cet imbroglio* », selon ses propres termes, la Commission de la production et des échanges de l'Assemblée nationale réclama en 1973 *comme c'était son droit* communication des rapports internes à l'administration relatifs à l'industrie du sucre en Martinique. La réponse de la rue de Rivoli datée de novembre 1973 ne manqua pas de saveur : « Les règles de la déontologie administrative ne permettent pas au ministère de l'Économie et des Finances de communiquer au ministère des DOM les rapports établis par ses services de contrôle sur les sociétés sucrières en Martinique. »

Le rapporteur de la Commission parlementaire, M. Isidore Renouard, député républicain indépendant, revint effaré d'un ultime voyage d'information en Martinique. A Fort-de-France l'opinion ironise aujourd'hui sur ces « magouilles » qui rapportent gros et l'on soupire dans tous les milieux à propos du déclin sucrier des îles en désignant d'un regard oblique les yachts flambant neufs de tel ou tel *béké*. En 1973, un rapport confidentiel du ministère de l'Agriculture dénonçait l'incohérence des décisions du secteur sucrier en notant que pour les *békés* martiniquais « l'attrait de placements plus intéressants que les sucreries avait dû jouer un rôle (placements dans le tertiaire par exemple) ». En clair cela signifie que les familles propriétaires de sucreries utilisent les subventions de métropole pour combler les déficits de leurs usines puis, libérées à moindres frais de cette charge, investissent l'essentiel de leur fortune dans le commerce. A quoi peuvent rimer dans ces conditions les lamentations officielles sur le déficit des balances commerciales?

Les efforts officiels déployés depuis quelques années en faveur du tourisme de luxe, présenté comme une « planche de salut » pour les Antilles, orientent à leur tour le capital privé vers un nouveau secteur où les profits sont alléchants. Là aussi des scandales surgissent qui suscitent trop peu d'écho en métropole. Des crédits sont dépensés pour améliorer des infrastructures (routes, ports) qui au bout du compte ne profiteront qu'à une poignée de privilégiés. Un hôtel fut construit en 1972 à la Pointe-du-Bout (Martinique) grâce à des prêts publics représentant 56 % du coût total. Dans la zone touristique de Saint-François, à proximité des grands hôtels Méridien, Bakouo et Frantel, on s'apprêtait en 1975 à réaliser sur 53 hectares un golf de 18 trous qui coûtera un peu plus de 9 millions de nouveaux francs (au lieu des 6 prévus) dont 5 seront couverts par des prêts du FIDOM et une autre partie par les finances départementales. Pour le seul arrosage du golf on prévoit une dépense de 1,5 million. *L'Humanité* du 17 juin 1975 n'avait pas tort de rappeler à ce sujet que de nombreuses communes martiniquaises manquent d'eau.

Un autre scandale fut dénoncé, et bloqué de justesse en 1974, le projet Asatahama qui visait à construire, sur 273 hectares situés à proximité de la plage publique des Salines, un complexe touristique de 12 000 lits avec golfs, marinas, casino, village nautique, etc. Parmi les promoteurs de l'opération, le fils du député giscardien Victor Sablé. Celui-ci avait donc raison — de son point de vue — de défendre au Parlement le tourisme de luxe par opposition au « tourisme social », avec des arguments dont seuls les députés mal informés pouvaient trouver qu'ils sonnaient bizarrement : « Je ne gagerai pas que la Martinique, dont le nom est l'un des meilleurs panneaux publicitaires, accepte, sans réaction socio-psychologique, voire épidermique, de subir presque seule dans les Caraïbes l'invasion désordonnée des classes les moins favorisées des deux continents [1]. »

---

1. Débat au Parlement, séance du 12 novembre 1974.

L'appel devenu rituel au grand tourisme international pour sauver l'économie des DOM-TOM, la précipitation un peu désordonnée avec laquelle on prétend mettre en valeur « d'incomparables richesses » dont on répète qu'elles sont « sous-exploitées » entraînent parfois l'administration d'outre-mer dans d'inimaginables aventures. Celle que vécurent entre 1969 et 1972 les Nouvelles-Hébrides est probablement l'une des plus révélatrices. Et sûrement la plus folle.

Vers 1966 des *businessmen* américains, cherchant sur le globe quelques annexes touristiques susceptibles de décongestionner Honolulu déjà couvert de Hilton, découvrent que le condominium franco-britannique des Nouvelles-Hébrides représente « l'un des derniers paradis sauvages du Pacifique ». Autant dire une valeur-or sur le marché du vague à l'âme industriel. Aussitôt, une volée de spéculateurs arrivent à Port-Vila avec l'intention d'acheter à tout prix (mais de préférence à bas prix) une partie des immenses plantations françaises qui pourront être revendues — après quelques coups de crayon sur un plan-masse — sous forme de lotissements.

Aux Nouvelles-Hébrides la situation économique et politique est alors *grosso modo* la suivante : les ressortissants français (4 000 pour tout l'archipel) sont surtout des planteurs spécialisés dans le coprah ou, pour quelques-uns d'entre eux, fraîchement reconvertis dans l'élevage. L'UDR est bien implantée et — traditionnellement — la France mène une politique de défense des colons face aux Anglais (2 000 ressortissants) dépourvus, eux, de grands domaines fonciers mais mieux installés dans le commerce et — grâce à la religion presbytérienne — parmi la population autochtone mélanésienne. A la fin des années soixante les cours du coprah se sont effondrés sur le marché international, les plantations deviennent moins rentables. Au surplus, on s'inquiète dans les milieux UDR d'une poussée des revendications mélanésiennes en faveur de l'indépendance. On soupçonne les Anglais — qui n'ont guère d'intérêts à défendre dans l'archipel — d'encourager cette « agitation indigène » en choyant notamment le National Party qui a le vent en poupe à partir de 1971, et dont les dirigeants mélanésiens sont anglophones. Les Anglais, dit-on à la résidence française, veulent s'en aller...

Certains colons français, subodorant un avenir trouble, songent donc à réaliser leur fortune en vendant leurs terres « achetées » jadis aux tribus canaques dans des conditions scandaleuses. L'arrivée des promoteurs américains en quête d'arpents de sable et de soleil fait naître des espoirs dans la colonie française. Parmi ces acquéreurs en puissance, un certain Eugène Peacock, associé à un ressortissant français, monte alors une énorme offensive publicitaire aux États-Unis et dans tout le Pacifique autour du « mythe paradisiaque » des Nouvelles-Hébrides. A l'époque (1968-1969) une clientèle inattendue (et solvable) est à portée de la main : les milliers de GI's américains de Saïgon, Da-Nang, Bangkok ou Guam, tourneboulés par la magie délétère du Vietnam, la marijuana et le commerce des dames asiatiques, peu soucieux en tout cas de retrouver d'un coup, après démobilisation, Minneapolis, Broadway et la pollution américaine.

Eugène Peacock — bien reçu à Port-Vila encore qu'on ne sache pas encore grand-chose de lui — choisit de « privilégier » cette cible-là. Il lance une grosse campagne publicitaire notamment dans le *Stars and Stripes*, journal de l'armée américaine dans le Pacifique. Les « arguments » commerciaux employés sont parfois pittoresques : « La congaïe (concubine) que vous avez peur de ramener chez vos parents, installez-la donc aux Nouvelles-Hébrides. Avec vous. »

Poussée par la section UDR de Port-Vila et par les colons, la résidence française encourage dès le début l'opération Peacock avec une hâte dangereuse. De l'aveu même d'un haut-fonctionnaire métropolitain, le bénéfice que l'on en attend est double. D'abord on permettra, pense-t-on, aux familles des colons de réaliser des bénéfices importants. Or la vocation originelle de la France aux Nouvelles-Hébrides a toujours été de défendre ce genre d'intérêts. Mais on espère également — avec un machia-vélisme ingénu — que l'afflux de ressortissants américains dans l'archipel aboutira à « blanchir » la population et incitera un jour Washington à « combattre les velléités de départ de l'An-gleterre ». Sur ses affiches touristiques, Eugène Peacock n'a-t-il pas annoncé « bientôt 50 000 résidents américains aux Nou-velles-Hébrides »? Qui osera encore parler d'indépendance dans ces conditions?

A la résidence britannique, en revanche, on s'inquiète dès le départ des activités d'Eugène Peacock, qui d'ailleurs feront vite boule de neige. (Les Calédoniens commenceront eux aussi à partir de 1971 à investir dans l'expansion touristique du condominium les bénéfices qu'ils ont retirés du boom sur le nickel, les banques australiennes ouvrent généreusement des crédits, etc.) Les Anglais, il est vrai, ont des renseignements précis sur Peacock et savent — notamment par le FBI — qu'il s'agit d'un aventurier responsable de spéculations du même ordre aux Fidji, au Costa Rica et ailleurs. L'arrivée massive de forts contingents de « hippies propriétaires » et de « gens peu recommandables » les inquiète tout autant.

Peacock a déjà acheté des plantations (8 000 hectares) dans l'île de Santo et revend des lotissements par dizaines. Les colons français cèdent à l'euphorie mercantile et même ceux qui n'avaient jamais songé à vendre leurs terres se laissent tenter. Les Anglais s'indignent ouvertement du laxisme de l'ad-ministration française à l'égard de ces spéculations qui com-mencent à bouleverser l'équilibre de l'archipel. Ils s'emploient à convaincre la résidence française de la nécessité d'un verrouil-lage juridique du condominium (qu'on a transformé entre-temps en paradis fiscal). La *British Newsletter* (bulletin de la résidence britannique) distille des articles très allusifs où l'on s'alarme des menaces qui pèsent sur l'écologie tropicale boule-versée par les promoteurs, où l'on défend les sites incomparables des îles, etc.

Il faudra de nombreuses interventions « diplomatiques »

pour que la France se résolve à freiner enfin cette vaste braderie de l'archipel. En 1971, sont pris conjointement par les administrations française et britannique des arrêtés introduisant un contrôle de l'immigration visant les Américains, un système d'autorisation pour les lotissements et une taxe sur la plus-value. La communauté française réagit furieusement à cette bien tardive tentative de limiter les appétits mercantiles aux Nouvelles-Hébrides. La section UDR locale s'en prend aux *arrêtés scélérats* qui *freinent l'expansion*. Elle cherche du côté de Paris un appui politique que la présence britannique empêche de se manifester. Moralité : les Anglais figurent avantageusement à Port-Vila comme les défenseurs de la vertu et de la spécificité néo-hébridaise. L'image de l'administration française ne sort pas grandie de l'aventure. Faudra-t-il s'étonner si quelques mois plus tard le National Party anglophone récupère à son bénéfice la colère de plus en plus politique des Mélanésiens qui manifestent à Port-Vila en brandissant des pancartes : « On n'est pas des bêtes »? Ces manifestations sont dirigées contre la France « protectrice des colons » plutôt que contre la Grande-Bretagne qui, elle, accepte depuis longtemps la perspective d'une indépendance du condominium.

Pour extravagante qu'elle fut, l'affaire Peacock n'est jamais qu'un des aspects de l'affairisme couvert par la France aux Nouvelles-Hébrides. Des cas de corruption beaucoup plus graves sont régulièrement dénoncés par des témoins qui, en général, savent de quoi ils parlent. M. Benjamin Favreau, ancien administrateur de la *France d'outre-mer* qui fut commissaire résident de la France à Port-Vila, a fourni en 1973 un témoignage de première main sur ce qu'avait pu lui révéler son séjour aux Nouvelles-Hébrides [1]. Il mérite d'être largement cité :

« Grâce à son statut particulier ce territoire est devenu le support de quelques gangs qui ont pratiqué les fraudes sur

---

1. Ce témoignage a été publié dans un numéro spécial de la revue *Esprit* consacré à la corruption, janvier 1973.

l'origine des produits, l'évasion des capitaux, les fraudes douanières, les fausses factures, les devises, les armes... Cependant, comme dans ce microcosme d'État il est difficile de se cacher, on devine assez bien ce que peut être la structure des bandes : une société commerciale dépendant d'une grande banque d'affaires qui est le cerveau de l'organisation ou encore une société de services spécialisée dans l'import-export, une compagnie nationalisée de transport maritime en Nouvelle-Calédonie, un lobby d'affairistes politiques prêts à tout et qui affichent des liens multiples avec le pouvoir central, l'inévitable avocat ou juriste distingué, un réseau de hauts fonctionnaires brillants par l'avancement et apparemment cooptés... par le même cerveau.

« A considérer le temps qu'il a fallu pour amener devant le juge un Rives-Henrys (on le retrouvera aussi avec de plus puissants aux Nouvelles-Hébrides) ou un policier corrompu, on ne s'étonnera pas qu'un fonctionnaire isolé n'ait pas réussi en dix ans, à faire éclater une affaire de corruption qui a les dimensions de l'État. Mais naturellement ce n'est pas une affaire claire. La chasse est d'ailleurs soigneusement gardée : la sévérité exemplaire des sanctions qui frappent les petits et les isolés devant entretenir autour du système une réputation de rigueur et une ombre propice. Les initiés par contre, les affairistes politiques et tout ce qui est dans la mouvance de la banque peuvent à peu près sans risque par le canal réel ou fictif des Nouvelles-Hébrides : 1º exporter n'importe quelle marchandise dans tout le Pacifique, y compris les armes et même les « produits stratégiques », si l'autorité militaire n'y prend garde; 2º s'approprier les devises ainsi produites; 3º importer en franchise de droits en France (et peut-être exporter comme produit français dans la CEE et aux USA) du coprah étranger, du poisson japonais frais réfrigéré ou congelé, du caviar iranien, des graisses, des crustacés, des laines, etc. de n'importe quelle provenance mais surtout pas hébridaise; 4º disposer librement des devises correspondant à des importations fictives grâce à de fausses factures délivrées par quelques officines locales.

« C'est là d'ailleurs avec quelques autres scandales de moindre importance *à peu près toute la réalité française dans le condominium des Nouvelles-Hébrides.* Or il faut le dire maintenant, ces trafics existent, prospèrent et perdurent quoique officiellement dénoncés, à cause de hiatus savamment aménagés dans la réglementation douanière et des changes, entretenus et consolidés à chaque révision des textes. Ce qui prouve dès l'abord à quel niveau se situent les complicités. »

Un témoignage qui laisse rêveur !

Mais la complaisance de l'administration française à l'égard des intérêts ultra-marins paraît plus surprenante encore à deux heures d'avion des Nouvelles-Hébrides, dans le minuscule territoire de Wallis-et-Futuna. Sur ces plages oubliées du Pacifique où vivent 9 000 Maoris placides, on aurait pu espérer — au moins — que l'affairisme n'aborde jamais. « On nous a appelés sur ces îles, soupirait M. Olivier Stirn en quittant Mata-Utu au mois de décembre 1974. Si nous n'étions pas venus nous aurions failli à notre mission humanitaire et ces populations auraient été décimées par les maladies [1]. »

De fait les habitants de Wallis-et-Futuna qui vivaient jusqu'alors en économie de subsistance se trouvèrent rattachés à partir de 1961 au grand circuit international de la consommation grâce à deux catégories nouvelles de revenus : les mandats envoyés par les 7 000 émigrés wallisiens et futuniens installés en Nouvelle-Calédonie et les « transferts » de la métropole (118 millions de francs CFP en 1973). Bouleversant les habitudes, battant en brèche les traditions polynésiennes, la consommation fit donc son entrée dans l'ancien royaume d'Uvéa. De nouveaux déséquilibres sont apparus depuis, qui assujettissent

1. Consultés par référendum, les habitants avaient réclamé le 22 décembre 1959 la transformation en TOM de ce qui n'était jusqu'alors qu'un vague protectorat. Mais les votes des émigrés installés en Nouvelle-Calédonie furent déterminants. Pour ceux-ci il s'agissait surtout de bénéficier de cette façon des lois sociales françaises. Commentaire de Mgr. Darmancier, ancien évêque de Wallis, sur cette consultation (recueilli à Wallis le 9 juillet 1974) : « La France a saisi au bond la volonté des habitants d'être citoyens français pour appliquer au territoire un statut élaboré à la sauvette et voté sans aucun représentant de l'île. »

désormais les habitants aux commerçants locaux. Ceux-ci vendent à un prix maximal les objets et marchandises importés de Nouvelle-Calédonie par bateau (parfois avec une marge de 600 %!).

Or, après une tentative malheureuse (et fort maladroite) pour prendre en charge elle-même la ligne maritime Wallis-Nouméa, l'administration avait cédé le monopole du ravitaillement de l'île à une société prospère de Nouvelle-Calédonie (la Sofrana) appartenant à un commerçant avisé : M. Ravel. Celui-ci put récupérer à un prix intéressant le *Moana*, cargo abandonné par l'administration. Il engagea des équipages fidjiens sous-payés, bénéficia du port d'attache à Mata-Utu et se trouva au surplus actionnaire d'un des rares supermarchés de l'île Wallis. Appliquant des marges bénéficiaires confortables, il parvint en quelques mois à ce dont l'administration s'était bien gardée : rentabiliser une ligne qui oblige pourtant, tous les quarante-cinq jours, le cargo à repartir à vide sur Nouméa.

Résultat immédiat : flambée inimaginable des prix à Wallis, une augmentation continue des tarifs de fret. Et une récupération spéculative de l'essentiel des nouveaux revenus wallisiens dont s'enorgueillit un peu trop vite l'administration. « Oui, c'est vrai, murmurait devant nous en juillet 1974 M. de Agostini, administrateur supérieur de Wallis, je reconnais que cette affaire du bateau est un coup loupé. »

A l'autre bout du monde, dans l'océan Indien, c'est une autre sorte de monopole tout aussi scandaleux qui fut accordé à l'ancien chef du gouvernement du territoire des Comores, M. Ahmed Abdallah : celui de l'importation de riz. Sur cet archipel sans ressources où les quelque cent années de « présence française » n'ont abouti à aucune espèce de développement économique, ni même à une amélioration notable de l'infrastructure la plus élémentaire [1], la consommation de riz importé s'est

---

1. Les Comoriens vivent en fait dans la misère. Le taux de scolarisation atteint à peine 30 % dans le primaire et 8 % dans le secondaire. L'équipement hospitalier est ahurissant de vétusté.

régulièrement accrue au cours des années soixante. Grâce à l'aide de la France qui a permis aux Comoriens de bénéficier de revenus monétaires artificiels. En 1974, le riz acheté en Thaïlande était ainsi devenu l'aliment de base de l'archipel qui en importe jusqu'à 20 000 tonnes par an.

Pour que le prix de ce riz demeure accessible aux familles comoriennes, la France décida de le subventionner à raison de 1,10 franc par kilo. Le montant global de cette aide directe atteignait 9 millions et demi de nouveaux francs en 1974. Or, les trois commerçants locaux ayant le monopole de l'importation ne sont autres qu'un Indien, M. Kalfane, le député UDR du territoire M. Mohamed Ahmed et M. Ahmed Abdallah lui-même. Autrement dit, l'essentiel des crédits métropolitains destinés à subventionner la misère comorienne arrivait directement dans la bourse des deux anciens responsables politiques du territoire. A l'origine en effet la subvention destinée au riz était versée aux importateurs eux-mêmes. Consciente des conséquences de cet abus, un peu trop notoire, l'administration ne se décida que plus tard à remettre l'ensemble de ces crédits à une Caisse de stabilisation et de compensation qui les redistribue maintenant aux importateurs. Les apparences sont sauves.

M. Ahmed Abdallah passait en 1975 pour l'un des hommes les plus riches de l'océan Indien. Et c'est lui que la France choisit de soutenir politiquement jusqu'à l'indépendance unilatérale du territoire en juillet 1975 qui précipita le renversement du même Ahmed Abdallah. C'est à lui que devait normalement revenir de mettre en œuvre une mesure économique prioritaire recommandée par tous les experts : développer les cultures vivrières et... réduire les importations. Qui osait parier sur le zèle du président-importateur ?

L'affairisme que cautionna l'administration française à Djibouti procédait de mêmes complaisances politiques. Comme aux Comores, il choquerait moins si une partie importante de la population n'était pas encore confinée dans la misère la plus noire et ne souffrait même épisodiquement des effets anachroniques de la famine. Si l'aide de la France à l'ancien TFAI a permis d'améliorer légèrement un niveau de vie misérable, elle a surtout favorisé l'enrichissement d'une poignée de privilégiés : fonctionnaires métropolitains, commerçants arabes, entrepreneurs locaux... Parmi eux on ne s'étonnait guère de trouver M. Ali Aref en personne, heureux actionnaire (avec le consul d'Italie, M. Giuseppe Previtera) d'une société de construction dite Société civile immobilière de la Croix de Lorraine — nom ininventable! — qui réalisait de fructueuses opérations à Djibouti.

Cette double qualité de président et de promoteur permettait par exemple à M. Ali Aref Bourhan d'accorder le 2 février 1974 en concession à la Société civile immobilière de la Croix de Lorraine (c'est-à-dire à lui-même) 6 651 mètres carrés de terrains domaniaux bien situés pour y « édifier des bâtiments en dur à usage d'habitation [1] ». L'affairisme du président (qui acheta des propriétés en métropole et des appartements sur la Côte d'Azur) justifiait à tel point celui de ses subordonnés que les vieux Djiboutiens de la *Siesta* n'en parlaient pas sans gêne. Il est vrai qu'on ne devrait pas se scandaliser pour « si peu » dans un territoire qui importait quotidiennement (et officiellement) d'Éthiopie 4 à 5 tonnes de *khât* [2] (dont la taxation procurait au budget local trois fois plus de ressources que les tranches annuelles du FIDES) et où les 4 000 prostituées payaient officiellement patente au gouvernement (ou du moins étaient censées le faire). Carrefour des trafics et des contrebandes, Djibouti était-il de cette façon le *phare de la France sur l'océan Indien?*

Dans son bulletin ronéotypé (seul moyen d'expression de l'opposition dans le TFAI), la ligue populaire africaine avait fort à faire pour ne pas oublier un scandale (électoral, financier, judiciaire) parmi les dizaines de cas que lui fournissait régulièrement l'actualité. Personne n'a jamais très bien su, par exemple, ce qu'était devenu le million de francs de crédits spéciaux

---

1. Arrêté n⁰ˢ 74-267 SG/CD de la « Présidence du Conseil de gouvernement »
2. Feuilles cultivées en Éthiopie dont les propriétés — lorsqu'on les mâche — sont comparables à celles des amphétamines.

accordé, en juillet-août-septembre 1971 par la métropole, pour secourir la population du cercle d'Obock victime de la sécheresse et de la famine. Un dixième de cette somme, soit 100 000 francs, fut effectivement utilisé. Le reste suscite encore des questions sans réponse [1].

Escroqueries en Guyane, détournements financiers aux Antilles, trafics immobiliers aux Nouvelles-Hébrides, petite rapine maritime à Wallis, concussion aux Comores, affairisme à Djibouti... Ce ne sont là que quelques cas. On pourrait s'étendre encore sur les trafics liés au rachat des terres indivises en Polynésie française, sur les péripéties parfois scandaleuses des grandes manœuvres dont fait l'objet le nickel calédonien, sur les « dérogations » immobilières de l'île de la Réunion. L'outre-mer est généreux pour qui voudrait alimenter une chronique scandaleuse. Ce n'était pas notre intention.

Une question reste en effet posée à la lumière de ces exemples : les scandales ultra-marins justifient-ils une forme particulière d'indignation? Toutes ces « bavures » ne sont-elles pas — au bout du compte — le lot inévitable de n'importe quelle forme d'administration? N'y a-t-il pas quelque malhonnêteté polémique à stigmatiser *politiquement* de tels scandales sous prétexte qu'ils se réalisent en dehors de la métropole? Ce haussement d'épaules résigné est la réaction ordinaire des fonctionnaires. Elle paraît inacceptable. Outre leur extraordinaire profusion, les scandales recensés dans les DOM-TOM sont bien d'une « nature » particulière.

D'abord ils témoignent *a contrario* d'une indifférence incroyable de l'opinion à l'égard de ce qui se passe outre-mer, comme si l'on acceptait à Paris de voir indéfiniment les DOM-

---

1. Voir notamment *Les Oubliés de la colonisation française*, Parole et société, 1972.

TOM livrés à une sorte d'état d'exception permanent. Champs clos oubliés, terrains de manœuvres abandonnés à l'influence des plus forts ou des mieux en cour... Les corruptions de toute sorte sont la conséquence d'un laxisme qui autorise tout aussi bien les fraudes électorales les plus cyniques que l'arbitraire policier et les procédures répressives. D'où cet aveu indirect : les DOM-TOM ne seraient donc pas — tout à fait — la France?

Ces scandales ne touchent pas au domaine politique de façon accessoire. Ils s'inscrivent *au cœur même* d'une politique d'intérêt dont ils soulignent un peu plus l'iniquité. Si la France accepte de « couvrir » les enrichissements de quelques compradores et potentats locaux dont elle fait ses interlocuteurs privilégiés, c'est sans doute par calcul autant que par faiblesse. Or, si la faiblesse est dangereuse, le calcul est faux. On ne s'attachera pas la moindre « fidélité » durable dans les DOM-TOM en jouant la carte de dirigeants compromis avec nos affaires. Inconséquente, la métropole continue d'exhiber outre-mer le plus laid de ses visages.

Enfin reste cette odeur d'argent. Tout simplement. Omniprésente outre-mer. Tenace. Envahissante. Comme si n'avait survécu là-bas que la face noire du gaullisme : les clans et les sociétés anonymes, les groupuscules financiers gravitant dans l'ombre des cabinets, et ces obscurités autour de Jacques Foccart, *béké* de la Guadeloupe.

Quelques voyages outre-mer, et voilà qu'on ne supporte plus les trémolos patriotiques...

CHAPITRE V

Le mensonge

« *Qui sommes-nous?* » La question rebondit du « territoire » à l'archipel. Identique. La même angoisse retrouvée des chiffons-villes de Djibouti aux atolls Tuamotou, des lagons d'Uvéa aux HLM de Pointe-à-Pitre. « *Qui sommes-nous, où est notre histoire et notre âme?* » Faut-il être sourd, aveugle, pour ne pas découvrir — au bout du compte — la principale dimension du drame d'outre-mer, la blessure toujours saignante dont procèdent les plus grandes colères politiques. La vraie question. Anachronisme colonial, arbitraire et pillages, scandales et fraudes sont inacceptables, certes. Mais que pèse tout cela en face de l'essentiel, qui ressortit à la difficulté d'être? Les habitants des DOM-TOM ont surtout mal de ne pas exister. Attendons de pied ferme les démentis convenus et les références radoteuses à l'histoire de France.

Je connais la misère physique des Issas de Djibouti. Mais je sais que dans les baraques en planches du *magalla* on écoutait surtout à l'heure du *khât* tous les tam-tams de l'Afrique et de l'Orient arabe venus d'au-delà des barbelés. Les grands remue-ménage d'une histoire africaine qui s'arrêtait à ces frontières « françaises » sur lesquelles veillaient nos armes et nos soldats. On ne passe pas! Plus grave que le pain charançonné ou la famine d'Obock.

Je sais qu'à Wallis les vieux accroupis sur la plage guettent le soir dans les murmures du vent les échos polynésiens venus, par-dessus des centaines de kilomètres de Pacifique, de Tonga ou des Fidji, des Samoa... Je sais qu'aux îles Loyautés de Nouvelle-Calédonie les ouvriers mélanésiens de la Société Le Nickel, quittant l'usine et les « trois huit » à la française, se réfugient dans « *la coutume* » retrouvée, réinventée. La « *liane* » maternelle que les jeunes militants des « foulards rouges » brandiront contre nos codes, nos commandements et nos bonheurs d'Occident. « *Blancs occidentaux, la Bible à la main, le fusil à l'épaule,* « *civilisés* » *du moins le croyaient-ils, écrivent leurs journaux éphémères* [1]. *Les colonialistes français ont complètement ignoré l'existence de nos coutumes, de nos croyances et de nos mœurs.* » Savait-il ce qu'il disait, ce juge français venu de métropole pour condamner quelques agitateurs calédoniens et qui répondait goguenard : « *La société kanake? Une société de pagaille!* »

Faut-il redire les déchirements de l'âme antillaise; les hommes à « *peaux noires et masques blancs* » de la Caraïbe qui cherchent en tâtonnant de poèmes en manifestes les contours d'une nation, d'une histoire propre qui demain, peut-être, se souviendra douloureusement de nos Marseillaises? Faut-il rappeler que, par-delà les injustices, les chômeurs et les exils forcés, la quête d'une identité demeure au centre du quotidien entre Pointe-à-Pitre, Fort-de-France et Cayenne. Une quête que *nous* avons déclarée subversive. Et punissable. Sait-on que même à Tahiti, Cythère mille fois envahie et banalisée par trois siècles de sacrilèges vagabonds, les jeunes gens de Papeete fouillent aujourd'hui leurs montagnes pour ressusciter des jungles les *maraès* énigmatiques, les vieux temples en galets ronds des civilisations polynésiennes. « *Mon ami!... dans quel état mon pays est-il tombé! O o-taïti! Ahouaï! Ahouaï! Ahouaï* [2]*!* » Veut-on ignorer les grands reflux collectifs qui, aux Nouvelles-Hébrides, précipitent les

---

1. *Réveil kanak*, nº 38, Nouméa, 1974.
2. Le dernier grand prêtre maori à J. A. Moerenhout (1931) cité par Victor Segalen dans *Les Immémoriaux*, Plon, 1956.

Mélanésiens vers les prophètes illuminés du « cargo cult » et — surtout — vers la *Road belongs custom* (la route de la coutume, en patois bichlamar) qui les détournera de la *Road belongs white men* (la route des Blancs). Osera-t-on avouer que même à Mayotte, île « française » arrachée au destin émancipé de l'archipel des Comores par un réflexe tricolore de nos députés, personne ne se soucie d'apprendre notre langue ou notre histoire.

Oui, partout la même meurtrissure, le même grand secret dans les replis de l'âme. Tous se cherchent et se découvrent orphelins d'une patrie. Tous se sentent oubliés sur les rives de l'histoire. Fondamentalement « séparés ». « *Qui sommes-nous?* » A quel monde appartient-on lorsqu'on est canaque ou paumoutou, afar ou créole barbouillé de tricolore. Nourri de charité nationale et coincé entre deux interdits.

La réponse officielle est nette : vous êtes français. La politique qu'elle exprime porte un nom : l'assimilation. Fiction fragile, parfois grotesque mais qui a pour elle les gendarmes, les préfets et les juges. Discuter cette vérité, c'est encore commettre le crime d'anti-France. Toute l'attitude française outre-mer, toute notre politique dans les DOM — et même dans les TOM, ce qui est plus singulier — est fondée sur le mythe de l'assimilation. Il ne doit y avoir — et il n'y a — outre-mer que des Français à part entière. « *Longue marche*, dit-on rue Oudinot, *longue marche qui, certes, n'a pas encore touché au but mais qui suit la bonne route.* »

Ici l'ambiguïté s'épaissit. Devant ce « projet » qui effectivement participa jadis d'une vraie générosité et d'une grande espérance, les habitants de l'outre-mer balancent aujourd'hui entre deux attitudes opposées : le refus ou la revendication. Une attirance éblouie pour cette « identité française » qui est officiellement promise mais jamais accordée et de brusques réactions de rejet. Certes la situation n'est pas la même partout. L'histoire n'a pas tissé des liens identiques entre la métropole et chacune de ces minuscules colonies. Les siècles d'aventures communes entre Paris et les Antilles, par exemple, ont enraciné profondément les vieilles solidarités du souvenir qui sont bien différentes des rapports vaguement abstraits que peut entretenir un nomade afar avec la culture française. La « nationalité » psychologique d'un Français de la Réunion ressemble peu à celle d'un lointain vieillard canaque. Le degré de « francisation » varie d'un territoire à l'autre. Certes. Toutes nuances notées, pourtant, l'alternative fondamentale reste bien la même. Être français ou « quelque chose d'autre » ?

Les habitants de nos DOM-TOM ne peuvent être tout à fait l'un ni tout à fait l'autre ? Voilà une « aliénation » !

Veulent-ils s'affirmer français ? Des milliers d'entre eux le disent et le répètent depuis trente ans. C'est une vérité qui désole les jeunes indépendantistes, mais une vérité quand même. La fierté d'appartenir à une grande nation et de partager une vieille culture est encore capable de mobiliser des foules à Papeete, Fort-de-France, Saint-Denis ou Cayenne. Ni de Gaulle ni aucun de ses successeurs débarquant de Paris dans les moiteurs tropicales n'a résisté à ce grand vertige fraternel des rassemblements ultra-marins, ces piétinements délirants où fut exaltée cent fois l'appartenance d'un peuple à la communauté française. Mouvement sentimental, discours fleuves où fleurissent l'hyperbole cérémonieuse et les sentiments endimanchés. Ce réflexe existe, ces retrouvailles périodiques ne sauraient être gommées par quelques ricanements. Si l'occasion est bonne pour céder — presque chaque fois — à la démagogie et à la grandiloquence officielles, il n'empêche ! Aucun de nos discours assimilationnistes ne rencontrerait un tel écho s'il ne correspondait à un penchant secret. Il faut avoir vu les anciens combattants de Nouméa, graves sous leurs médailles, les vieux compagnons de la Réunion ou les rescapés du bataillon du Pacifique, il faut avoir entendu quelques jeunes filles de Martinique parler de Paris et de la

France. Des millions de gens ont rêvé et rêvent encore à la France comme à une nation qui pourrait être la leur.

Y rêvent-ils très longtemps?

Lorsque sur la place des Palmistes de Cayenne, l'esplanade des Cocotiers de Nouméa ou la Savane de Fort-de-France le visiteur illustre est parti, lorsque les flonflons officiels se sont tus, lorsqu'il ne reste autour des estrades que quelques tracts fanés et des pelouses meurtries, sont-ils toujours aussi français? Dans un bulletin ronéotypé, *Conscience antillaise*, un militant anonyme de la Martinique écrivait le 1er avril 1966, après un voyage du général de Gaulle aux Antilles : « Voici qu'arrive le grand chef blanc. Jusqu'alors la France était loin, on l'aimait tout en détestant en détail le « métro ». Mais voici qu'arrive la France en chair et en os, en la personne du grand chef blanc. Que dit-il? Le grand chef plonge tout d'abord les Antillais dans le néant. Vous n'êtes que poussières [1]. Mais c'est aussitôt pour les rassurer : vous êtes français, " Mon Dieu que vous êtes français " (puisque vous venez d'applaudir la France). Par son verbe il a fait de l'Antillais un être. L'Antillais passe alors du doute à une certitude agressive, avant de retomber, après le passage du magicien, dans un nouveau doute plus affreux encore. »

Ces élans renouvelés vers une « certaine image » de la France butent sur trop de barrières et sur trop d'humiliations pour demeurer intacts à perpétuité.

Et puis la frénésie elle-même avec laquelle, à chaque occasion, on proclamera à nouveau son identité française n'est pas sans signification. Le psychodrame rituel (« Nous sommes français », « Oui, vous êtes français ») auquel s'abandonnent plusieurs fois par an la population des DOM-TOM et les ministres en voyage est, par son existence même, révélateur d'une incertitude inavouée. « Les Parisiens, les Bordelais ou les Montpellierains, s'écriait un jeune Martiniquais, ne passent pas leur temps à se clamer

---

1. Allusion à l'expression « poussières sur l'océan » utilisée par le général de Gaulle à propos des Antilles.

français. Ils sont français — on le sait. Ils n'ont donc besoin ni d'en assurer les autres ni surtout de se rassurer eux-mêmes [1]. » Non, « pas tout à fait français ».

Le premier obstacle, la première humiliation est celle des « assistés », tributaires involontairement passifs du seul budget métropolitain. On mesure mal, à Paris, le poids de cette obsession quotidienne. Coincés à l'intérieur d'économies locales brisées, privés d'emplois et d'avenir, comment ne se sentiraient-ils pas exclus de la communauté nationale, ces Français lointains dont Paris entretient du bout des doigts — et finalement à peu de frais — le « niveau de vie ». Révoltés par les injustices de la société coloniale, mécontents de leur sort, toujours frustrés d'un avantage, aspirant sans cesse à une égalité plus réelle avec les Français de France, ils ressentent en même temps la gêne profonde de l'incapable entretenu — à son corps défendant. Prisonnier de cette « générosité » dont on lui répète qu'elle ne saurait être sans contrepartie. Acheté finalement dans sa vie et son âme pour quelques milliards de nouveaux francs. La mentalité d'assisté que la France entretient — et aggrave — outre-mer mériterait à elle seule de longs développements d'ordre psycho-politique. Les habitants des DOM-TOM ne sont-ils pas à la fois pénalisés et privilégiés, humiliés et racolés les jours de vote? Ce thème de « l'assistance » est assez fort pour revenir dans toutes les pages de la littérature ou de la politique d'outre-mer. Une littérature de poing tendu vers Paris, l'éternel créancier.

Cette prison politique, ce tunnel muré à chaque bout enferme les politiciens assimilationnistes et indépendantistes dans un éternel échange des mêmes répliques. « Le problème antillais, s'écrie Aimé Césaire en octobre 1965, est celui de peuples frustrés, de peuples qui plus encore que de pain ont faim de dignité et qui revendiquent le droit à la personnalité. » Trois ans plus tard, en mars 1968, Lucien Bernier, sénateur de la Guadeloupe,

---

1. Déclaration de M. Roland Suvelor au procès des militants de l'Organisation de la jeunesse anticolonialiste martiniquaise en novembre 1963 à Bordeaux.

lui répond — comme répondent toujours les assimilationnistes — en invoquant une autre face de la vérité : « Si les populations guadeloupéennes ont besoin de dignité elles ont également besoin de pain. En restant françaises elles ont l'un et l'autre. »

Depuis vingt ans les termes de ce dialogue de sourds n'ont pas changé.

Mais l'humiliation de « l'assistance » est aggravée encore pour les habitants des DOM-TOM par le sentiment d'être politiquement exclus de leurs propres affaires. A des degrés divers selon les statuts (départements ou territoires), le centralisme administratif, la tutelle tatillonne de la métropole, le refus de « l'autonomie » éloignent les « assistés » des centres de décisions qui continuent d'orienter sans eux leur destin. De quel pouvoir peut bien disposer un élu martiniquais, calédonien ou guyanais pour infléchir dans un sens ou dans un autre l'évolution de l'économie locale? Pas d'autre pouvoir que celui des *vœux* et des *résolutions* votés dans la colère par des conseils généraux ou des assemblées territoriales également impuissantes.

Au complexe du niveau de vie concédé s'ajoute celui de l'irresponsabilité. Au poids de l'humiliation s'ajoute celui du soupçon. Cette France qui tient si serrés entre ses mains les leviers de la vie ultra-marine, cette métropole raidie dans ses privilèges d'autorité ne défendrait-elle pas, en priorité, ses propres intérêts chaque fois qu'ils se trouveront en conflit avec ceux d'un territoire? Sinon comment expliquer ses crispations jacobines? La France n'a-t-elle pas choisi le risque d'une récession en Nouvelle-Calédonie pour garder le contrôle de *son* nickel? N'a-t-elle pas accepté un bouleversement social et économique de la Polynésie pour y installer *sa* bombe? Ne tient-elle pas les Antilles et la Réunion enfermées dans les impératifs de la « traite coloniale » (débouchés obligatoires, achats privilégiés en métropole, etc.)?

« Consomme, remercie et tais-toi! » Le langage est clair. S'adresse-t-il à de vrais Français?

Prisonniers de leurs îles appauvries, tassés sur leurs confettis surpeuplés, les Français d'outre-mer peuvent-ils — comme n'importe quel Français — circuler sur tout le territoire national à la recherche d'un meilleur sort? Chômeur à Fort-de-France, serait-il intégré à Toulouse, salarié à Bordeaux ou Paris? La question de l'émigration constitue sans aucun doute l'expression la plus ambiguë (et la plus brûlante) de la politique dite d'assimilation.

Pour ses défenseurs — parmi lesquels Michel Debré est le plus véhément — l'émigration des Antillais, Réunionnais ou Guyanais vers la métropole comporte deux catégories d'avantages. Elle limite les risques d'explosion politique dans les départements d'outre-mer en détournant vers la France une partie de leurs masses de chômeurs [1]. Mais surtout, elle est censée accélérer l'assimilation des DOM à la métropole en intégrant bon gré mal gré une partie de leur jeunesse à celle de l'hexagone. De la même façon — et pour des raisons identiques — est encouragée dans le Pacifique l'émigration des Tahitiens et des Wallisiens vers les mines de nickel de Nouvelle-Calédonie, où ils forment désormais avec les Néo-Hébridais des colonies minoritaires et mal intégrées. Mais l'émigration massive des Antillais et Réunionnais vers la métropole constitue un phénomène d'une toute autre ampleur. Pour conduire cette politique a été créé en 1961 le « Bureau de migration des départements d'outre-mer » (Bumidom), organisme « commercial » placé sous la tutelle du ministre des Finances et du secrétariat d'État aux DOM-TOM. Prenant en charge une partie des frais de voyage des candidats à l'émigration, assurant un emploi à la plupart d'entre eux, il a permis, entre 1961 et 1972, le départ vers la métropole de 29 000 Réunionnais, 37 000 Guadeloupéens et 37 000 Martiniquais — soit environ 20 % de la population active de ces trois départements.

Le renforcement de cette émigration officielle reste le souci numéro un de la rue Oudinot et des assimilationnistes. « La route

---

1. « La conséquence directe de l'arrêt de l'émigration, c'est une situation révolutionnaire », *Une politique pour la Réunion*, Plon, 1974.

est ouverte, écrivait en 1974 Michel Debré. Il faut poursuivre. Il faut atteindre le chiffre de 8 000 Réunionnais en métropole. » Théoriquement il est vrai, si l'on part des postulats qui fondent la politique « d'assimilation », cette émigration ne devrait « poser aucun problème » (à en croire Michel Debré elle n'en pose d'ailleurs pas : « les résultats, écrit-il, ont balayé les objections et ridiculisé leurs auteurs »). Elle fournit un emploi à des chômeurs. Elle organise et canalise des migrations dont on peut penser qu'elles auraient lieu quand même dans l'anarchie [1]. Elle comble également une attirance « spontanée » vers la métropole qui existe réellement parmi les habitants des DOM. Victimes d'une aliénation ou pas, beaucoup d'Antillais assimilent un séjour en France à une promotion.

Comment se fait-il, dès lors, que l'émigration et le Bumidom constituent les scandales dénoncés avec le plus de virulence par les autonomistes, les écrivains et la plupart des intellectuels antillais? Tous y voient un exil obligatoire, une nouvelle traite des Noirs organisée au profit de l'économie française et au détriment des îles que l'émigration vide de leurs forces vives. Le Bumidom à leurs yeux est l'instrument d'un pillage humain, d'une sorte de transportation organisée avec la « complicité des bourgeoisies locales et des journaux aux ordres ». La violence du langage atteint sur ce sujet explosif un paroxysme.

Ce n'est pas par hasard.

En réalité l'émigration est le point d'aboutissement extrême, l'illustration caricaturale de toute la politique « d'assimilation ». Et d'une certaine manière, l'expression la plus aiguë de son échec. Pour des milliers de jeunes Antillais ou Réunionnais qui avaient pu, de leur île, souscrire au catéchisme assimilationniste et se considérer comme « Français à part entière », le départ pour Paris représente une première leçon politique. Le plus souvent amère. Leur découverte de la mère patrie ne va jamais sans

---

1. L'exemple des Antilles néerlandaises et du Surinam montre que les Pays-Bas ont des difficultés à faire face à l'immigration massive des Surinamiens et des Antillais, citoyens du Royaume-Uni, vers la métropole.

déception ni humiliation. Employés de maison, OS, facteurs, manœuvres à la SNCF, couturières, la place réservée en métropole aux jeunes gens des DOM — dont la formation professionnelle est insuffisante — est ordinairement située au bas de l'échelle sociale. Leur condition s'apparente à celle des travailleurs émigrés venus d'Afrique du Nord ou d'Afrique noire plutôt qu'à celle des Bretons ou des Corréziens drainés vers Paris par le sous-développement du désert français. Pour quelques intellectuels antillais difficilement intégrés à la vie métropolitaine, pour quelques centaines de mariages mixtes réussis, combien d'échecs, de désillusions ressentis d'autant plus cruellement que l'exil est rude loin des tropiques? Brusquement plongés dans les luttes ouvrières de la métropole, pénalisés et désarmés, les ouvriers français venus des DOM seront vite tentés d'assimiler leur exil à une forme particulière d'exploitation coloniale : celle d'une main-d'œuvre bon marché.

Mais à côté des injustices sociales perpétuées — et souvent aggravées en métropole —, l'image d'eux-mêmes que la France métropolitaine renvoie aux émigrés des départements d'outre-mer joue un rôle déterminant. Bien sûr le racisme pur et simple existe, et y seront d'autant plus sensibles ceux qu'on s'attache à convaincre de leur qualité de « Français à part entière ». Des milliers de jeunes Antillais redécouvrent en métropole qu'ils sont d'abord des « nègres ». Plus encore que le racisme grossier (qui malgré tout n'est pas généralisé), c'est la réaction diffuse, instinctive de l'opinion française à l'égard des Français de couleur qui est la plus révélatrice. L'indifférence de l'opinion « éclairée » à l'égard de nos poussières d'empire a été dénoncée ici. Au niveau de l'homme de la rue elle confine à l'ignorance la plus épaisse.

Le Français moyen, celui du métro, de l'épicerie, de la terrasse de café, manifeste une sorte de « bon sens » instinctif. Pour lui les choses sont désormais assez simples : depuis longtemps la France n'a plus de colonies. Voilà tout. Spontanément il considérera n'importe quel Noir croisé dans la rue comme le citoyen d'un jeune État indépendant. Selon les cas il lui témoignera de l'hostilité, de l'indifférence ou de la sympathie. Jamais en tout cas il ne lui viendra de lui-même à l'idée qu'il puisse s'agir d'un « Français à part entière ». Comme si l'acceptation de cette vérité — à supposer qu'elle ait jamais existé — était définitivement sortie de la conscience collective française. « Partout où je vais, nous disait un jeune intellectuel de Cayenne, à la poste, à la gare et même dans les administrations, on me demande souvent mon passeport quand je dis que je suis guyanais [1]. Lorsque je réponds que la Guyane est encore un département français, on me regarde avec une pointe de suspicion. » Le même genre de mésaventures arrivent quotidiennement aux Antillais ou aux Réunionnais. L'anecdote est moins innocente qu'il n'y paraît. Elle ne souligne pas seulement l'ignorance des Français en matière d'histoire et de géographie. Elle prouve, si besoin en était, que l'idée même d'une société française multiraciale (sur laquelle est forcément fondée la politique dite d'assimilation) est spontanément récusée par l'opinion française. Autrement dit, il n'y a pas de véritable consensus à la politique officielle du gouvernement. Entre le *discours* sur l'assimilation et l'état de conscience de la société française, il existe au contraire un fossé vertigineux.

Rien ni personne ne pourrait empêcher les Français d'outre-mer d'être sensibles à cette contradiction. Rien n'empêchera les émigrés de vivre leur « exil » en métropole comme une aventure humiliante. Ils en reviennent fortifiés dans leur conscience autonomiste ou indépendantiste (c'est sûrement parmi les Antillais de France que les partis autonomistes sont le mieux représentés) et en même temps soucieux d'entretenir, dès leur retour au « pays », l'illusion d'une espèce de promotion sociale et culturelle obtenue grâce au séjour en métropole. Taisant volontairement les humiliations subies. Jouant de leur supé-

---

1. Il arrive très fréquemment aux lettres postées en France et destinées à Cayenne (Guyane) de faire de longs détours par... l'Afrique noire.

riorité française aux Antilles après avoir souffert de leur spécificité antillaise en métropole. Victimes inguérissables d'un dédoublement de personnalité.

Antillais, Réunionnais et, dans une moindre mesure, Guyanais : l'émigration vers la métropole touche surtout les habitants des départements d'outre-mer. Ces quatre « vieilles colonies » entretiennent depuis plusieurs siècles avec l'histoire et la culture françaises des rapports plus étroits qu'ils ne le furent jamais dans aucune autre colonie. Partageant avec la France un long destin, réunies à elle par tous les liens du cœur et de l'esprit, elles bénéficient au départ d'une certaine assimilation de fait. L'échec de la politique assimilationniste de l'après-guerre n'en est que plus significatif. Mais que dire d'une telle politique lorsqu'elle concerne des territoires d'outre-mer fort lointains où l'influence française a été historiquement moins durable — et beaucoup plus superficielle? Que dire d'une volonté d'assimilation tardive et donc précipitée des tribus mélanésiennes de Nouvelle-Calédonie, des Afars et Issas du TFAI ou des familles dispersées sur les cinq archipels de la Polynésie française?

Or cela ne fait aucun doute : le maintien volontaire des couleurs françaises sur l'ensemble des territoires d'outre-mer s'accompagne d'une politique de « francisation » systématique. Longtemps insoucieuse des populations locales incapables de former des élites « indigènes » ou ayant sciemment résolu de ne pas le faire, la France paraît vouloir là-bas rattraper le temps perdu. La promotion des jeunesses autochtones grâce à une amélioration de l'équipement scolaire ou de la formation professionnelle, grâce à l'installation d'émetteurs de l'ORTF, tout cela fait l'orgueil des administrateurs dépendant de la rue Oudinot. On ne manquera jamais, à propos d'un de ces « territoires », de publier les statistiques concernant le nombre d'écoles nouvelles ou de celui des nouveaux bacheliers « indigènes ». Souvent d'ailleurs ces chiffres correspondent à un effort réel. L'ennui, c'est qu'une politique assimilationniste aussi peu avancée apparaît bel et bien en 1975 comme un archaïsme.

Il ne s'agit pas seulement de fournir à des populations lointaines et minoritaires un langage international, une formation professionnelle ou des compétences intellectuelles. L'assimilation est totalitaire. Elle implique l'adhésion globable à un modèle français de comportement. Elle vise à une véritable substitution de personnalité. Dans leurs habitudes alimentaires, médicales, juridiques, familiales, leur interprétation de l'histoire, leur compréhension du monde, les populations des territoires sont assujetties sans cesse à la France. Folie qui ne va pas sans drôlerie ! On apprend aux enfants de l'île Wallis à dessiner des autoroutes, on parle imperturbablement aux petits écoliers de Djibouti des ancêtres gaulois et de Marignan. Partout on pratique une méthode Coué autoritaire qui consiste à faire effectivement *comme si* il n'y avait aucune espèce de différence entre ces Français-là et les autres.

Présentant en 1972 un cahier de l'Orstom consacré au Pacifique [1], un chercheur installé à Papeete, M. Claude Robineau, notait à propos de la Polynésie française et des Nouvelles-Hébrides : « Il n'a pas été assez souligné à mon sens pour le Pacifique combien cette acculturation était le résultat des politiques coloniales menées par les métropoles dans les territoires se trouvant sous leur dépendance (...) par suite de la volonté délibérée des colonisateurs de nier l'identité du colonisé : son histoire, sa langue, sa culture. Le renouveau culturel qui s'est manifesté depuis quelques décennies en Polynésie orientale a consisté à promouvoir sous le titre de folklore, notamment dans le domaine de la danse, un effort de reconstitution qui a en fait été nourri d'emprunts. Dans le même temps l'enseignement de l'histoire et de la géographie, celui des langues locales ont été maintenus à la portion congrue (...). A nier ainsi ces faits de culture, on risque par compensation d'essuyer des revendications plus radicales. »

La première conséquence est spectaculaire. Les TOM devien-

---

1. « Sociétés et espaces océaniens en transition », *Cahiers Orstom*, série « Sciences humaines », vol. IX, n° 1, 1972.

nent des enclaves artificielles rattachées directement — et sur tous les plans — à la métropole mais isolées de leur environnement naturel par une manière de cordon sanitaire. La « francisation » passe en effet par le rejet de toute influence régionale qui, n'étant pas française, ne peut être que subversive. Le modèle de développement économique copié sur celui de la métropole interdit progressivement aux territoires toute intégration géographique, de sorte que le slogan assimilationniste « hors la France point de salut » devient progressivement une douloureuse réalité.

Rien d'étonnant dans ces conditions si les populations « autochtones » des territoires souffrent à leur tour des mêmes déchirements que ceux dans lesquels les Antillais se débattent depuis des siècles. Déchirement? Pour les catégories les plus pauvres de la population tahitienne, canaque ou djiboutienne la « francisation » est encore considérée comme un moyen de promotion sociale ou intellectuelle. Mais sur quoi peut bien déboucher un tel apprentissage d'une langue, d'une culture et d'un « modèle » de vie dans des territoires qui restent fondamentalement différents (par leur économie, leur organisation sociale, etc.) du contexte métropolitain? Quel peut être le destin d'une jeune bachelier à Papeete ou Nouméa, sinon l'exil vers Paris ou l'oubli volontaire de ce qu'il aura appris à grand-peine. « La quasi-totalité des enfants d'âge scolaire est scolarisée en Polynésie française, constatait en 1971 un rapport des services de l'enseignement de Papeete, mais quel bénéfice tirent-ils de cette scolarisation? » Et l'INSEE répondait indirectement à cette question en notant : « Il est certain que nombre d'écoliers redeviennent illettrés quelques années seulement après avoir quitté l'école. » En Nouvelle-Calédonie les cas sont désormais fréquents de jeunes étudiants mélanésiens qui, leurs diplômes obtenus, préfèrent retourner vers la tribu plutôt que de s'intégrer au système nickel [1].

1. Le phénomène est d'ailleurs plus ancien qu'on ne le croit. Voir notamment Jean Guiard, « Nouvelle-Calédonie : l'inquiétude » in *Monde non chrétien*, 1968, n° 85-86.

Encore accepté plus ou moins passivement par le petit peuple qui en attend malgré tout une vague amélioration de son statut individuel, la « francisation » ne l'est plus du tout par les classes « conscientes ».

Les résistances actives ou passives à l'assimilation se multi- plient au contraire dans tous les territoires d'outre-mer. Le rejet instinctif du modèle français, le sentiment qu'une acceptation docile équivaudrait à un suicide culturel, tous ces réflexes se répandent aujourd'hui parmi la jeunesse des TOM. Ils s'y combinent d'ailleurs avec le désir — contradictoire — de goûter aux délices de la consommation occidentale. « Depuis la colo- nisation, écrit dans une plaquette polycopiée l'Association des jeunes Canaques de Paris, des valeurs nouvelles, en l'occurrence les valeurs françaises, ont envahi les valeurs canaques à tel point qu'elles ont ébranlé — particulièrement en Grande-Terre — l'édifice même de la société. Devant les pressions de la société française, par les tentatives d'acculturation, d'assimilation ou d'intégration, les Canaques ont quelque peu tendance à douter d'eux-mêmes, se plaçant ainsi dans des situations incommodes, sans issue et dont les solutions se trouvent souvent dans le décou- ragement, le désespoir, l'alcoolisme et la mort [1]. »

Les jeunes habitants des TOM s'enfoncent un peu plus chaque année dans une crise de conscience — et de mauvaise conscience —, un malaise diffus qui finit par déboucher tôt ou tard sur l'extré- misme politique. Un jour à Cayenne, ou à Papeete, ou à Nouméa, ou à Djibouti, nos administrateurs longtemps frappés de myopie découvrent ainsi avec stupéfaction, derrière une barricade ou en tête d'une manifestation indépendantiste, les mêmes jeunes minets qui la veille encore leur paraissaient dépolitisés, gavés de gadgets et « fans » de Johnny Hallyday. A la longue, préfets et gouverneurs en arrivent à mesurer confusément la charge politique explosive contenue dans une « revendication cultu- relle » que l'on rangeait hier encore au catalogue du folklore

1. *La Nouvelle-Calédonie et dépendances*, 1974, dossier de l'Association des jeunes Canaques de Paris.

écologique. Ils réagissent ordinairement par un autoritarisme accru dans la politique d'assimilation, malgré quelques concessions en matière d'enseignement. Celle-ci, de plus en plus brutale, de moins en moins « éclairée », tourne à la caricature. Toute différence paraît suspecte. La moindre résistance au catéchisme assimilationniste est « subversive », les langues indigènes sont des « instruments » dont il faut se méfier, la littérature et la poésie autochtones sont par définition « antifrançaises ».

Le raidissement répressif de l'administration, cette volonté anachronique de stérilisation de tout ce qui n'est pas « français » aggrave à son tour les réactions de rejet parmi la population. Le climat peu à peu se durcit selon un enchaînement classique. Les appels romantiques qui viennent de l'extérieur arrivent alors à point nommé pour accélérer une politisation générale des jeunes Mélanésiens, Polynésiens, Afars, Issas : tous « Français à part entière ».

Le scénario n'est pas exagéré. Les « agitations politiques » venues troubler durant ces dernières années la fausse torpeur des DOM-TOM, les prises de position extrémistes enregistrées presque simultanément à Cayenne, Papeete, Nouméa, Mata-Utu, Djibouti, alors même qu'on pensait définitivement apaisée la fièvre indépendantiste des années soixante, ont paru incompréhensibles à Paris. Diversement exprimées, fondées sur des revendications particulières à chaque territoire, elles procédaient toutes du même malaise « culturel ». Elles témoignaient en fin de compte de l'échec d'une politique ambiguë poursuivie en dépit de tous les démentis de l'histoire.

La France conduit son action dans les DOM-TOM comme si elle était assurée de s'y maintenir pour l'éternité. Qui peut l'affirmer ? Et qui l'ose ?

CHAPITRE VI

Le chantage

Faudra-t-il du sang pour nous ouvrir les yeux? La question n'est pas futile. Lorsqu'en août 1975 la Corse — d'Aléria à Bastia — bascula dans la violence, lorsque les jeunes autonomistes de l'ARC (Action régionaliste corse) affrontèrent à coups de fusil les gardes mobiles venus du « continent », on redécouvrit la vigueur du particularisme corse, on examina enfin le contenu des revendications autonomistes, on confessa de bonne grâce les fautes passées de la métropole. Et d'abord celle d'indifférence. L'affaire corse sortait du folklore insulaire pour entrer en politique. Hormis quelques observateurs attentifs, les événements avaient pris tout le monde au dépourvu. Depuis des années les avertissements n'avaient pas manqué, ni les symptômes, ni les témoignages. Mais avait-on seulement pris la peine de les enregistrer?

Paradoxe : au plus fort du « débat corse », brutalement ouvert par les carabines d'Aléria dans l'été 1975, personne n'eut le réflexe qui s'imposait. Celui de réfléchir — c'était le moment — à l'avenir de ces territoires et départements d'outre-mer beaucoup plus lointains, plus malheureux, plus oubliés encore que cette Corse si « familière » qui la première s'abandonnait ainsi à la violence « anti-française ». S'il se trouvait en 1975 dans les rues de Bastia, à une heure de jet de Paris, des jeunes gens capables d'empoigner un fusil au nom de la « nation corse », la leçon ne méritait-elle pas d'être entendue rue Oudinot?

Pour sortir des chuchotements apaisants et des aphorismes

mollassons, allait-on attendre ici que les premières grenades éclatent à Djibouti [1], qu'une grève de la banane tourne à l'aigre aux Antilles ou que flambe la préfecture de Cayenne? La violence, certes, est « unanimement condamnée ». Et pourtant! Comme on s'empressait alors de les écouter, ces plaintes assourdies venues d'outre-mer! Avec quelle courtoisie on les recevrait, ces délégations d'élus qui, lorsqu'ils viennent à Paris, ont surtout l'habitude des antichambres et des rendez-vous manqués! Avec quelle audace, sans doute, accepterait-on d'examiner *au fond* ce qu'il faut bien appeler le dernier dossier colonial français!

Nos ministres de l'outre-mer, il est vrai, ne laissent pas d'étonner ceux qui suivent leurs voyages aux antipodes. Plus encore que leur « bonne volonté », c'est sans doute ce qui transparaît encore de leur obsession qui donne à rêver. Rassurer, et d'abord se rassurer eux-mêmes, tel est bien le premier souci. En 1974-1975, après tant d'années d'immobilisme et d'affairisme UDR dans les DOM-TOM, on pouvait espérer qu'au changement de président correspondrait un changement de *ton* et de *politique* outre-mer. N'annonçait-on pas au demeurant que, là-bas aussi, on allait « conduire » le changement et ouvrir des dossiers si longtemps tenus bouclés.

Hélas! Les pérégrinations autour du monde de M. Olivier Stirn, quelles qu'aient pu être les recommandations préalables de Valéry Giscard d'Estaing (« Il faut décrisper »), n'ont pas échappé aux règles traditionnelles. Il s'est d'abord agi — comme par le passé — de *rassurer*, de « décrisper » un problème en tâchant d'en gommer les contours trop aigus. On pouvait dès lors constater « avec satisfaction » que les partis autonomistes étaient en léger recul à la Réunion, que « personne » ne souhaitait l'indépendance à Nouméa, que « dans le fond » tous les Antillais se félicitaient d'être français et les Polynésiens d'être riches, que

---

1. Le détournement d'un autobus du ramassage scolaire, en janvier 1976 par un commando du Front de libération de la côte des Somalis et l'intervention de l'armée (10 morts) est venu souligner le caractère explosif de la situation à Djibouti.

les Afars eux-mêmes se réjouissaient d'être protégés par la Légion étrangère contre les Somaliens expansionnistes. Entre deux voyages, M. Olivier Stirn en a donc conclu que « les territoires d'outre-mer ne posaient pas de difficultés majeures particulières [1] » et que, dans les départements, « la départementalisation restait la seule politique [2] ». Les seuls soucis de la France outre-mer ressortissaient aux problèmes d'intendance, d'industrialisation et de « lignes budgétaires ». Ouf!

On ne croit pas pêcher par excès de pessimisme en objectant pourtant que dans chacun de ces DOM-TOM si « paisibles » (même à Saint-Pierre et même à Wallis!) se trouvent aujourd'hui réunis tous les éléments qui peuvent, en quelques jours à la faveur d'une crise, provoquer des explosions « inattendues ». Au-delà des péripéties « autonomistes » ou « départementalistes » de la politique locale, qui doivent beaucoup à des questions de personnes (elles limitent la portée des exégèses qu'on a tort de trouver rassurantes), existe un fond de ressentiments, d'humiliations et de colères propice à de surprenants « retournements de conjoncture ». Ignorer cela, rapporter de tant de voyages officiels, comme avant, sur un mode badin ou placide, les mêmes analyses à courte vue, dont la première fonction est anesthésiante, procède peut-être d'un calcul parisien. Mais il est faux [3].

Peut-on réfléchir d'une autre façon? Après tant de colères, d'indignations et de réquisitoires, peut-on apporter au débat quelques réflexions « positives » qui évitent à la fois le piège des ronrons officiels et celui des emportements partisans? Jusqu'à présent un argument supplémentaire justifiait (mal) qu'on éludât le vrai débat : celui de la spécificité de chacun de ces territoires qui interdirait que l'on raisonnât « globalement ». Certes!

---

1. Interview accordée au Journal télévisé de TF 1 le 9 juin 1975.
2. Déclaration devant le Conseil de la Réunion le 24 juillet 1975.
3. M. Aimé Césaire dénonçait le 13 novembre 1975 à l'Assemblée nationale ce qu'il appelait le « stirnisme ». « Le stirnisme, s'écriait-il, c'est d'abord un fanatisme, celui de la départementalisation. Pour tous c'est la panacée universelle. Malheureusement, ce n'est ni une idée neuve ni une idée juste car qui dit centralisation dit engourdissement et étiolement. »

L'avenir de Djibouti n'est pas celui de Pointe-à-Pitre, les problèmes de Saint-Laurent du Maroni ne sont pas ceux de Port-Vila. Autant de territoires, autant d'analyses. En outre, les liens de type colonial unissant la France à ses « confettis » sont d'une nature sensiblement différente selon qu'il s'agit de « départements » ou de « territoires ». Il est donc utile de se garder des réflexions trop générales. Mais il est urgent *aussi* d'en finir avec l'hypocrisie qui consiste à ne disserter que séparément sur chaque DOM-TOM, en oubliant qu'un scandale commun — et tout de même un ministère — les rassemblent.

La France *doit*-elle et *souhaite*-t-elle demeurer présente outre-mer? C'est la première question qui, au moins, mériterait d'être examinée démocratiquement. Les réponses officielles données jusqu'à présent usent toujours des mêmes sophismes commodes et des mêmes raccourcis simplificateurs. Pour les DOM on répète qu'ayant réclamé de leur plein gré en 1946 la « départementalisation », ils ne souhaitent rien d'autre aujourd'hui qu'une application plus concrète de cette politique. Pour les TOM on s'en remet — dit-on — au libre choix de leurs populations. « Le jour où les TOM veulent devenir indépendants — comme c'est le cas pour les Comores — la France facilite leur accession à l'indépendance », affirmait Olivier Stirn en juin 1975. Autrement dit, la France qui ne reste outre-mer que par devoir est prête à plier bagages dès qu'on le lui demandera. Sous entendu, cela l'autorise à traiter avec un brin d'impatience la plupart des revendications venues des DOM-TOM qui témoignent d'une coupable ingratitude.

Le raisonnement est faux pour trois raisons.

D'abord il est mensonger. Jusqu'à nouvel ordre la France n'est pas du tout prête à abandonner du jour au lendemain *n'importe lequel* de ses territoires. Elle possède dans quelques-uns d'entre eux au moins des intérêts précis qu'elle entend bien sauvegarder. Il était même de plus en plus question à la fin de 1975 de « départementaliser » certains territoires [1]. Reste à savoir si ces intérêts locaux valent une politique coloniale continuée et si celle-ci de toute façon représente la meilleure des sauvegardes. Il peut être intéressant de conserver dans le patrimoine national le nickel calédonien. Est-on certain que, pour l'exploiter, on ne sera pas tôt ou tard amené à faire appel aux multinationales américaines, canadiennes ou japonaises qui, elles, récupéreront à leur profit les mécontentements anti-métropolitains de Nouméa? Est-on sûr qu'au fin fond du Pacifique, à proximité de jeunes nations dynamiques (Indonésie, Australie, Nouvelle-Zélande), la Nouvelle-Calédonie pourra continuer de figurer ce petit morceau de France recroquevillé sur lui-même, perdu aux antipodes et fermé, par prudence, à son environnement? Il peut être utile pour la Défense nationale de conserver en Polynésie un champ de tir nucléaire en se félicitant de ce que les tempêtes de protestations se soient plus ou moins apaisées dès lors qu'était mis fin aux essais dans l'atmosphère. Peut-on accepter cependant que la *bombe* imposée aux Tahitiens puisse à elle seule justifier une politique? Est-on certain que les crispations anti-autonomistes de la France à Papeete ajoutent beaucoup à son rayonnement international? N'y a-t-il pas quelque irresponsabilité à lier le sort de 100 000 personnes à l'existence — provisoire — d'une infrastructure militaire dispensatrice de « richesses »?

En fait les intérêts de la métropole, ou mieux ceux des groupes de pression privés enrichis dans le commerce avec les Antilles ou la Réunion, continuent de peser sur l'action de la France outre-mer — même si l'on en parle peu dans les discours. Aux Nouvelles-Hébrides — ou à Wallis — là même où lesdits intérêts ne sont pas évidents, paraît subsister au moins la volonté de

---

1. En 1975-76 un nouvel argument est venu, aux yeux du gouvernement, plaider en faveur d'une « départementalisation » des TOM : la question des eaux territoriales qui font désormais l'objet d'une âpre compétition internationale. Or les conférences sur le droit de la mer indiquent que la communauté internationale est prête a accepter de considérer comme « françaises » les eaux baignant les DOM mais pas celles des TOM.

ne pas multiplier les « précédents », d'éviter qu'une maille filant ici dans le « dispositif français » ne finisse par précipiter le « dévidage » de tout le reste [1]. Pour cette raison on n'entend pas sans agacement évoquer à tout bout de champ la magnanimité de la France « prête à s'en aller si on le lui réclame ».

Mais le dogme officiel est discutable pour une deuxième raison : il s'appuie avec une inlassable bonne conscience sur une prétendue volonté des populations, volonté qu'on s'attache partout à contrôler le plus étroitement possible. Soyons sérieux. Personne n'oserait prétendre que la vie politique des DOM-TOM soit un modèle de démocratie. La dénonciation des fraudes électorales est trop connue pour qu'on y revienne ici. Elles ne sont pas seules en cause. Le matraquage continuel de l'opinion — par la presse, la radio, la télévision —, la répétition mécanique des dogmes et du catéchisme officiel — c'est-à-dire assimilationniste —, la « haute surveillance » parfois bouffonne à laquelle sont soumis les autonomistes, tout cela contraste avec la volonté réaffirmée de « respecter les choix des électeurs ». On ne gommera pas du jour au lendemain les habitudes héritées d'un long règne UDR. Avant d'invoquer la démocratie pour justifier une politique, on devrait se préoccuper d'en faire respecter les règles.

Le troisième argument, enfin, qui justifie que l'on réfute le « discours » de la rue Oudinot est peut-être le plus grave. Il consiste à dénoncer un *chantage* jamais ouvertement exprimé mais désormais présent en filigrane des homélies ministérielles. Les choses sont claires : après avoir si rudement perpétué le maintien d'une tutelle coloniale, on menace aujourd'hui les habitants des DOM-TOM — « s'ils ne sont pas sages » — d'un

---

1. Il est vrai — et légitime — que les concessions politiques faites par la métropole dans un territoire sont utilisées comme argument dans les autres. Présentant leur projet de réforme de statut de la Nouvelle-Calédonie en juin 1975, M. Rock Pidjot, député de Nouméa, et Francis Sandford, député de Tahiti, écrivaient : « Il serait paradoxal de refuser un statut libéral à la Nouvelle-Calédonie et d'accorder l'indépendance au territoire français des Comores lequel, constitutionnellement, n'a pas de droits différents de ceux de la Nouvelle-Calédonie ou de la Polynésie » (Annexe au procès-verbal de la séance du 5 juin 1975).

départ inopiné de la France, d'un abandon pur et simple. C'est le chantage au « largage » que M. Giscard d'Estaing paraît avoir repris à son compte. Après que le dernier gouvernement gaulliste, celui de Pierre Messmer, eut conduit jusqu'au bout une politique de « maintien » outre-mer à tout prix, M. Giscard d'Estaing parut, dès son élection, s'abandonner au sujet des DOM-TOM à des réflexes dignes de Ponce Pilate. Après tout, puisque ces problèmes d'outre-mer sont si complexes et si coûteux, leurs habitants si renvendicatifs et les bénéfices qu'on en retire si modestes, pourquoi ne pas amorcer rapidement un désengagement, un repli définitif vers l'hexagone? En annonçant quelques mois après l'installation de Giscard à l'Élysée les premières mesures de « décentralisation » en faveur des DOM-TOM [1], les porte-parole du gouvernement laissèrent planer à ce sujet un doute qui ne manquait pas de perfidie.

Alain Vivien, député socialiste de Seine-et-Marne, qui est l'un des plus ardents adversaires du « colonialisme français » put, le premier, s'en inquiéter : « Il semble que budgétairement la notion de décentralisation évoquée par M. Giscard d'Estaing s'accompagnera dès cette année d'un désengagement sensible. Sans aller jusqu'à rappeler un mot célèbre qu'on lui attribue et selon lequel le ministre des Finances d'avant 1974 assimilait les DOM à une danseuse, comment pourrions-nous taire notre inquiétude? Désengager la France dans ces conditions, même sur la pointe des pieds, ne serait pas à notre honneur et prendrait tous les aspects d'une mauvaise action [2]. » Venant d'un socialiste, l'inquiétude d'Alain Vivien est significative.

1. En fait la réforme du statut de la Nouvelle-Calédonie, votée le 10 septembre 1975 par une assemblée territoriale où les autonomistes venaient de perdre la majorité, n'introduit que des changements très modestes sans rapport avec ceux que réclamaient les autonomistes. « Ce vote, put d'ailleurs déclarer M. Olivier Stirn, affirme sans équivoque le maintien du territoire dans la République. » En Polynésie les autonomistes protestaient à la même époque contre le retard apporté par la rue Oudinot dans l'examen du nouveau projet de réforme du statut territorial. En juin puis en novembre 1975 la majorité autonomiste de l'assemblée territoriale de Papeete avait rejeté le projet de réforme élaboré par le gouvernement et jugé « décevant ».

2. *Le Monde*, 12 décembre 1974.

Face aux autonomistes en colère, aux élus mécontents, aux jeunes gens impatients, on agite désormais cette menace : « Vous voulez donc que la France s'en aille ? Vous souhaitez qu'elle vous abandonne à votre surpeuplement, à vos chômeurs, à vos budgets en déficit ? » En dépit de la part évidente de bluff, ce chantage, efficace tant sont profonds là-bas les désarrois, permet de repousser sans difficultés les revendications les plus embarrassantes, les projets de loi les plus libéraux. S'il contribue à « rétablir le calme politique », un tel chantage n'est pas acceptable. A dire vrai il est indigne.

S'il était discutable pour la France de prétendre se maintenir à tout prix outre-mer, il serait tout aussi condamnable aujourd'hui qu'elle s'en aille sur la pointe des pieds — toute honte bue et toute faillite consommée — et même qu'elle puisse sans y croire vraiment user de cette menace. Le largage précipité serait-il autre chose que le « négatif » de l'erreur coloniale, la pauvre revanche d'une métropole mal aimée ? Pendant près de trente ans, la France a mené outre-mer avec brutalité une politique dite d'assimilation qui postulait que l'on fortifie sans cesse le mythe des « Français à part entière ». Chaque année davantage — inexorablement — la vie de chaque territoire a été assujettie à celle de la métropole. Leurs économies ont été peu à peu brisées au nom d'un « pacte colonial » rajeuni et d'une pratique maladroite de « l'assistance » (considérée comme condition de la paix politique et sociale). Partout, de Papeete à Fort-de-France, de Cayenne à Saint-Denis, l'équilibre des sociétés d'outre-mer, leur agriculture, leur genre de vie, leur culture même ont été bouleversés, laminés par la « francisation » autoritaire.

Dans le même temps, on étouffait dans l'œuf toute velléité autonomiste, on décourageait — par la persuasion ou la contrainte — les prises de conscience nationale, l'émergence d'une élite politique autochtone. L'émigration organisée vers la métropole, si elle prévenait les risques d'explosions sociales ou révolutionnaires, n'en vidait pas moins les Antilles ou la

Réunion de leurs forces vives. Dans les DOM-TOM jamais, à aucun moment du long règne gaulliste, on ne laissa, ne serait-ce qu'entrevoir de source officielle un autre avenir possible que français à perpétuité. Bien au contraire. Ceux-là même qui, avec ou sans violence selon les époques, se risquèrent à lutter pour autre chose que l'assimilation furent dénoncés comme autant d'incarnations de « l'anti-France ». Avec une vigilance sourcilleuse, policière souvent, on veilla à ce que nos DOM-TOM ne s'intègrent pas trop dans un environnement géographique qui, lui, connaissait un autre destin. Subversif...

L'indépendance d'un État se prépare, s'organise longtemps à l'avance aussi bien dans les esprits que dans les faits. Pour d'autres colonies la lutte armée put fournir un creuset dans lequel naquit une conscience nationale et s'ébaucha un pouvoir politique. Aux Antilles, à la Réunion, dans le Pacifique, l'exiguïté et l'isolement empêchèrent toujours, à la fin des années cinquante par exemple, que puissent se développer des mouvements nationalistes comparables à ceux des autres colonies. Dans quelques territoires voisins sous tutelle néerlandaise ou britannique par contre, les métropoles laissèrent avec plus ou moins de bonheur se dérouler le processus logique conduisant vers l'indépendance. Pendant ce temps la France ne cessa au contraire *d'organiser la dépendance*, ligotant plus étroitement chaque année le destin de ses possessions à celui de la « mère patrie ».

Et l'on oserait, maintenant, parler de « largage » brutal! A ces territoires que nous avons conduits de gré ou de force vers les terrains vagues de l'assimilation, on oserait dire : restons-en là, nous lâchons tout pour rentrer au bercail, débrouillez-vous sous vos tropiques. L'émancipation que nous avons si longtemps combattue est plus périlleuse aujourd'hui pour les DOM-TOM qu'elle ne l'a jamais été. Les liens à rompre, les habitudes à renverser, les mœurs politiques à réinventer outre-mer sont devenus, par notre fait, des obstacles mille fois plus redoutables qu'au lendemain de la guerre. Or aucun régime

— fût-il giscardien et « libéral avancé » — ne saurait se laver les mains des erreurs commises avant lui. L'ancien ministre du général de Gaulle ne saurait jeter par-dessus bord, sans plus d'examen, trente années de politique ultra-marine désastreuses. Qu'elle le veuille ou non, la France a désormais là-bas des responsabilités historiques (deux millions d'habitants, est-ce si peu?) auxquelles elle ne peut se dérober.

Telle est bien l'ambiguïté empoisonnée du dossier. Partir sans autre forme de procès serait aussi coupable que d'être si longtemps resté. A trop oublier cela, on risque de ne pas comprendre les réactions contradictoires de l'opinion dans les DOM-TOM. Une opinion qui, prise dans une double impasse, réagit souvent avec une manière d'hystérie à fleur de peau. Les mêmes hommes qui condamnaient sans relâche le colonialisme français, rejetaient la tutelle qu'on leur imposait, s'affolent soudain, s'indignent de ce que l'on puisse envisager un « largage ». Ils crient volontiers à l'abandon, découvrent « l'égoïsme » métropolitain, et revendiquent *in fine* cette « qualité de Français » qu'une partie intime d'eux-mêmes, pourtant, n'avait jamais cessé de rejeter. La contradiction n'est qu'apparente. Elle reflète une « difficulté d'être », un malaise existentiel dont nous ne sommes pas innocents.

Pour être juste on doit rappeler que la majorité ne fut pas la seule à commettre des erreurs de jugement outre-mer. L'Union de la gauche se trompa elle aussi, à plusieurs reprises, et fut contrainte de faire machine arrière. Socialistes et communistes, soucieux comme leurs adversaires du précieux appoint électoral que pouvaient représenter les voix des DOM-TOM (790 000 inscrits en mai 1974), appliquèrent parfois sans nuances des analyses « anticolonialistes » un peu rigides qui furent très mal reçues. L'épisode du chapitre VI du Programme commun de gouvernement [1] qui traite des DOM-TOM fut à cet égard exemplaire.

---

1. Le chapitre VI du Programme commun est ainsi rédigé : « Le gouvernement reconnaîtra le droit à l'autodétermination des peuples des DOM et des TOM.

Placé dans la partie du texte consacrée à la « politique étrangère », il réaffirme une adhésion au principe d'autodétermination mais paraît préjuger de l'issue de celle-ci en privilégiant l'hypothèse de l'indépendance des territoires et départements.

Aux Antilles et à la Réunion, l'émotion fut considérable. A la Guadeloupe « l'affaire » du chapitre VI provoqua un éclatement du parti socialiste, une partie des militants refusant l'orientation « autonomiste », voire « indépendantiste » du Programme commun.

A la veille de l'élection présidentielle de mai 1974, la majorité utilisa sans vergogne — mais finalement sans beaucoup de succès — cette « gaffe » de la gauche. Il lui était facile, il est vrai, d'enfermer, grâce à elle, le débat électoral dans cette alternative simpliste : si vous votez Chaban ou Giscard, vous resterez français ; si vous votez Mitterrand, alors ce sera l'indépendance, la ruine et la suppression des allocations familiales. Conscients d'être « piégés », les socialistes firent amende honorable. Dépêché aux Antilles, Gaston Defferre fournit des explications embarrassées en reconnaissant que le chapitre VI avait été rédigé de façon maladroite. François Mitterrand s'appliqua pour sa part — notamment lors de sa tournée aux Antilles, pendant l'automne — à multiplier les déclarations rassurantes en précisant que, respectueux du principe de l'autodétermination, il n'en souhaitait pas moins que les Antilles choisissent, en toute liberté, de rester françaises.

A l'occasion d'une conférence du parti socialiste sur les DOM-TOM, organisée le 17 juin 1975 à Paris en présence des représentants des territoires concernés, il insista encore sur ce point.

Les nouveaux statuts seront discutés avec les représentants des populations concernées et devront répondre aux aspirations de celles-ci. La Guadeloupe, la Guyane, la Martinique et la Réunion seront érigées en collectivités nouvelles prévues par l'article 72 de la Constitution ; les populations de ces quatre territoires seront appelées dans le meilleur délai à élire chacune au suffrage universel — et dans des conditions assurant l'exercice des libertés démocratiques — une assemblée ayant pour but l'élaboration d'un nouveau statut qu'elle discutera avec le gouvernement et qui permettra à ces peuples de gérer eux-mêmes leurs propres affaires. »

Le PS, répéta-t-il, n'entend pas dicter leur conduite aux socialistes des DOM-TOM. « Nous sommes tous d'accord pour mettre fin au système colonial qui existe encore dans les DOM-TOM. La réponse doit être spécifique pour chaque département ou territoire (...). Lorsque la gauche sera au pouvoir, nous demanderons à chacune des populations de décider de son destin à travers des consultations honnêtes. Et nous souhaitons que les liens avec la France soient préservés, que cela vienne du fond du cœur. »

La jeunesse extrémiste des Antilles et de la Réunion dénonça bien sûr ces « reculades électoralistes » de l'Union de la gauche. « Le contenu du discours de Mitterrand, écrivait un jeune militant guadeloupéen du GRS (Groupe Révolution socialiste), donne nettement le profil de l'Union de la gauche en Guadeloupe : discours mesurés, balancés, ambigus, mais qui laissent apparaître un beau fond assimilationniste [1]. »

Les communistes, bien implantés aux Antilles et à la Réunion, s'ils dénoncent le colonialisme et luttent pour l'autonomie et l'autodétermination, demeurent tout aussi prudents au sujet de l'indépendance. Une « déclaration commune » signée le 30 janvier 1975 par les PC français, guadeloupéen, martiniquais et réunionnais, se réfère aux revendications autonomistes telles qu'elles avaient été élaborées à la Convention du Morne-Rouge (Martinique) en août 1971, mais précise : « cette autonomie démocratique et populaire, possible dans le cadre de la République française, prévoit pour chacun des pays concernés une Assemblée législative élue au suffrage universel, un exécutif responsable devant elle et un organisme de coopération avec la France ». Dans une interview publiée le 7 février par l'*Humanité* le représentant du PC martiniquais, M. Armand Nicols, est plus explicite encore : « Dire que l'autonomie déboucherait obligatoirement sur l'indépendance est une forme de chantage que nous ne suivrons pas. Nous disons en effet que, dans le

1. *Révolution socialiste*, n⁰ 53, 26 octobre 1974.

cadre de la République française, une formule nouvelle qui ne serait pas celle des TOM, qui permettrait à nos peuples à la fois d'assurer la responsabilité de la direction de leurs affaires tout en évitant la séparation avec la France, est possible. »

Chantage à droite, prudence à gauche, indifférence partout ailleurs : non, le problème n'est pas simple. Moins simple hélas que ne veulent parfois le croire les jeunes gauchistes de métropole ou d'outre-mer qui foncent, toute dialectique déployée, vers d'abruptes conclusions « décolonisatrices ». Généreuses certes mais si théoriques ! Partir ? Rester ? Changer ? Que peut-on faire outre-mer ?

Il peut paraître décevant, après tant de véhémence et tant de colères, d'en arriver à des jugements mesurés. Foin du réformisme ? Voire. Pas un observateur sincère ne peut, au retour des DOM-TOM, échapper à ce dilemme fait d'exaspération et d'embarras mélangés. Non, il ne suffirait pas que demain, touchée par la grâce, la France renonce, desserre ses doigts, plie bagages pour voir résolu le problème des « dernières colonies ». Pas si simple. Alors ? Tant pis pour l'élégance du réquisitoire, osons être « tièdes ».

Avoir pris conscience du scandale, déjà, ne serait pas si mal. Savoir que dans une dizaine de territoires exigus et lointains, derrière la fumée des mots, au-delà des folklores et des cartes postales, des hommes vivent *encore* du fait de la France, de nos élus, de *notre* fait, l'aventure amère du colonialisme, une aventure forcée qu'adoucit mal la morphine du « niveau de vie ». Comprendre que ce « colonialisme »-là qui n'est ni très spectaculaire ni très héroïque ni même « rentable » est *d'abord* le produit d'un état d'esprit.

C'est « l'impasse » faite d'instinct par l'opinion métropolitaine sur des codicilles pittoresques au testament colonial français qui a rendu possible l'anachronisme. Une attention désinvolte,

souvent amusée : voici ce que la France concède à ces « poussières » qu'après tout il nous plaît un peu de conserver. Comme
un gage. Comme un pied de nez fait à l'histoire. Quitte à fermer
les yeux — chose facile quand aucune guerre ne menace — devant
la vérité. Or, jamais sans doute le gaullisme et ses héritiers n'auraient put garder « sous cloche » l'outre-mer sans l'indifférence
complice de l'opinion française.

Aujourd'hui encore cette même indifférence — *au fond* —
justifie l'absence d'une réflexion et d'une vraie politique. Qui
choisit pour les DOM-TOM ? La rue Oudinot ? Elle fut successi-
vement dirigée par des sous-ministres sans responsabilités ni
initiatives, servie au surplus par une administration aux réflexes
archaïques, aux traditions coloniales. Étrange ministère que celui-
ci, sans vrai budget ni pouvoir. Antique appareil, musée administratif dont le conservatisme viscéral a toujours fait obstacle
aux velléités libérales qui pouvaient être — par exemple — celles
du Quai d'Orsay (dans le Pacifique notamment). Le Parlement ?
Il n'a jamais débattu vraiment des questions d'outre-mer autrement qu'à l'occasion de ce qu'un élu appelait les « rengaines
budgétaires [1] ». L'Elysée ? Longtemps inspiré par les « conseils »
et les complots du « clan Foccart », il s'est abandonné — sous
M. Giscard d'Estaing — à une politique maladroite de promesses électorales qui, on le verra plus loin, avait souvent de
fâcheuses conséquences.

En fait, la fiction de la « France d'outre-mer » et de la « continuité territoriale » a justifié que quantité de décisions *politiques*
concernant les DOM-TOM soient prises en ordre dispersé par
différents ministères. Celui des armées pour la Polynésie ou
Djibouti, de l'industrie pour la Nouvelle-Calédonie, de l'intérieur
pour les Antilles, etc. Souvent, en outre, des organismes particuliers installés dans tel ou tel territoire qu'ils dominaient de
leur poids ont pu mener impunément leur propre politique. Le
Centre d'expérimentation atomique (Polynésie), le Bureau de

---

1. M. Frédéric Jalton, député apparenté socialiste de la Guadeloupe.

recherche géologique et minière (BRGM), le Centre national d'études spatiales (Guyane), etc.

De politique à long terme, point. De réflexion d'ensemble pas davantage. Ne serait-il pas temps d'en inventer une? Inspirée au moins par un principe clair. Si les mêmes solutions ne sont pas applicables d'un territoire à l'autre, les devoirs de la France sont partout les mêmes. Il s'agit d'accorder aux habitants le *droit* et les *moyens* de choisir leur destin. C'est à eux et à personne d'autre que revient ce choix.

En mettant fin aux obsessions policières de l'administration, aux contrôles de l'information. En restaurant d'urgence des économies ruinées par « l'assistance ». En luttant enfin contre la toute-puissance arrogante des clans commerciaux, de la « plantocratie », contre les privilèges abusifs des compagnies de transport. Il s'agit en clair de sortir du vilain chantage de la contrainte ou de l'abandon qui ne fait pas une politique pour aborder chacun de nos « problèmes coloniaux » avec franchise et générosité. Les déclarations entendues rue Oudinot à la fin de 1975 pouvaient faire illusion : tirant argument des épisodes de Mayotte ou d'une tardive évolution de notre politique qui semblait se dessiner — enfin — à Djibouti, on affirmait vouloir entrer dans l'ère des réformes et de la « décrispation ».

Décrispation? Oui, puisque la France « accepte désormais d'émanciper ceux qui ne veulent plus de sa présence » (Moroni, Djibouti). Réformes? Oui, puisqu'un peu partout dans les TOM, répète-t-on, la réforme des statuts est en cours. N'a-t-on pas voté pour la première fois aux Nouvelles-Hébrides? En réalité, hormis quelques concessions et un rajeunissement précipité du « langage » officiel, rien ne paraît vraiment changé dans notre politique. La preuve? Il n'est pas question de toucher aux statuts des « départements » qui, pour Paris, sont encore français à perpétuité. Il n'est pas question non plus d'envisager une réelle évolution politique en Polynésie française (malgré les vœux de l'Assemblée territoriale) ni en Nouvelle-Calédonie. On se prépara plutôt un moment (en 1975-1976) à *départemen-*

taliser certains territoires (Wallis-et-Futuna, Saint-Pierre-et-Miquelon, Polynésie, Nouvelle-Calédonie), tandis qu'on entend recoloniser bruyamment la Guyane française [1]. Autrement dit, on poursuit *en fait* la vieille politique UDR en refusant comme avant d'accepter l'évidence : un jour sans doute — dans dix ans ou plus — ces territoires et ces départements deviendront indépendants. Le devoir de la France — donner à tous la liberté et les moyens de choisir — est oublié ou sacrifié.

Mais allons voir sur place, dans chaque « confetti », ce que pourrait être une vraie politique d'outre-mer. Le voyage est long. Partons...

---

1. Devant l'opposition des assemblées locales et des partis autonomistes le gouvernement finit par renoncer à ses projets de départementalisation (sauf en ce qui concerne Saint-Pierre-et-Miquelon). Le « plan de développement » de la Guyane quant à lui sombra rapidement dans l'échec. Le nouveau statut de la Nouvelle-Calédonie voté par l'Assemblée nationale le 13 décembre 1976 ne s'en inspire pas moins d'une « vérité » rappelée par M. Poniatowski ministre de l'Intérieur : « La Nouvelle-Calédonie est une terre française. »

DEUXIÈME PARTIE

Carnets

Adieu Tahiti

Papeete, juin 1973.

Parfum du tiaré, bousculades bon enfant à l'aéroport de Faa, embouteillages à l'entrée de Papeete. Tahiti! Ebouriffé, on tombe du ciel au petit jour dans cette sous-préfecture antipode. Elle vous accueille avec curiosité et un brin d'ironie. Encore un « découvreur »! Vous voilà dans Papeete avec peu de bagages mais déjà beaucoup trop d'idées. Normal! Voilà notre bonheur en chair et en os. Archétype officiel de la félicité, homologué et dûment estampillé depuis deux siècles. Tahiti, « rêve banlieusard » posé de l'autre côté de la terre, est chargé d'une fonction exacte dans la mythologie nationale. Impossible de faire l'impasse. Mesurons-nous aux mythes ordinaires.

Depuis deux siècles les Tahitiens — à leur corps à peine défendant — sont les « bons sauvages » de l'Europe et en particulier de la France, dépositaires attitrés d'un bonheur océanien protégé par 15 000 kilomètres et jusqu'à une date récente par les lenteurs des gros transatlantiques (Marseille-Papeete en un mois). Depuis le capitaine Cook, les visiteurs n'ont jamais débarqué à Papeete sans arrière-pensées philosophiques ou polissonnes — ou tout à la fois. Tahiti a pris l'habitude des jugements définitifs et s'accommode de la sollicitude qu'on lui témoigne sans coup férir avec — le plus souvent — moins de clairvoyance que d'attendrissement narcissique. Elle pardonne même aux voyageurs venus de loin tant de convictions abruptes et de projets tahitiens. *Aïta, pea pea.* Ça n'a pas d'importance.

Il y a si longtemps.

En 1770 paraissait — déjà — *le Sauvage de Tahiti aux Français*, pamphlet assez naïf sur les charmes naturels des Polynésiens opposés aux poisons du modernisme dix-huitième. Quoique plus nuancé, *le Voyage de Bougainville* (1771), ce fut ensuite du *Charlie Hebdo* plein de tendresse pour « une société agricole et patriarcale où il n'y a ni roi, ni magistrat, ni prêtre, ni loi, ni mien, ni tien, ni propriété, ni vice, ni vertu ». Bien avant nos émerveillements exotiques, le Tahitien Aotourou, ramené en France par le même Bougainville, était devenu (en 1769) la coqueluche du Paris mondain qui, en échange, lui avait fait cadeau d'une petite vérole. Il fit rêver Buffon et Diderot, réformateurs de l'époque, et frissonner Mlle de Lespinasse. L'abbé Delille composa quelques sonnets en son honneur. Bien avant le rapport du MIT et l'écologie, tous les libellistes élégants du xviiie s'étaient donc emparé de Tahiti pour combler les langueurs d'une société française déjà malade de Jean-Jacques Rousseau. Promue au rang de mythe officiel, Tahiti n'a jamais cessé, depuis lors, de tenir le rôle.

Rappels nécessaires. Cette surabondance d'exotisme et de philosophie entremêlés a boursouflé de connotations l'histoire imaginaire de Tahiti, victime de sa propre légende. Récolte formidable : 4 000 livres écrits et recensés à ce jour. La moitié pour vanter les charmes polynésiens. L'autre pour en décrire inlassablement la funeste disparition. Voilà deux siècles que l'on s'empoigne au sujet du « paradis menacé » d'Océanie. En 1826, Chateaubriand annonçait déjà que Tahiti avait perdu « ses danses, ses chœurs et ses mœurs voluptueuses ». Cent ans plus tard, Alain Gerbault renchérira.

On avance donc doucement vers Papeete. Méfiance! Appuyées l'une sur l'autre comme deux béquilles, les deux caricatures de Tahiti — la noire et la rose — ont franchi en s'ornementant décennies et républiques. Aujourd'hui encore, la prophétie morose désole douloureusement des bataillons de sociologues, tandis que la vieille légende remaquillée est proposée à la jobardise des touristes. Rien d'étonnant. Réceptacle privilégié de toutes les angoisses industrielles, la Polynésie s'offre avec une grâce un peu vénale, et satisfait en général — qu'ils soient catastrophés ou éblouis — la curiosité de tous. Puisque tous cherchent d'abord ici le reflet de leurs propres fantasmes et de leurs nostalgies.

Conseil indispensable avant d'ouvrir les dossiers du territoire : bien regarder Papeete. Mélangée, bavarde, somnolente, cette pincée de province française en pleine Océanie n'est certes pas toute la Polynésie. Un décor en trompe-l'œil. Mais tout de même un premier indice. Sur fond de gadgets et d'abondance artificielle, on y rencontre désormais un ethnologue derrière chaque cocotier, un navigateur solitaire sur chaque tabouret de bar et, sur le port, des académies entières de Gauguin en blue-jeans. Tout le monde étant cousins ou presque, le visiteur qu'il soit journaliste, parlementaire en mission ou secrétaire d'État aux DOM-TOM, fournira le temps d'une escale un sujet d'intérêt à une petite société curieuse, oisive et frivole qui ne s'est jamais lassée depuis deux siècles d'entendre les conclusions érudites de ces visiteurs venus de loin pour expliquer aux Tahitiens — le plus souvent pas écrit — qu'ils sont heureux ou malheureux.

On ne s'étonnera pas de ce que les Polynésiens, des millions de fois catéchisés ou simplement « éclairés » sur leur sort, soient devenus des spécialistes de l'ironie souriante. Et parfois agacée.

La gentillesse naturelle de cette Athènes mille fois conquise et mille fois conquérante envers l'étranger soucieux de la « comprendre enfin », pousse d'ordinaire ses habitants à abonder dans le même sens que lui. Quitte à moquer ensuite — mais en douceur — ses « certitudes » ainsi fortifiées au fil des interviews. Les colères alternatives ou les émerveillements du *Farani* (Français), découvrant Tahiti après cinq cent mille prédécesseurs, fournissent à Papeete un sujet de distraction privilégié. On profitera d'un moment de *fiu* (cafard) pour laisser le visiteur à ses déductions socio-politiques et aller danser le tamouré au *Zizou Bar* en buvant de la bière Inano, *made in Tahiti.*

Voilà un long épigraphe. Il était nécessaire. Défense absolue de découvrir les drames tahitiens sans se souvenir qu'aux pires moments de crise politique et d'acculturation, il reste toujours ici un second degré ludique. Et souriant. Pour combien de temps?

Car la bombe atomique française a bel et bien bouleversé le décor. Et tout changé à Papeete. Soucieux de remplacer les sites de tir du Sahara algérien devenu indépendant, le gouvernement français y a créé en 1963 le Centre d'expérimentation du Pacifique. Alors sur l'archipel a déferlé une énorme vague de militaires, d'ingénieurs et de milliards. L'intrusion d'une formidable logistique militaire dans un territoire indolent, l'installation de milliers de techniciens, cadres et soldats à Tahiti ont imposé des bouleversements économiques, sociaux et même politiques si considérables qu'aucune conversation ne saurait désormais s'engager ici sans référence immédiate au CEP, monstre tout-puissant, enflure subite... A Tahiti depuis dix ans, l'histoire s'exprime en deux raccourcis : *avant* et *après* le CEP. Introduite autoritairement sur un territoire qui n'en voulait pas, la « bombe » gaullienne a transformé non seulement les structures de la société tahitienne mais surtout *la nature même* de ses rapports avec la France.

Les milliards du CEP ont d'abord catapulté en quelques années les Polynésiens à un niveau de consommation sans équivalent dans le Pacifique-Sud. Ils ont brusquement accéléré une « révolution » qu'avait amorcée un peu auparavant l'ouverture de l'aéroport international de Tahiti-Faaa, en 1960.

« Une mutation brutale, une gigantesque métamorphose de la société tahitienne », observent les chercheurs de l'Office de recherches scientifiques et techniques d'outre-mer (Orstom). « Oui, le CEP a phagocyté notre économie. De nouveaux besoins

138

ont été ici créés sans moyens naturels de les satisfaire », reconnaît M. Yves Le Cail, conseiller (UDR) du gouvernement. Quant à M. Bouvier, l'un des leaders du parti autonomiste *Tere Aïa*, il va plus loin : « Cette pseudo-prospérité est une illusion. Ce territoire était finalement plus développé avant l'arrivée du CEP. Les gens ne tenaient pas à être salariés. Un débrousseur de cocotiers gagnait 5 francs par jour. Quand il en avait 50 ou 100 il disparaissait, ça lui suffisait pour acheter du pétrole et du savon... Maintenant, un manœuvre qui travaille à Papeete ne gagne plus assez d'argent pour nourrir sa famille. »

Jugement un peu romantique. L'image d'un CEP venant bouleverser une société autarcique en pleine harmonie n'est pas tout à fait exacte. En fait, l'économie du territoire se trouvait engagée dès avant 1963 dans un processus de sous-développement que les milliards de la « bombe » sont venus inopinément masquer. La production de coprah et de vanille, prisonnière du système colonial et assujettie aux fluctuations des cours mondiaux, s'effondrait. Les gisements de phosphate de Makatea, seule industrie du pays, étaient en voie d'épuisement ; on licenciait du personnel. En 1962, l'aide de la métropole au territoire représentait déjà 550 francs par habitant. Quant aux auteurs du IIIe Plan quinquennal (1961-1965) ne prophétisaient-ils pas à l'époque une régression du niveau de vie par le seul effet de l'expansion démographique coïncidant avec un fléchissement de la production agricole ?

La plupart des phénomènes que l'on impute au CEP (dépeuplement des îles, concentration urbaine à Papeete, Moorea, Faaa) étaient amorcés dès 1963 — mais amorcés seulement. Même l'émigration en masse des Tahitiens vers le nickel de Nouvelle-Calédonie avait commencé dès 1950. Ironie de l'histoire : lorsqu'en 1963 fut prise par le général de Gaulle la décision de remplacer Reggane (Sahara) par la Polynésie, une délégation d'élus polynésiens se trouvait alors à Paris pour réclamer un crédit supplémentaire, afin de combler le déficit du budget tahitien. Ses membres ne supposaient pas qu'une formidable injection de « crédits stratégiques » leur serait offerte, avec tant d'empressement. Et que seraient *ipso facto* aggravées — sous les apparences trompeuses de « l'abondance atomique » — les tendances dangereuses de leur économie.

Minuscule, isolée, vulnérable au moindre dérèglement monétaire, la Polynésie avait pourtant subi dans le passé trois traumatismes analogues. En 1942, l'île de Bora-Bora (1 000 habitants) avait accueilli une base américaine et 10 000 GI's répandant autour d'eux un flot de dollars, de produits manufacturés et d'enfants aux yeux bleus. Après trois années mirobolantes, les Tahitiens avaient dû revenir à leurs pirogues, à leurs ignames et à leurs *faapu* (cultures). Apparemment sans trop de difficultés. Ils n'avaient pas eu le temps de « s'habituer ». En 1958, la construction de l'aéroport de Tahiti-Faaa — gigantesque chantier accroché sur le récif — avait mobilisé des centaines de Polynésiens et permis de diffuser quelques 500 millions de francs CFP de salaires dans une économie encore peu monétarisée.

Il y eut enfin l'épisode pittoresque de la Metro-Goldwyn-Mayer venue tourner à Tahiti en décembre 1960 une nouvelle version des *Révoltés du Bounty*. 2 000 Tahitiens engagés comme figurants ou comme manœuvres, 27 millions de dollars dépensés en dix mois de tournage... A Papeete on parle encore de la « période MGM » comme d'un fugitif âge d'or.

Aucun de ces accidents économiques ne fut cependant comparable au séisme « atomique ».

Pressé par le temps et les soucis gaulliens — prendre le relais du Sahara —, il fallut engager sur les sites d'énormes travaux d'infrastructure nécessitant une main-d'œuvre abondante. Dans la plupart des îles de l'archipel — des Tuamotou aux Gambier —, des bureaux de recrutement furent donc ouverts par les entreprises privées travaillant pour l'armée, quelquefois sous la conduite d'un pasteur ou du *tavana* (chef coutumier). Plus de 4 000 Tahitiens arrachés à leurs îles se retrouvèrent vite coincés dans les délices contradictoires du salariat et de « l'abondance ».

Délices? Pouvoir choisir le scooter plutôt que la marche à pied, préférer le corned-beef à la (décevante) « pêche aux cailloux », et — désespoir — le jerk des guinguettes au tamouré. Fuir enfin l'infini dialogue des cocotiers et du sable qui, aux Tuamotou, ne suffit plus à tempérer « l'ennui des îles ». Courir vers les attraits imaginés d'un Papeete fascinant et enjazzé! On se mit à répéter la même phrase dans les écoles lointaines des archipels : « Il n'y a plus rien à faire ici, moi j'irai bientôt à Papeete. » Exode dans les îles [1]!

« Les gens ont été lâchés dans une économie monétaire, observe M. Le Cail. En une semaine ils se sont mis à gagner plus d'argent qu'en une année. »

Tahiti bouleversée, chamboulée... Tahiti enrichie en une nuit. A côté des travaux proprement militaires, les effets induits du CEP se firent sentir dans tous les secteurs de l'économie. Boom immobilier et anarchique à Papeete. Grands travaux publics, aménagement du port, etc. La masse monétaire en circulation augmenta de 50 % en quelques années. Stimulé par cette brusque « distribution de richesses », le commerce d'importation aux mains des Chinois connut un formidable essor. La spirale inflationniste s'enroula sans fin sur elle-même. Le coût de la vie bondit.

Dix ans après ce cataclysme économique, « l'irradiation » de la société polynésienne est à peu près totale.

D'abord se trouve définitivement cassé ce qu'il restait de l'économie locale. Pourquoi lancer des programmes de développement compliqués ou des réformes agraires impopulaires? Pourquoi pleurer sur la nacre en déclin ou le coprah, qui se vend mal alors que l'on peut tout acheter avec l'argent du CEP? Au prix fort.

---

1. A l'époque on songea bien à faire appel à des travailleurs étrangers. 200 travailleurs portugais furent amenés sur les chantiers du CEP mais la population s'opposa très vite à cette immigration qui risquait à moyen terme de poser plus de problèmes qu'elle n'en résolvait.

Voilà Tahiti précipitée vers les déficits vertigineux d'une balance commerciale accrochée à un seul fléau : celui de la bombe. L'augmentation du coût de la vie et, simultanément, des salaires a provoqué un phénomène comparable à celui que connaissent tous les DOM-TOM, mais aggravé et accéléré : les produits locaux, quand il y en a, offerts par des agriculteurs ou des pêcheurs qui aspirent aux mêmes bénéfices que les nouveaux citadins coûtent en général plus cher que les marchandises d'importation. Alors?

A Papeete où poussent en vrac immeubles en dur, boutiques modernes et bidonvilles, la fortune atomique n'est pas équitablement partagée. Loin s'en faut. Les inégalités sociales vont au contraire s'aggravant dans une société où il était jusqu'alors difficile de poser les problèmes en termes de classe. La bombe a ses profiteurs. Les mieux lotis sont, sans conteste, les *demis* propriétaires des grands domaines fonciers et qui spéculent avec frénésie sur l'immobilier. Il a fallu loger d'un seul coup beaucoup de monde à Papeete. Beaucoup trop. Le terrain est vite devenu de l'or massif (200 F le mètre carré près du centre). Conséquence spectaculaire : toute la côte ouest de l'île se hérisse de propriétés privées et d'écriteaux *tabou* (interdit) barrant l'accès au rivage.

Tabou, interdit! Le mot qui désormais vous saute aux yeux sur cette île du « ni mien, ni tien ».

Cette fortune immobilière paraît d'autant plus choquante qu'elle s'appuie à l'origine sur un véritable accaparement des terres polynésiennes par les *demis* ou les *popaa* (Blancs), accaparement rendu possible par une application catastrophique du Code civil à un système coutumier fondé jusque-là sur l'indivision. Avec le CEP, « grâce à la bombe, la domination de la société urbaine et latifundiaire de Papeete s'appesantit sur l'ensemble de la Polynésie [1].

Deuxième série de conséquences et d'inégalités liées au « déve-

---

1. Un géographe de l'Orstom, M. François Ravault, a étudié de très près ce problème. Voir notamment : « L'origine de la propriété foncière des îles de la Société », *Cahiers de l'Orstom*, série « Sciences humaines », vol. IX, nᵒ 1, 1972.

loppement atomique » : la fortune du grand négoce et des importateurs. En quelques mois, on a vu à Tahiti de modestes boutiques chinoises devenir de grands magasins et certains petits boutiquiers chinois de grands bourgeois UDR. Dans le même temps se constituaient dans les faubourgs de Pirae ou de Faaa un embryon de prolétariat qui pourrait bien, demain, bousculer le jeu politique encore largement « bourgeois ». L'absence d'impôt sur le revenu dans un territoire où l'UDR mobilise ses troupes et descend dans la rue dès qu'un autonomiste parle de réforme fiscale aggrave ces nouvelles inégalités.

Mais les conséquences psychologiques de l'installation du CEP sont peut-être plus graves encore. Fini le temps où le passage annuel de *la Jeanne* (le bateau-école de la Navale) mobilisait sur les quais de Papeete une foule de Tahitiens enguirlandés et de vahinés sensibles à l'uniforme *midship*. Fini le temps où les quelques *popaa* vivant à Papeete participaient aux bringues tahitiennes, parvenaient à se faire aimer et — au pire — ne suscitaient que les aimables moqueries d'une société pipelette fort amusée par leurs déchirements sentimentaux.

En dix années, Tahiti, île aimable et hospitalière, a reçu une véritable marée d'étrangers. Notamment de légionnaires et de marins français. Elle manifeste aujourd'hui des réactions de rejet tout à fait exorbitant de l'histoire commune. Il y avait 2 963 *popaa* résidant à Tahiti en 1962. Il y en a plus de 10 000 aujourd'hui. Fonctionnaires, techniciens ou militaires. Ils sont bien davantage encore lorsque, en période de tir, une ou deux unités de la marine nationale mouillent en rade de Papeete et répandent sur le port leurs tonitruantes bordées.

Tahiti est donc devenue méchante.

Les agressions contre les militaires isolés ne sont plus du tout rares. Pour le jeune Tahitien que la vie urbaine incline de plus en plus à la petite délinquance, le militaire *popaa*, plus riche que lui, est d'abord un rival masculin. Or « ces choses-là » comptent. Surtout à Tahiti. « L'enlèvement des vahinés » est devenu un drame national. Témoin cette lettre écrite par un Tahitien de 23 ans et publiée par le *Journal de Tahiti :* « Depuis la venue des techniciens et ingénieurs du CEP, la vie sexuelle de beaucoup de Tahitiens est irrégulière, insuffisante, voire même réduite à quelques rapports par an. »

Oui, Tahiti rendue méchante! Des tensions, des antagonismes sont apparus là où ils étaient fort rares. *Taïpouette* est un qualificatif vaguement raciste inventé par les militaires du CEP pour désigner les Tahitiens de leur âge. Ceux-ci répondent en criant *Taïoro*, injure plus précise. Les poisons du mépris se sont répandus insidieusement dans toutes les communautés. Celle des Européens de Tahiti, hier encore fort « tahitiannisée », devient une masse anonyme, nantie, réfugiée dans le luxe bêta des quartiers résidentiels. Peu intégrée au territoire, isolée des autochtones, elle réinvente des réflexes très coloniaux.

Ainsi par un singulier retournement des valeurs, tout ce qui, dans le « mythe Tahiti », était porté au crédit du « génie polynésien » (insouciance, esprit ludique, amour de l'amour, etc.) est considéré aujourd'hui comme un ensemble de tares « indigènes ». Telle maîtresse de maison se plaindra des sautes d'humeur et des périodes de *fiu* (cafard) de sa bonne. Tel employeur se plaindra de l'inconséquence absentéiste de « ses » polynésiens. Méchante rumeur bien connue ailleurs : « ils » sont paresseux, farceurs, bons à rien... A Tahiti! On se scandalise bruyamment dans les *farés* (maisons) élégants ou chez le gouverneur de la prodigalité « enfantine » des « indigènes » qui gaspillent leurs salaires en *tamara* (fêtes) en jouant au bingo ou en multipliant les « consommations ostentatoires ». « Les Tahitiens ont besoin d'apprendre à devenir des consommateurs », a écrit un très éminent sociologue.

Deux siècles après les émerveillements de Bougainville, on semble reprocher beaucoup au Tahitien Aotourou de ne pas ressembler à M. Dupont. Faut-il y voir un progrès du génie français? Cela signifie en tout cas que, dans une société si brusquement urbanisée où des valeurs françaises (rendement, commerce, travail, salariat, sérieux, etc.) sont venues subroger celles d'hier, le Tahitien se découvre étranger. Chez lui!

Tahiti est chamboulée, dépossédée, pulvérisée. Mais on y danse sur la fortune atomique. Le CEP est généreux. A défaut d'autre fête, il reste celle de la consommation. Vive les scooters, les chaînes Hi-fi et les maisons en dur. Grâce à la bombe, au moins, les Tahitiens sont riches, clament les administrateurs à tous ces autonomistes grincheux qui contestent les bienfaits de la force de frappe expérimentée chez eux. Les Tahitiens, tout en protestant contre la pollution nucléaire qui leur est imposée, ont d'ailleurs compris les avantages qu'ils pouvaient tirer de la situation. Plus il suscitera d'opposition et de réactions de rejet politique, plus le CEP devra ouvrir sa bourse. « Pour avoir fait de la Polynésie la pièce maîtresse d'une industrie d'armement nucléaire, notait Michel Panoff [1], les « colonisateurs » permettront à leurs interlocuteurs de faire des annonces comme jamais bridgeur n'en aurait rêvées. »

Le petit marchandage est devenu rituel à Papeete. « Vous voulez chasser la bombe? Mais comment donc pourrez-vous vivre sans elle maintenant qu'elle vous a fait riches? » Sous-entendu : félicitez-vous, autonomistes irresponsables, du maintien à Tahiti de la France nucléaire et coloniale.

Certes les autonomistes rejettent avec emportement ce chantage. « Même si on doit se serrer la ceinture, tant pis! tonne Francis Sandford, député réformateur et leader du parti EA API. En 1939-1945 on a bien été coupé de la France pendant quatre ans. Sans ressources extérieures. On n'est pas mort pour autant. » Mais, pour généreux qu'il soit, le pari est aléatoire. D'abord

1. Michel Panoff, « Tahiti ou le mythe de l'indépendance », *Les Temps modernes*, février 1965.

parce qu'en matière de niveau de vie on connaît peu d'exemples d'un tel retour en arrière librement consenti. La Polynésie est aujourd'hui dans la posture dangereuse d'un pays à la fois riche et sous-développé. Pourrait-elle revenir sur des habitudes d'opulence facile vieilles de dix années? Le voudrait-elle qu'elle parviendrait mal à renouer avec la frugalité paisible d'autrefois. Convoqué comme expert agricole à Papeete, René Dumont ne cachait pas son scepticisme : « La Polynésie a été profondément bouleversée par le CEP. La trace de l'économie « naturelle », relevée en 1963-1964 et même en 1965, est maintenant complètement perdue. Le futur ne se situe plus dans le véritable prolongement du passé. »

Le piège est déjà refermé sur la Polynésie.

On discute donc tous les jours avec un peu d'angoisse de la même équation : par quoi pourrait-on remplacer le CEP si jamais il s'en allait? Comment desserrer un tel étau économique? Car personne n'ose tout de même nier — ni à l'UDR ni chez les autonomistes — ce que peut avoir de malsain une telle fortune suspendue à la bombe atomique. Malsain et dangereux.

Exemple? En 1967, le CEP a terminé ses gros travaux d'installation, ses dépenses accusent donc un fléchissement. Aussitôt, la croissance du produit intérieur brut polynésien s'effondre. A peine 3 % en 1968 contre 45 % deux ans auparavant. Des centaines de Tahitiens qui travaillaient sur les sites, licenciés, envahissent le marché du travail. Par bonheur, grâce aux recettes fiscales versées notamment par l'armée [1] et thésaurisées, les caisses du territoire sont pleines. Un programme de grands travaux civils vient prendre le relais in extremis et permet de maintenir à peu de choses près le plein emploi.

Récidive en 1969. La politique d'austérité du ministère des

---

1. Le CEP verse au budget territorial un forfait annuel censé représenter ce qui serait prélevé comme taxe d'importation sur tout le matériel nécessaire aux expériences nucléaires. Ce forfait qui s'élevait à l'origine à 345 millions de « francs pacifiques » est aujourd'hui d'environ 500 millions CFP (soit 27 millions de nouveaux francs).

Finances conduit alors à suspendre les programmes de tirs nucléaires dans le Pacifique. Cette fois non seulement le PIB polynésien piétine mais il diminue de 1 %. On parle de récession. On s'affole un peu. Voilà bien une situation absurde que celle d'un territoire entièrement soumis — pour ce qui concerne son niveau de vie, son équilibre — aux cadences des tirs à Mururoa ou Fangataufa. Toutes ces alertes renforcent en tout cas les mises en garde qui ne cessaient d'être prodiguées depuis des années. « Le retour aux réalités sera d'autant plus amer, notait en 1965 le professeur François Doumenge, que les espoirs auront été plus insensés. L'absence de base industrielle exigera comme seul remède l'évacuation rapide d'une partie de la population. L'émigration vers la Nouvelle-Calédonie devra donc s'amplifier [1]. »

Pessimisme exagéré? Ce n'est pas certain. La seule croissance démographique (supérieure à 3 % par an) propulse chaque année des milliers de jeunes Polynésiens dans la vie dite active. « Même dans l'hypothèse d'un maintien des activités du CEP à leur rythme actuel, nous devrons créer 1 500 emplois nouveaux chaque année », reconnaît-on chez le gouverneur. Qu'en sera-t-il alors le jour où « la bombe » s'en ira. Avec ses milliards, ses avions, son essence, ses techniciens et ses locataires?

Trouver une solution de rechange? Le Ve Plan, déjà, s'était fixé un double objectif : maintenir le plein emploi et créer un appareil économique indépendant de la force de frappe. Fiasco complet! Les retards sur les prévisions ont atteint 35 % pour l'agriculture, 70 % pour l'élevage, 80 % pour la pêche. Le VIe Plan a repris le même chemin semé d'embûches en prévoyant modestement pour la Polynésie un taux de croissance annuel de 4 % considéré comme un strict minimum garanti par la métropole. Comment diable s'y prendra-t-elle?

---

1. François Doumenge, *L'Homme dans le Pacifique-Sud*, publication de la Société des océanistes, 1966.

De tous les grands desseins français en Polynésie, le tourisme est, bien entendu, le plus rabâché. Comment pourrait-il en être autrement à Tahiti? Depuis le début de la « prospérité nucléaire », on espère pouvoir un jour faire la soudure, remplacer la bombe par les *charters,* les militaires par des retraités de Baltimore et les milliards atomiques par des travellers-chèques.

Jusqu'à présent, l'industrie touristique polynésienne était à la traîne. L'installation du CEP et l'évidente contre-publicité atomique lui avait porté un coup fatal dans les années 1966-1967. La Polynésie lointaine ne possédait pour ainsi dire pas d'équipements d'accueil. En 1959, pour ne citer qu'un exemple, moins de 1 500 touristes privilégiés étaient venus danser le tamouré ou tirer le mérou à Tahiti. En dehors du Club Méditerranée, installé depuis longtemps dans l'île de Moorea, la construction de grands hôtels de classe internationale n'a guère commencé qu'en 1968 avec l'énorme — et disgracieux — *Maeva* appartenant aux Chargeurs réunis, le *Taharaa* financé par la Pan Am, le *Tahiti Village*, etc. Depuis quelques années, une desserte aérienne régulière des archipels par la compagnie Air-Polynésie (filiale d'UTA) a permis en outre d'ouvrir d'autres hôtels dans des îles longtemps oubliées. A Moorea, Bora-Bora, Huahiné, Raïatea, Rangiroa, etc. Pourtant, ramené à une sèche litanie de chiffres, le bilan reste modeste. Et c'est peut-être tant mieux.

Pendant l'année 1972, 69 500 touristes sont venus en Polynésie [1] parmi lesquels 60 % d'Américains et moins de 5 % de Français de métropole. (Tahiti reste trop loin et trop chère.) Dépenses totales des touristes dans le territoire : 3 milliards CFP (180 millions de francs). Mais 2 500 emplois — seulement — ont été créés directement ou indirectement. En 1972, l'accroissement du nombre des touristes s'est ralenti : 9 % contre une moyenne de 30 %. Deux facteurs ont joué : le boycottage anti-nucléaire

---

1. A titre de comparaison il est venu la même année 400 000 touristes aux îles Fidji et 2 millions et demi à Hawaï.

de la Polynésie française par les compagnies aériennes australienne et néo-zélandaise et les dévaluations successives du dollar,
qui renchérissent le coût du franc CFP pour les Américains.

« Les Tahitiens ne croient pas au tourisme », dit-on à Papeete.
« Les capitaux touristiques internationaux se bousculent à l'entrée de Tahiti », rétorquent les gouverneurs. Stimulée par d'in-
quiétantes échéances économiques, Tahiti en tout cas attaque
aujourd'hui le marché des vacances avec les armes du siècle :
marketing, prospection systématique des clients japonais,
américains ou canadiens, investissements planifiés, primes
d'installation. Les tiroirs de l'Office de développement du tour-
risme sont remplis de projets de palaces, marinas, bungalows
océaniens. L'ouverture d'une ligne aérienne par les Japan
Airlines améliore la position de Tahiti comme carrefour du
Pacifique-Sud. Tahiti à l'encan ?

Ce grand affairement suscite autant d'inquiétudes que d'espoir
dans l'opinion polynésienne. On ne s'enchante qu'à moitié
à Papeete de voir Tahiti précipitamment transformée en produit
touristique soldé sur le marché du big-business au nom d'un
slogan ambigu, celui des quatre S : Sea, Sand, Sun, Sex (mer,
sable, soleil, sexe). Ne s'apprête-t-on pas à remplacer une invasion par une autre ? D'autres exemples de « croissance touristique » ne sont-ils pas là pour incliner à la prudence ? A Hawaï
le boom touristique brutal a profité avant tout à une minorité
affairiste en enfermant la population autochtone dans la prison
dorée de la domesticité hôtelière. Sans même parler de l'impla-
cable saccage des sites qui déshonore Tahiti.

Plus grave sans doute. L'expansion touristique et la vente du
produit tahitien à l'étranger passent nécessairement par un replâ-
trage artificiel et vénal de tous les vieux mythes polynésiens. Le
touriste américain professionnel du pittoresque authentique serait
furieux de découvrir des Tahitiens pas assez « ressemblants ».
Quant aux risques de la monoculture ou de la mono-industrie,
bombe ou touristes, ils restent les mêmes. On n'en finit pas de
chercher à Papeete des ressources plus diversifiées.

La pêche? Bien sûr. Les Japonais et les Coréens prennent chaque année dans les eaux polynésiennes pour le compte des conserveries américaines de Pago Pago (Samoa) pour 100 millions CFP de poisson. Les Polynésiens — qui sont en progrès — n'en pêchent que 7 à 8 000 tonnes, toutes consommées sur place. La construction d'une conserverie à Papeete est à l'ordre du jour. Depuis longtemps. En outre, les recherches effectuées en matière d'aquaculture (élevage de poissons et crustacés) par le Centre national d'exploitation des océans et le Service des pêches de Tahiti sont prometteuses. De même les Centres expérimentaux de culture de perles de Manibi et Takapoto (Tuamotou), les projets d'extraction des nodules, minerais du fond des océans, en Polynésie, les expériences ostréicoles dans l'île de Thaa autorisent de beaux espoirs. Mais ils sont encore marginaux et futuristes.

L'agriculture? Certes! Depuis 1950 au moins on parle de la relancer alors même qu'elle continue doucement de disparaître. Malgré la crise récente des huileries de Tahiti (80 millions de déficit) transformant un coprah largement subventionné, les ressources agricoles de la Polynésie ne sont pas négligeables. Le progrès relatif des cultures vivrières destinées au marché local en porte témoignage. Hélas! Un développement agricole à la mesure des nouveaux besoins financiers de l'archipel exigerait quelques réformes préalables. Et douloureuses. Refonte du régime foncier et pénalisation fiscale de la propriété absentéiste, réorganisation des circuits commerciaux aux mains de quelques *demis*, révision sans cesse ajournée du régime fiscal, etc. L'équilibre économique futur de la Polynésie l'exige. Mais quel pouvoir — autonomiste, colonialiste ou indépendant — prendrait ce risque?

Les Tahitiens et la France préfèrent ne pas réfléchir trop longtemps à l'avenir. D'ailleurs, le CEP est toujours là. L'inauguration des expériences nucléaires souterraines sur l'atoll de Fangataufa le 5 juin 1975 incite même à penser qu'il y est pour longtemps... « Notre hypothèse de travail reste le maintien du CEP », nous disait un gouverneur. A condition bien sûr que la Polynésie reste française...

En acceptant de recevoir des mains de M. Francis Sandford le drapeau national tahitien, le 18 mars 1975, M. Olivier Stirn faisait un « geste [1] » du côté des autonomistes tahitiens, mais pas plus qu'un geste. Quelques semaines plus tard un projet de réforme du statut du territoire était proposé par le gouverneur aux partis polynésiens. Un projet inspiré par une politique «rétrograde et aussi stupidement ignorante des réalités actuelles», ont aussitôt jugé les autonomistes. Ceux-ci ont rejeté en juin 1975 les propositions du gouverneur français qui refusait une nouvelle fois de relâcher sa tutelle « coloniale » sur la Polynésie française. Maintien du gouverneur, pas d'autorité des conseillers territoriaux sur l'administration territoriale, etc. Paris choisissait un quasi-immobilisme. Pas question de lâcher la bride qui tient Tahiti dans le « droit chemin ».

Pourquoi cette obstination coloniale? A cause de la bombe.

Celle-ci n'a pas seulement chamboulé l'économie du territoire. Elle paraît avoir empoisonné pour toujours les rapports entre Paris et Papeete. Les Polynésiens savent que chez eux, et jusqu'à nouvel ordre, la raison d'État et la « raison nucléaire » commandent. Tant pis pour eux. Le CEP qui leur a été imposé en vertu d'une véritable escroquerie politique [2], d'un abus de confiance commis par la métropole, dictera son avenir à la Polynésie. Tant que la France aura besoin d'un « site ».

Rien d'étonnant dans ces conditions si les positions politiques se radicalisent en Polynésie. Hier autonomiste, on ose employer

---

1. En 1970, au contraire, lors d'une visite de M. Henri Rey, alors secrétaire d'État aux DOM-TOM, un officier de gendarmerie avait frénétiquement piétiné le drapeau tahitien que brandissait un groupe d'autonomistes à l'aéroport.
2. Un livre raconte en détail cet épisode, *Mururoa mon amour*, Bengt et Marie-Thérèse Danielsson, Stock, 1974.

un mot qui fut longtemps tabou : celui d'indépendance. Invoquant la pression des jeunes, les autonomistes menacent désormais d'en appeler à l'ONU. Le 20 juillet 1973, pour la première fois, M. Francis Sandford adressa un télégramme au président de la République pour l'avertir qu'il réclamerait un référendum sur l'indépendance par le canal de l'ONU si les essais atomiques continuaient. La « bombe », ses mensonges, ses « flicailleries » et ses « pollutions » ont fini par détourner une bonne partie des Polynésiens de la France. Quoi qu'il leur en coûte. Le retour en force des mouvements autonomistes à partir de 1967, la majorité absolue qu'ils conserveront à l'assemblée territoriale jusqu'en 1972, leur indéniable popularité dans l'opinion polynésienne, rien de tout cela ne saurait s'expliquer sans le ressentiment anti-CEP et donc anti-métropole exacerbé par dix ans d'expériences nucléaires.

Des impératifs de la Défense nationale condamnent la France à une « fermeté » coloniale anachronique dans le Pacifique, et Paris refuse toujours à Tahiti une autonomie interne — « étape fatale vers l'indépendance » — qu'on eût sans doute accordée sans les nécessités nucléaires. Le modeste succès de l'UDR aux élections territoriales de 1972 ne doit pas faire illusion. Il paraît imputable tout autant aux maladresses des autonomistes partis en ordre dispersé à la bataille et combattant une réforme communale réussie qu'à « l'indéfectible attachement » des Tahitiens pour la France. Un mot court les rues à Papeete : « Ici tout le monde est — au moins — autonomiste, mais seuls quelques-uns le disent. »

Faut-il rappeler que la Polynésie fut le seul territoire français d'outre-mer à voter « non » au référendum de 1969? Qu'un mois plus tard, elle donnait une majorité à Alain Poher? Et qu'il existe désormais beaucoup plus d'indépendantistes qu'on ne le pense parmi la jeunesse de Papeete. Refrain désormais classique des leaders autonomistes : « Accordez-nous l'autonomie interne. Nous, nous sommes encore francophiles. Par contre nous ne contrôlerons pas indéfiniment nos jeunes extrémistes. » Ils ne bluffent qu'à moitié, même s'ils dévoilent du même coup l'ambiguïté de leur jeu politique.

Car, on aurait tort, bien sûr, à Papeete plus encore qu'ailleurs, de s'en tenir à la surface des choses. La compétition « autonomiste » se joue au moins à trois : l'administration métropolitaine, l'anonyme masse des Polynésiens et la bourgeoisie des *demis*. Ignorer cela expose à bien des erreurs d'analyse. Il arrive qu'un visiteur redécouvre, au bout de ses discussions tahitiennes, qu'en définitive le Tahitien moyen n'a été à aucun moment invité aux débats. Que d'ailleurs il ne parle pas français et qu'il s'obstine à ne pas lire Lévi-Strauss. On réalise alors que la polémique théorique sur les drames polynésiens s'est finalement résumée à un ping-pong élégant entre deux bourgeoisies *demies* — UDR ou autonomistes — en théorie rivales devant les urnes mais comptables des mêmes intérêts, liées par la consanguinité et périodiquement réunies dans une commune hostilité envers le commerçant chinois ou le fonctionnaire métropolitain.

Les *demis* qui contrôlent tous les partis politiques tahitiens représentent en effet une minorité (10 %) de la population détentrice du pouvoir économique et livrée en tant que telle à la concurrence redoutable des Chinois et des *popaa* (les Blancs). A l'égard de la métropole dont ils ont épousé le style de vie, la langue, la culture, les *demis* ont une attitude de complicité querelleuse, un peu comme l'ancienne aristocratie polynésienne. Attitude qui peut prendre plusieurs visages : tantôt alliance tactique intéressée (UDR), tantôt dépit amoureux et hostilité de façade (autonomistes). Mais dans les deux cas le « fond » reste commun. Pour un *demi*, le fonctionnaire métropolitain est bien souvent celui qui empêche de réaliser de fructueuses affaires ou bien qui occupe dans l'administration un poste convoité. On rêve à Papeete d'être un jour maître chez soi mais si possible sans couper le cordon ombilical avec la métropole nourricière.

Quant à la masse polynésienne, elle servait jusqu'à présent de clientèle aux uns et aux autres. Pas tout à fait politisée au sens occidental du terme, contrôlée par les missions catholiques et surtout protestantes, elle paraît plus sensible au verbe et au « charisme » d'un orateur qu'à un argument. Quand elle pense politique c'est *encore*, confusément, à travers les souvenirs de l'épopée romantique d'un vieillard de quatre-vingts ans dont tous les leaders politiques actuels se disputent l'héritage, Pouvana Oopa, Une belle histoire...

Cet ancien charpentier rallié à la France libre dès 1940 fut le premier à troubler en 1942 les relations entre Tahiti et la métropole, sereines depuis les guérillas de 1897. Pour avoir organisé des manifestations de rue contre le retour des fonctionnaires métropolitains, il fut emprisonné mais bientôt acquitté et triomphalement élu député en 1951.

Il fonda alors le Rassemblement démocratique des populations polynésiennes (RDPP), parti très structuré, organisé en cellules, qui conservera la majorité absolue à l'Assemblée territoriale jusqu'en 1958. Excellent orateur, nourri de culture polynésienne quoique sans « idéologie », Pouvana, le *metua* (guide) élu président de l'Assemblée territoriale, réclamera très vite l'indépendance. Il sera même avec Sékou Touré le seul leader politique de l'Union française à prôner le « non » au référendum du 28 septembre 1958. Paris ne le lui pardonne pas. Le voilà devenu incarnation de « l'anti-France ». Et d'ailleurs il échoue face à la propagande officielle. La Polynésie vote « oui » à 65 %.

Artisan (ou victime) de quelques violences dont l'origine reste obscure (des cocktails Molotov jetés sur un bâtiment), Pouvana sera bientôt incarcéré, déchu de sa fonction de parlementaire, condamné le 21 octobre 1959 à huit ans de réclusion assortis de quinze ans d'interdiction de séjour. Il ne reviendra en Polynésie que bien longtemps après, en novembre 1968. Tahiti pourtant ne l'aura pas oublié.

A l'aéroport de Faaa une foule viendra attendre, pour le couvrir

de fleurs et le couronner, ce premier « martyr » de la cause tahitienne. Coupable ou non de « complicité de destruction d'édifice », Pouvana avait été acquitté par l'opinion polynésienne.
Dès septembre 1971, il retrouvera un siège de sénateur. Mais
ni sa position ni ses excès flamboyants d'hier.

Le flambeau du RDPP, dissous en 1963, a été repris entre-
temps par des leaders plus timorés et moins « polynésiens »
qui jusqu'en 1973 ne parleront plus d'indépendance. Le projet de
loi déposé en 1970 par M. Francis Sandford réclamait seulement
un aménagement du statut territorial marquant une sorte de
retour à la loi-cadre de 1957. Pouvana n'est plus qu'un symbole
sur la scène politique tahitienne. Mais le vieux fond populaire
qu'il n'avait fait qu'incarner et conduire est toujours là. A trop
s'enfermer dans les disputes de *demis,* on l'oublie facilement.

Est-il concevable de voir renaître demain un vaste mouvement
radical de style pouvaniste qui viendrait bousculer l'aimable
compétition bourgeoise de Papeete? Peut-on imaginer, comme
l'entrevoyait l'ancien président de l'Assemblée territoriale,
« ces Tahitiens entrer en sécession parfois à contrecœur et contre
leurs intérêts pour obtenir par la violence une indépendance
totale qu'ils ne recherchaient même pas [1] »? A cause de la bombe,
ce n'est plus une vue de l'esprit. Dans tout le Pacifique, les
Eglises condamnent ces séquelles du colonialisme. Celles de
Polynésie qui règnent encore dans les « districts » n'ont pas
encore vraiment bougé. Mais la « bombe » française trouble
leur conscience. Chaque année un peu plus.

Tahiti réserve des surprises.

---

1. Noël Illari, *Secrets tahitiens*, Nouvelles Éditions Debresse, 1965.

Nouvelle-Calédonie :
les poisons du vieux nick

Nouméa, juillet 1973.

L'accueil est rude. Ce n'est pas Tahiti. Posée dans le Pacifique, à 5 000 kilomètres de la Polynésie, Nouméa lui tourne le dos. Au propre et au figuré. Six heures d'avion vous précipitent ainsi dans une autre Océanie, forte et rugueuse, qui attire moins de poètes et plus d'ambitieux. Ici, pas de langueurs fourbues mais des conquérants musclés.

Comme deux faces d'une médaille, deux manières d'accommoder la vie. Pour Tahiti, l'inconséquence futile, l'hédonisme et la grâce parfumée. Pour Nouméa, l'âpreté sévère, la force, le travail « méchant ». Si Tahiti est un peu napolitaine, Nouméa, levée dès l'aube, besogneuse, éventrant à grand fracas de bulldozers ses montagnes de nickel, a des allures lombardes. Apollon là-bas, Vulcain ici.

Les *caldochs* (Calédoniens blancs) n'aiment guère cette comparaison où ils flairent de l'ironie. Ils ont tort. Qui aura été agacé à la longue par les frivolités polynésiennes aimera sans doute ce grand bloc de montagnes qui pèse son poids de mines et d'efforts. Déjà surpris par une austère grandeur qu'il n'attendait pas sous ces latitudes, le capitaine Cook n'avait-il pas lui-même ébauché voici deux siècles le portrait de cette « grande terre » antipode en la baptisant comme ses Highlands écossais « Caledonia »? Sans doute y trouvera-t-on, à la différence de l'Écosse, toutes les grâces du Pacifique. En plus. Des transparences somptueuses du lagon (« le plus riche du monde ») aux douceurs tropicales de la côte est ou de l'île des Pins, penchée de tous ses cocotiers sur des plages parfaites. Mais si Tahiti, impudique, étale ses charmes d'un seul coup, la Calédonie ne dévoile les siens qu'avec retenue. Comme une femme sans loisirs qui attend le dimanche pour dénouer son chignon. Or, on vous le répète assez, sur la « grande terre », ce n'est pas tous les jours dimanche.

Les jours de semaine sont sérieux. A Nouméa d'abord, où les fumées industrielles de Doniambo — le complexe de la Société Le Nickel — figurent un spectaculaire et permanent rappel des vraies vocations calédoniennes : la mine, le « métal », le travail lourd. Les rues livrées aux embouteillages de l'opulence (une voiture pour deux habitants) parlent surtout import-export, « coup de mines » inespérés, fortunes immobilières, cours du dollar et standing. Au passé simple, il est vrai. Prompte à condamner la paresse « indigène » et l'administration « coloniale », la société calédonienne, provinciale et affairée, y cultive courageusement les vertus fortes du pionnier : individualisme, réussite matérielle, libre entreprise... La respectabilité y est encore étalonnée sur la longueur du yacht ou de la voiture, ou des deux. Le pays est riche.

Hors les murs, la brousse calédonienne, immense et vide, exagère encore ces rudesses. Pour tout dire, elle est un peu australienne. Des horizons de montagnes semées d'arbustes hargneux et résistants — les *niaoulis* —, d'herbes à fléchettes et de fougères arborescentes. Végétation avare mais solide où sinuent des *creeks* poissonneux et qui vient s'accroupir, à la côte, sur les mille pattes arachnéennes de ses palétuviers.

Ici on rencontre encore le broussard calédonien, *stockman* [1] né sur un cheval avec chapeau de brousse et Winchester, qui pousse son bétail sur les centaines d'hectares d'une « station » et qui, le samedi, assène volontiers sa philosophie à grands

---

1. *Stockman* : cow-boy australien et... calédonien.

coups de bière et de poings. Décor très western : la petite maison à véranda, sans luxe apparent, le vieux Dodge américain ou la 404 bâchée, une ou deux carcasses de voitures tuées sur les pistes et des conciliabules de chevaux. Horaires spartiates et joies violentes : le *stock* et la baignade régulière des troupeaux ne sont pas des sports mous.

Caricatures? Stéréotypes? Sans doute. « Le vieux pays *caldoch* disparaît », répètent avec nostalgie les pionniers urbanisés de Nouméa. Mais ne serait-il désormais qu'un mythe (ce n'est pas sûr), qu'il pèserait encore de tout son poids sur l'âme calédonienne? Parler du pays sans références à ces légendes mourantes serait une erreur. Toutes les crispations d'aujourd'hui — méfiance instinctive, agressivité, complexe insulaire — plongent leurs racines dans un passé que l'on récuse, tout en le cultivant en secret.

L'histoire? Au risque d'irriter encore les Calédoniens, il faut tout de même évoquer celle du bagne. Elle domine la moitié d'un siècle. C'est pour installer un pénitencier « moins insalubre que Cayenne et capable de régénérer les forçats par le travail » que Napoléon III s'était résolu à « prendre possession » d'une terre si lointaine, abandonnée jusqu'alors aux tribus mélanésiennes, aux missionnaires et aux aventuriers. L'installation d'une population de forçats, puis de « relégués », puis de « politiques » déportés (kabyles ou communards de 1871) amorça la première colonisation blanche, et jalonna de troubles les dernières années du XIXe siècle. Elle imprima aussi quelques marques indélébiles dans la conscience *caldoche*.

On comprendra sans doute qu'un siècle plus tard les Calédoniens puissent s'indigner de cet inévitable rappel du passé. Paris leur a trop souvent jeté à la tête cette hérédité pénitentiaire pour qu'il en soit autrement. Les penchants punissables des premiers colons en chapeau de paille ne sont tout de même pas transmissibles, même en ligne directe. Les Calédoniens, en tout cas, portent cette vieille histoire à fleur de peau, et chaque conversation s'en ressent. Un détail pourrait justifier leur colère : l'insistance avec laquelle tel haut fonctionnaire métropolitain nous parlait — une fois de plus — des « traditions de la chiourme » qui expliquent, selon lui, les mauvaises humeurs autonomistes d'aujourd'hui. Simplisme inquiétant. Et raccourci maladroit. Ce n'est pas en perpétuant dans l'administration des réflexes de geôlier qu'on tuera les fantômes du bagne.

Voilà fixé un premier contour. Veut-on souligner le trait, marquer les ombres ? Alors, il faut ajouter quelques dominantes locales. Additionnées, mélangées, elles composent ce que les visiteurs appellent la « mentalité calédonienne ».

D'abord, bien sûr et surtout : le nickel. Énorme, écrasant, exclusif. La « grande terre » est, avant toute autre chose, un pays minier. Cette vocation comporte des conséquences psychologiques qui ne sont pas négligeables. En premier lieu, elle accuse la rudesse naturelle des hommes. Pas plus que l'élevage en brousse, le travail industriel n'a jamais été aimable. Grondement des excavatrices sur les gradins géants des mines à ciel ouvert, montagnes écorchées, décapitées, affaires de roc et de boue, rallye primé des « rouleurs » jouant un perpétuel « salaire de la peur » au volant des 40 tonnes lancés sur les pistes d'une concession. Bien payés, mais à la tonne-kilomètre... Depuis des années, en Nouvelle-Calédonie, le temps et l'argent font une course-poursuite, sur terrain lourd.

L'assujettissement au « vieux nick » (le nickel), et donc au marché international, a voué, dès l'origine, la Nouvelle-Calédonie à des fortunes en dents de scie. Les *booms* économiques ont toujours alterné ici avec des récessions subites, entraînant toute une société sur un rythme brutal et traumatisant. Assez en tout cas pour modeler les habitudes : bénéfices rapides et quasi miraculeux, mais lendemains qui déchantent, boulimie fulgurante de travail et d'argent, mais souci de l'épargne, du crédit, et « peur du manque » qui subsiste au milieu des richesses. Chacun pour soi et le nickel pour tous.

Héros régionaux : les grands brasseurs d'affaires parvenus...
Tout aussi ancienne est la méfiance viscérale des Calédoniens blancs à l'égard des métropolitains fraîchement installés
et baptisés comme à la Réunion *z'oreilles* ou *zozos*. Fonctionnaires d'autorité trop bien payés exerçant avec plus ou moins
de diplomatie un pouvoir parisien d'autant plus mal supporté
qu'il est plus lointain. Petits Blancs accourus vers cet « Eldorado
sous-peuplé » où l'on peut faire du 5,5 [1] avant de rembarquer
vers la métropole. Tous vaguement condescendants pour ces
caldochs aux manières rudes, à l'accent traînant et aux goûts
très province. Tous portés à opposer au « racisme » local une
sympathie réelle mais ostentatoire pour les Canaques.

L'antagonisme entre *zozos* et *caldochs* s'est toujours confondu
avec une allergie fondamentale pour tout ce qui participe de
l'administration « coloniale ». Un correctif, le souci constant
de l'« arithmétique raciale » qui préoccupe, quoi qu'ils en disent,
les Calédoniens. Les deux communautés principales — noire et
blanche — sont désormais à égalité de nombre — mais grâce à
une immigration massive de *zozos*, une invasion! Quoi qu'il
en soit, « faire du blanc à tout prix » fut hier encore l'impératif
de la politique officielle.

Ces quelques indications étaient nécessaires pour comprendre
dans quel contexte, selon quels mécanismes ont pu se succéder
le *boom* de 1969 et la crise d'aujourd'hui.

Vers 1969, une brusque pénurie du nickel — minerai stratégique — affole le marché mondial. l'INCO (International
Nickel Company), géant américano-canadien, a subi une grève
de quatre mois et, sur le marché, les stocks sont épuisés. Les
besoins sont pressants, surtout du côté des Japonais, gros ache-
teurs de minerai calédonien. La Nouvelle-Calédonie, assise sur

1. Le franc CFP qui a cours en Nouvelle-Calédonie vaut 5,5 centimes.

un trésor de 100 millions de tonnes de réserves garniéritiques [1], est littéralement soulevée par cet appel d'air.

L'avenir paraît soudain d'autant plus mirobolant qu'on parle, depuis 1966 au moins, de l'installation imminente de nouvelles sociétés dans le territoire. INCO, notamment, qui louche depuis longtemps sur les réserves de latérites du sud. Elle brisera opportunément, pense-t-on à Nouméa, le monopole dangereux de la vieille Société Le Nickel (SLN) tout en multipliant la prospérité. De toute façon, sur le marché du *big-business*, le nickel vaut brusquement son pesant de dollars. Nouméa se lance alors dans la plus vertigineuse ruée vers l'or de son histoire.

Tout le monde jouera son rôle dans un scénario époustouflant qui appartient déjà à la légende *caldoche*. Sous l'impulsion du baron de Rothschild, la SLN a beaucoup investi pour porter sa capacité de production à 70 000 puis 80 000 tonnes. C'est une invite. L'administration, qui n'est pas mécontente de noyer les revendications autonomistes dans un déluge de rêves nickelés, annonce officiellement la prospérité éternelle. Dès lors, c'est à qui se précipitera le plus vite — et le mieux — vers le « Caillou », ainsi que les Calédoniens appellent familièrement leur île.

Ce sont les « petits mineurs » qui tirent les plus gros marrons du feu. Par cet euphémisme, on désigne à Nouméa les titulaires de concessions (souvent immenses) qui vendent du minerai brut à la SLN... et surtout aux Japonais. A côté des « gros petits mineurs » habituels (Ballande, Lafleur, Pentecost) surgissent des nouveaux venus. De bouche à oreille circulent des chiffres d'affaires fabuleux. « Un million CFP de bénéfice quotidien pour un tel... » Vrais ou faux, ils enflamment les imaginations. Chacun veut sa part. On voit des broussards planter là leurs troupeaux pour ouvrir une concession, des soldats du contingent démobilisés renoncent à rentrer en France pour devenir « rouleur contracteur » l'espace d'une fortune. Manque-t-on

1. La garniérite est le nom du minerai riche exploité jusqu'alors. Par opposition à la latérite, minerai pauvre.

de matériel lourd ? Qu'à cela ne tienne. Les Japonais avanceront les capitaux, les banques qui multiplient leurs succursales à Nouméa... On importe camions et tracteurs par centaines.

Bien sûr, la main-d'œuvre manque. De la métropole vont alors arriver, en trois ans, 15 000 immigrants attirés par les échos du vertige calédonien. Et par la propagande officielle : « Devenez riches en Nouvelle-Calédonie. » Comme on manque aussi de logements, les loyers quadruplent, quintuplent : « Certaines villas coûtaient jusqu'à 100 000 francs CFP (5 500 F) de loyer mensuel. Encore fallait-il payer cash deux années d'avance. » Au début la pénurie est telle que non seulement les camping affichent complet mais que quelques immigrés dorment sur la plage...

Une spéculation immobilière effrénée s'ensuit, qui diffuse l'inflation dans tous les secteurs de l'économie. Nouméa, hier encore sous-préfecture coloniale étirée de la place des Cocotiers à l'anse Vata, se hérisse d'immeubles et de cités HLM. L'escalade des prix accompagne (ou précède) celle des salaires. La main-d'œuvre est un trésor que se disputent les sociétés et le SMIG lui-même augmente de 19 % en une seule année. Très vite, tous les cadrans du tableau de bord économique se dérèglent.

Qu'importe ! Le nickel, à qui on a déjà tout sacrifié (agriculture, pêche, tourisme) paraît autoriser une fuite en avant éperdue. Le produit intérieur brut augmente de 46 % en 1970 (contre 12 % en métropole). La production de minerai fait un bond de 63 % et tant d'argent tombe des montagnes que l'on restera sourd aux mises en garde — rares et timides, il est vrai. De même qu'on oubliera volontiers qu'il y a aussi, dans l'aventure, des « laissés-pour-compte ». Mélanésiens surtout. Les Calédoniens les plus vite enrichis achètent des immeubles à Sidney et dépensent fastueusement à Nouméa. « Gardez la monnaie » : c'est une coquetterie, mieux, une philosophie à la mode. Quant au contrôle des prix, c'est tout au plus un vœu pittoresque.

La récession brutale, la crise, est un coup de tonnerre qui, en 1972, va frapper de saisissement toute une société en état de somnambulisme économique. Les causes en sont connues. Crise mondiale d'abord. Double dévaluation du dollar ensuite, qui abaisse de 37 % les prix de vente du nickel métal et menace la SLN. Celle-ci, en déficit malgré une augmentation de sa production, doit réduire ses effectifs de 5 212 personnes en juin 1971 à 3 917 en mai 1973. Les Japonais qui ont constitué des stocks (et que l'on a découragés) réduisent leurs achats. Le nombre des petits mineurs exportateurs de minerai passe de 18 à 12 puis à 7. Licenciements encore. Le chômage fait son apparition dans une ville endettée, étranglée par l'habitude du crédit. Le reflux est à la mesure du *boom* des faillites.

En quelques mois Nouméa tombe de haut. Hier symbole d'opulence, le niveau des prix ligote aujourd'hui l'économie locale, la place hors-jeu sur le marché mondial et freine toute relance. « Les Calédoniens sont trop riches », murmure, dit-on, M. de Rothschild. Abasourdis par ce coup d'arrêt — « sonnés » dit-on à Nouméa —, ils éprouvent en tout cas le sentiment d'avoir été floués. « Qui est le coupable? »

Pour en désigner un, la colère retrouvée va faire jouer quantité de mécanismes anesthésiés jusqu'alors par l'abondance. L'administration? « Elle s'est moquée de nous en encourageant un pseudo-*boom* qu'elle est incapable d'entretenir. » L'afflux des métropolitains? « C'est une invasion intolérable, une machination de l'administration pour casser les partis autonomistes. Que les faiseurs de 5/5 repartent chez eux, et qu'on donne des emplois en priorité aux Calédoniens. »

Mais par-dessus tout, les Calédoniens sont exaspérés par les atermoiements de Paris concernant l'installation d'INCO sur le territoire. « Paris veut mettre sous cloche nos richesses à son profit exclusif. Mais on se moque des intérêts calédoniens. » Quelle histoire! Les grandes manœuvres internationales autour du nickel calédonien dominent depuis près de vingt ans la vie du territoire. Intrigues entrecroisées, manœuvres de coulisses, guerre des nerfs, mystères financiers. Le dossier est ténébreux. On comprendrait pourtant mal les problèmes calédoniens sans référence au « vieux nick ». Et à ses admirateurs.

D'abord l'objectif principal, l'enjeu de la partie : une réserve de nickel si considérable qu'à son égard on parle familièrement d'un diamant. La montagne de Goro, au sud de la Grande-Terre, est un gisement de latérite qui représenterait, selon les estimations, de 30 à 50 % des réserves mondiales géologiques et minières (BRGM).

Qu'est-ce que la latérite ? Un minerai pauvre (de 1,5 à 1,9 %) encore peu exploité à travers le monde. Son traitement nécessite en effet une technique particulière dont la rentabilité est aléatoire. Les réserves de minerai riche (la garniérite) risquant d'être épuisées avant trente ans, les projets actuels s'orientent de plus en plus vers la latérite, « deuxième époque du nickel ». Dans ce contexte, le contrôle de Goro est un enjeu considérable pour l'avenir. Si elle est encore difficile à rentabiliser, l'exploitation des latérites sera, demain ou après-demain, une nécessité. Aucune société, aucun pays producteur ne pourra prétendre conserver sa place sur le marché du nickel si les principales réserves latéritiques lui échappent.

Première leçon à tirer : jusqu'à nouvel ordre, il est plus urgent pour une grosse société de contrôler les latérites (de les « geler ») que de les exploiter. On verra que, pour la Nouvelle-Calédonie, c'est une remarque fondamentale. Face à cette montagne de nickel futur, le principal candidat, c'est l'International Nickel Company (INCO). Premier producteur mondial, elle domine le marché, fixe les cours, et possède — à la différence de certains concurrents — une technique éprouvée de traitement des latérites. Depuis fort longtemps, l'INCO s'intéresse à celles de la Nouvelle-Calédonie.

Elle avait acquis, dès 1959, des droits propres sur un gisement jouxtant Goro et appartenant à un grand propriétaire calédonien : le « domaine Pentecost ». Son installation « prochaine » dans le territoire avait été annoncée officiellement aux Calédoniens dès 1966, sur la place des Cocotiers, par le général de Gaulle. Annonce « historique », imprudente peut-être et qui avait été — semble-t-il — l'aboutissement d'obscures manœuvres de coulisse. A Nouméa, en tout cas, elle avait fait germer les espoirs les plus débridés.

Pour le gouvernement français, l'installation en Nouvelle-Calédonie d'un groupe américano-canadien aussi puissant comporte un risque évident. Économique d'abord, et même politique. Le nickel, minerai stratégique, est un des nerfs de l'indépendance nationale. La volonté de Paris a donc été, dès le début, de ne pas admettre l'installation d'INCO sans lui faire accepter, au préalable, une association avec des intérêts frança capables de faire pièce à son influence. « D'accord pour Goro, mais avec nous et sans leadership américain. »

On s'efforça en 1969 d'associer INCO à un conglomérat de sociétés et de banques françaises au sein de la Compagnie française industrielle et minière du Pacifique (Cofimpac). INCO investit 23 millions de dollars dans l'opération qui échoua. Le géant américano-canadien estima dès lors qu'il avait acquis des droits « imprescriptibles » sur le nickel calédonien.

Se retrouvant en 1972 face à l'inquiétante solitude d'INCO, Paris n'était toujours pas disposé à accepter ce qu'on considère encore comme une mainmise sur le patrimoine national. Que faire? La stratégie française pouvait se ramener *grosso modo* à deux principes de base.

Premier principe : placer d'abord INCO au pied du mur en exigeant des engagements fermes et un projet d'exploitation immédiate. On n'a jamais cessé de mettre en doute, en effet, la volonté de l'entreprise canadienne de créer réellement une usine, d'exploiter à court terme les gisements en contribuant ainsi à la relance de l'économie calédonienne. Il s'agissait donc, en somme, de faire remplir le chèque par son destinataire avant de le signer.

Second principe : trouver, après le naufrage de la Cofimpac, un autre partenaire français capable de contrebalancer l'influence d'INCO et de sauvegarder l'intérêt national. Après plusieurs recherches infructueuses, on pense avoir trouvé l'introuvable depuis la fin de l'année dernière : la Société nationale des pétroles d'Aquitaine (SNPA), que l'on savait soucieuse de diversifier ses activités et qui avait été sollicitée dès 1971.

La SNPA cependant entretenait des relations d'affaires avec la deuxième grosse société américaine productrice de nickel : Free Port Minerals. Concurrente numéro un d'INCO, cette dernière pouvait apporter, outre sa technologie et sa puissance, un avantage de poids : une expérience déjà ancienne du traitement des latérites. Free Port a exploité, en effet, des minerais latéritiques à Cuba avant d'en être chassée par la révolution castriste (avec au moins la bénédiction d'INCO). Depuis lors Free Port a construit à Green-Vale, en Australie, une usine pilote qui traitera des latérites comparables à celles de la Nouvelle-Calédonie. Pour la SNPA, un associé idéal.

Aussi propose-t-elle au gouvernement français : « Acceptez une association Free Port-SNPA en Nouvelle-Calédonie. » C'est la seule façon de conserver la majorité du capital tout en bénéficiant de la technologie américaine. Paris accepte. En novembre 1972, la SNPA qui a fait — tardivement — quelques prospections sur Goro, dépose donc un projet d'usine dont la capacité initiale de production devrait être de 25 000 tonnes par an. Premier lingot prévu pour 1977. INCO, de son côté, pour répondre aux exigences de la France, a déposé un projet comparable : 20 000 tonnes au début, 100 000 tonnes plus tard. Démarrage possible en 1977. INCO a pris la France au mot.

En janvier 1973, Paris se trouve dès lors en présence de deux propositions concurrentes. A droite INCO, à gauche le tandem SNPA-Free Port. Au centre, le « diamant » calédonien. Les atermoiements et les hésitations vont néanmoins se poursuivre, au grand dam de l'opinion calédonienne qui perd patience.

A Nouméa, on éprouve le sentiment désagréable d'avoir une fortune à portée de la main sans pouvoir la saisir. Pour cause de haute politique. Les Calédoniens se sentent ainsi les pions d'une grande partie internationale, et devinent qu'on leur cache pas mal de cartes. La crise économique aiguë que traverse le territoire exacerbe naturellement cette mauvaise humeur.

En réalité, s'ils attendent « une » deuxième usine depuis longtemps, les Calédoniens ne font pas mystère de leur préférence. Elle a été clairement exprimée par l'Assemblée territoriale et l'Union calédonienne : « Qu'on laisse venir INCO. » Ce choix « américain » peut, *a priori*, surprendre de la part de citoyens français. Il s'explique. D'abord, INCO frappe aux portes du territoire depuis si longtemps que son admission éventuelle est spontanément assimilée — à tort ou à raison — au développement économique, miracle tant attendu. En outre, comme se plaît à le répéter le gouverneur, les Calédoniens, fortement marqués par le séjour de 200 000 soldats américains en 1942, seraient restés très sensibles à la puissance technologique américaine. Pour briser le fâcheux monopole de la Société Le Nickel, ils comptent plus sur INCO que sur une solution de rechange « à la française ».

Ensuite, ce n'est un secret pour personne, quelques leaders politiques calédoniens ont avec INCO des liens beaucoup plus concrets. Des promesses ont été faites, des options prises qui font faire quelques rêves « américains » à Nouméa. Est-ce vraiment pousser trop l'analyse que de suggérer même la persistance en ville de songeries vaguement « katangaises » ou « rhodésiennes »? INCO n'a pas seulement des amis à Nouméa, mais aussi des clients...

Au demeurant, la patience extrême que l'on exige aujourd'hui des Calédoniens au nom des « intérêts supérieurs de la France » suppose de leur part une abnégation patriotique qui ne va pas de soi à 20 000 kilomètres de Paris. La métropole a-t-elle beaucoup fait pour entretenir cette flamme sentimentale?

Pour Paris, la décision est à la fois urgente et difficile. Comment trancher? On peut rompre avec une politique et céder aux exigences d'INCO. Mais cela n'irait pas sans risque. On n'introduit pas impunément un partenaire de cette taille dans un territoire lointain et turbulent. On peut au contraire donner la préférence aux intérêts français, ce qui revient à écarter INCO. Solution tout aussi dangereuse. Dans les milieux américano-canadiens, en effet, on ne paraît guère disposé à lâcher 23 millions de dollars et un « diamant » sans réagir. Alors?

Examinée froidement, l'attitude du gouvernement français n'est pas sans reproche — tant s'en faut. Tout se passe comme si l'on reculait sans cesse devant une solution nette. Par faiblesse ou par calcul, ce qui revient au même, Paris semble résolu, au fond, à faire définitivement barrage à INCO. Les confidences que l'on peut recueillir dans les ministères semblent l'indiquer. Alors pourquoi ne pas le dire clairement? Pourquoi choisir cette interminable partie de poker où l'on espère décourager le partenaire en faisant monter les enchères — fausses promesses et atermoiements qui soumettent les Calédoniens à une douche écossaise. A-t-on choisi de laisser pourrir une situation que l'on n'a pas le courage d'éclaircir?

Après des années de sur-place et de faux-semblant, la France tourna provisoirement la difficulté en favorisant l'installation, dans le nord du territoire, du groupe Patino Mining Corporation. Quant au « diamant de Goro », on résolut de le partager en deux : une moitié orientale pour la SNPA, l'autre moitié mise en réserve pour deux ans. En février 1975, INCO fit savoir qu'il était toujours candidat.

Mais entre-temps la situation a évolué en Nouvelle-Calédonie. Même si une tendance à la reprise est enregistrée aujourd'hui sur le marché mondial du nickel, la conjoncture reste mauvaise. L'inflation exceptionnelle qui y sévit depuis 1969, le niveau des salaires et l'augmentation des coûts de production sont allés de pair avec une baisse des prix de vente — en francs — du nickel. Les difficultés considérables dans lesquelles se débat la SLN en sont une illustration. Paradoxe : le territoire paraît ainsi condamné à ne pouvoir produire que du nickel subventionné.

En outre, les avantages fiscaux que doivent réclamer les sociétés ne font pas de leur installation une si bonne affaire.

Alors ? S'il leur reste un brin de vivacité après avoir examiné pour la dixième fois toutes les pièces du dossier, les interlocuteurs que l'on rencontre à Nouméa s'épongent le front et parlent de « l'échec de la politique française ». D'autres sentent « de la violence dans l'air ». L'impression dominante est celle de tourner en rond. Ce n'est pas sans danger. En physique comme en politique, tourner en rond n'a jamais produit qu'une seule catégorie de forces : centrifuges.

Est-il sérieux, ce conseiller territorial qui vous parle de guérilla et trace sur la nappe du restaurant les contours des objectifs « vulnérables » ? Sérieux, ce fonctionnaire évoquant à tout bout de champ l'efficacité des forces de l'ordre ? Sérieux, ces jeunes gens qui voient en l'administration une « armée d'occupation » ? Et même ce métropolitain proche de la retraite, installé depuis quinze ans en Nouvelle-Calédonie où il comptait finir ses jours, et qui laisse entendre tristement : « Je ne suis pas optimiste. L'avenir politique est sombre. Avec ma femme, nous cherchons une maison en France » ?

Certes, le pays est trompeur. L'exiguïté du territoire, son éloignement, le tempérament de ses habitants, tout cela produit une manière de spécialité locale : l'exaspération politique. Nouméa bourdonne sans cesse de querelles, de polémiques théâtrales rapportées par l'hebdomadaire satirique *Voix du Cagou* sur un ton d'apocalypse, des tumultueux démêlés des gouverneurs successifs avec l'ex-député Maurice Lenormand, leader de l'Union calédonienne. Ici, même des affaires de chef-lieu de canton prennent l'allure d'un drame planétaire. Le pessimisme exagéré est donc un mal endémique qui guette le visiteur. « Il faut que je m'aère de temps en temps pour garder le sens des réalités », nous confiait un homme d'affaires métropolitain.

Ces dernières années, toutes agitées de soubresauts économiques, ont été marquées aussi par une radicalisation politique extrêmement rapide. Visitant Nouméa en janvier 1975, M. Olivier Stirn découvre sur les murs de la salle de séance de l'Assemblée territoriale des slogans explicites : « Stirn va-t-en! », « La Calédonie aux Calédoniens. » On trouve même dans les locaux de l'Assemblée trois pains d'explosifs reliés à un détonateur.

Que se passe-t-il donc en Nouvelle-Calédonie?

A l'escalade des mots correspond, dans une certaine mesure, une crispation des attitudes. Deux facteurs contribuent à tendre l'atmosphère. Le nickel, bien sûr, qui est, plus que jamais, au centre de toutes les passions. Mais aussi la présence sur le territoire de deux communautés — blanche et noire — qui, depuis toujours, s'observent avec inquiétude.

La force politique dominante reste l'Union calédonienne dont le candidat, M. Rock Pidjot, député sortant, a été réélu en mars 1973. L'histoire de l'Union calédonienne, parti autonomiste, est liée à celle d'un pharmacien originaire de Mâcon : Maurice Lenormand. Marié à une Mélanésienne fille d'un grand chef des îles Loyauté, celui-ci aura beaucoup fait pour sortir les Canaques de leur assujettissement colonial.

Poussé jadis vers la politique par des missions catholiques et protestantes qui furent les premières à s'émouvoir du sort réservé aux Mélanésiens, M. Lenormand, élu député en 1951, s'appuya sur la communauté noire, alors majoritaire, qui venait tout juste d'accéder à la citoyenneté politique. Parti mélanésien quoique dirigé par des Blancs, l'Union calédonienne — « deux races, un seul peuple » — se présente ainsi tout à la fois comme le défenseur des Noirs à l'intérieur du territoire et l'avocat de tous les Calédoniens face à l'administration. C'était parier au départ sur une communauté d'intérêts qui devint par la suite moins évidente.

Maurice Lenormand, homme fort de Nouméa, paraissait en tout cas promis à un destin politique sans concurrence. En 1963 il fut pourtant déchu de son mandat de député [1] et disparut du devant de la scène jusqu'en 1971. Reprenant alors la tête de l'Union calédonienne, il trouva une situation politique sensiblement altérée et peut-être à jamais. L'alliance entre Européens et Noirs était en effet remise en question, et l'administration s'accorde aujourd'hui le luxe d'encourager un processus de désagrégation qui sert la métropole.

Que s'est-il passé entre 1963 et 1971? Les intérêts des Calédoniens blancs embourgeoisés et ceux des Mélanésiens sont devenus divergents sur bien des points. Pour les premiers, qui contrôlent l'appareil de l'Union calédonienne, l'objectif essentiel est de reconquérir une autonomie interne enlevée au territoire en 1963 avec l'abrogation de la loi-cadre. Mais pour les Calédoniens blancs, ce concept d'autonomie interne revêt une signification bien précise. Elle leur permettrait, avant tout autre chose, de disposer eux-mêmes de leur nickel.

« De le brader », précisent les UDR. « Si nous avions l'autonomie interne, l'INCO serait déjà installé en Nouvelle-Calédonie », soupire en tout cas le député mélanésien Rock Pidjot. Et les anti-autonomistes de faire observer que M. Lenormand s'est constitué depuis 1951 sur la « Grande-Terre » un domaine minier personnel considérable, que ses intérêts sont liés désormais à ceux du grand capitalisme. Peut-on être à la fois riche « petit mineur » et défenseur des Noirs opprimés? L'Union calédonienne s'accommode difficilement de cette contradiction.

Pour ses dirigeants actuels, la revendication prioritaire se ramène à un slogan : « Abrogez les lois scélérates. » Il s'agit des lois Billotte de 1963, parmi lesquelles deux touchent au sacrosaint nickel. La première, la loi minière, soumet à l'autorisation du gouvernement français toute transaction concernant le métal : location de concession, licence d'exportation, etc. « En somme, on vole à un territoire son patrimoine minier pour le faire gérer

---

1. M. Lenormand avait été condamné à un an de prison avec sursis pour « complicité de dynamitage » de l'immeuble qui abritait le journal de son propre parti. Épisode confus et rocambolesque, qui n'a jamais été tout à fait éclairci.

par des irresponsables », commente M. Lenormand. Il n'était pas possible, répond l'administration, d'abandonner des richesses stratégiques de cette importance à des élus locaux. La deuxième, la loi fiscale, réserve à l'État (et non plus à l'Assemblée territoriale) le privilège d'accorder des exemptions fiscales aux grandes sociétés minières. On fait valoir, chez le gouverneur, que l'administration est mieux placée pour défendre les intérêts de la France dans le territoire. Réflexion d'un fonctionnaire : « Sans vouloir faire de procès d'intention, combien coûterait à une grande société de s'acheter une majorité à l'Assemblée territoriale? » Dans tous les cas, il s'agissait donc de soustraire les réserves de nickel au contrôle exclusif des Calédoniens.

La question de fond demeure bien celle-ci : les intérêts de la métropole correspondent-ils toujours avec ceux de la Nouvelle-Calédonie? Aujourd'hui, ils vont à contre-courant. Qui reprochera dès lors aux Calédoniens, frappés par la récession, de chercher à vendre leur sous-sol au plus offrant, fût-il américain? Mais qui contestera à la métropole le droit de les en empêcher? Admettrait-on que le Béarn dispose seul du gaz de Lacq? Non, répondent les Calédoniens, mais la Nouvelle-Calédonie n'est pas tout à fait le Béarn. La fiction juridique qui fait d'une île du bout du monde, à 20 000 kilomètres de Paris, un morceau du territoire national montre là ses limites. A Nouméa, on est calédonien avant d'être français.

La querelle du nickel débouche de façon logique sur le problème de l'indépendance. Une future Rhodésie? Les adversaires de M. Lenormand ont toujours accusé celui-ci de « penser à l'indépendance " blanche " en parlant d'autonomie interne ». Les dirigeants de l'Union calédonienne s'en défendent. Pour eux, la revendication autonomiste reste une affaire de famille et tout le monde, à Nouméa, vous parlera de l'attachement — supposé — des Calédoniens pour la francophonie. Perdue en plein Pacifique dans un environnement anglo-saxon, la Grande-Terre sait fort bien qu'en rompant totalement avec la métropole, elle risquerait de remplacer un colonialisme par un autre. « Si nous voulions l'indépendance, nous le dirions clairement, ajoute M. Lenormand. L'autonomie dans le cadre français, c'est pour nous une garantie contre l'attraction anglo-saxonne, et notamment australienne. »

Mais cette ligne politique prudente n'est plus aussi assurée qu'il y paraît. Pour une raison bien simple : l'Union calédonienne, encore majoritaire, a cessé d'être l'élément moteur de la politique locale. Depuis 1970, des partenaires nouveaux sont venus perturber le jeu traditionnel. Et M. Lenormand, s'il veut garder le contrôle de la situation, devra s'efforcer de « suivre » un cap qu'il n'est plus seul à fixer.

Tout a commencé, en 1971, par une scission à l'intérieur de l'Union calédonienne. Un élu mélanésien, vice-président puis président de l'Assemblée territoriale, M. Yan Celene Uregei, se sépara de M. Lenormand pour fonder l'Union multiraciale. Raison invoquée : « Nous nous étions rendu compte qu'on se servait depuis trop longtemps des Mélanésiens pour gagner les élections, explique M. Celene. L'Union calédonienne avait changé d'orientation politique et trahi sa mission initiale. Les Mélanésiens ne font plus confiance aux Blancs. » Tout en faisant amende honorable. M. Lenormand accusera les « multiraciaux » — avec quelque raison, semble-t-il — d'avoir été circonvenus par l'administration, manipulés pour tout dire. Toujours est-il que la création de l'Union multiraciale, encouragée par certains fonctionnaires, n'était jamais que le symptôme d'une prise de conscience des Mélanésiens et de la jeunesse calédonienne. Fruit inattendu du retour sur le territoire des étudiants, blancs ou noirs, qui avaient « fait » mai 1968 à Paris, et qui se mettaient à parler, à Nouméa, un langage inconnu jusqu'alors.

Une maladresse de l'administration accéléra d'ailleurs cette naissance d'une sorte de gauchisme calédonien : l'arrestation et la condamnation, en mars 1972, d'un étudiant mélanésien, fils d'un grand chef de l'île de Maré, M. Nidoish Naisseline. Accusé d'avoir manqué de respect à un administrateur, il fut incarcéré. Premier résultat : le regain de popularité d'un groupuscule noir très actif, les « Foulards rouges » qui, réinventant la notion de culture canaque, se mirent à parler sur un autre ton des droits du peuple mélanésien à disposer de lui-même. Une voix discordante dans un concert de connivences intéressées. Les Foulards rouges, qui avaient été à l'origine de l'Union multiraciale, s'en séparèrent, trouvant ses dirigeants trop mous.

Dans le même temps, du côté des jeunes Calédoniens blancs, la même effervescence idéologique se manifestait, réveillant en sursaut la petite société conservatrice de Nouméa. Quelques incidents eurent lieu en 1969, 1973 et 1974, réprimés avec brutalité par la police.

Face à ces jeunes gens qui parlent désormais crûment de « nation calédonienne », le vieux parti de M. Lenormand fait preuve d'une prudente sollicitude. « Lenormand essaie de récupérer les Foulards rouges et les gauchistes », clame l'UDR. Peut-être. Mais on ne récupère pas des extrémistes sans faire au moins un bout de route avec eux. L'Union calédonienne paraît condamnée à durcir de plus en plus son attitude autonomiste ou à perdre sa place.

Il en va de même de la plupart des formations autonomistes poussées de plus en plus vers des positions radicales. En juin 1975, l'Union multiraciale de M. Yan Celene Uregei bouleverse les données de la politique calédonienne en prenant position en faveur de l'indépendance, en réclamant qu'un référendum soit organisé sur cette question et en envisageant même l'envoi d'une délégation à l'ONU... Raison officielle invoquée : Paris vient de refuser une fois de plus de prendre en considération le projet de réforme du statut territorial présenté par les groupes autonomistes. La délégation des autonomistes calédoniens en visite à Paris en juin 1975 a réclamé, en vain, d'être reçue par le chef de l'État. Enfin des autonomistes soupçonnent la France de préparer une départementalisation du territoire [1]. En annon-

---

1. Ce qui est effectivement envisagé si l'on en croit les confidences recueillies rue Oudinot en janvier 1976.

çant sa nouvelle ligne politique, l'Union multiraciale rend le gouvernement français responsable du non-respect des aspirations de la majorité de la population et dénonce la volonté colonialiste de Paris de baser sa politique « sur le seul nickel, sans se soucier du peuple calédonien et en particulier des Mélanésiens ». Les Mélanésiens? Cette radicalisation de la politique calédonienne demeure incompréhensible sans référence à l'extraordinaire bouillonnement qui agite depuis quelques années les « tribus », au réveil canaque qui prend fonctionnaires et politiciens locaux au dépourvu.

Quoique majoritaire au sein de la population calédonienne, les Canaques-Mélanésiens n'avaient, hier encore, guère plus de droits et d'avantages que les Bantous d'Afrique du Sud. Petits, trapus, noueux, ceux dont on rappelle volontiers l'anthropophagie d'autrefois avaient renoncé à toute résistance antiblanc après 1878 et la terrible répression qui suivit la dernière révolte canaque. Répression qui, en douze années, diminua de moitié une communauté autochtone chassée de ses terres par la colonisation, victime des dévastations causées aux cultures traditionnelles par les troupeaux « blancs ». Déportation, guillotine et travaux forcés achevèrent de briser une résistance qui n'avait pas été, de son côté, exempte de cruauté.

On craignit un moment que la race mélanésienne — à l'instar des aborigènes d'Australie — ne finisse par s'éteindre doucement. Après 1930 pourtant, un redressement démographique spectaculaire et un début d'assimilation autorisèrent l'administration à parler du « miracle canaque ». Cantonnés dans de vastes réserves — surtout aux îles Loyauté —, évangélisés, « civilisés » et scolarisés par les missions, les Mélanésiens sauvés de la disparition n'en demeurèrent pas moins des sujets de seconde zone. Réservoir de main-d'œuvre bon marché, condamnée à l'esclavage légal, prisonnière du droit coutumier qui est un frein à l'émancipation, la communauté canaque se trouvait pénalisée au surplus par une infinie diversité de coutumes, de tribus et même de langues. On ne compte pas moins de 24 langues vernaculaires différentes sur la Grande-Terre. Il n'y a pas d'unité ethnique véritable parmi ces tribus qui s'ignorèrent longtemps ou se combattirent d'une vallée à l'autre.

Qu'elles aient disparu ou non, les attitudes racistes du *Caldoch* blanc d'hier à l'égard des Noirs calédoniens ont de quoi faire sursauter. Le scandale, d'ailleurs, est-il tellement ancien? Ce n'est qu'en 1946 que furent abolis par décret « l'indigénat » et le travail forcé. En 1948 seulement, les Mélanésiens accédèrent au statut de citoyens. Ils votèrent pour la première fois en 1951. Jusqu'en 1952, enfin, les jeunes Mélanésiens ne pouvaient fréquenter les collèges et devaient se contenter, dans le meilleur des cas, du certificat d'études.

Le premier bachelier noir de Nouvelle-Calédonie — M. Wathadaly — n'obtiendra son diplôme qu'en 1962. Aujourd'hui encore on compte à peine 36 bacheliers autochtones (sur 52 300 Mélanésiens). Sur les 250 élèves de terminale recensés en juillet 1973 à Nouméa, combien y a-t-il de Mélanésiens? 14 exactement, soit 6 % du total. Le « miracle canaque » reste une formule.

S'ils sortent cependant peu à peu de leur ghetto tribal et bénéficient désormais des avantages longtemps réservés aux Blancs (allocations familiales, salaires égaux, droits civiques), les Mélanésiens doivent l'essentiel de ces « conquêtes » à l'action des missions religieuses et de l'Union calédonienne. Cela explique l'influence considérable que conservent les églises catholique et protestante en milieu canaque et la popularité dont jouit encore dans les tribus l'ex-député Maurice Lenormand, leader blanc du parti autonomiste.

Aujourd'hui, le visiteur pressé peut se laisser abuser par les apparences. Dans les rues de Nouméa, pas de tension raciale perceptible. En brousse, les Mélanésiens, « doux, gentils et fidèles » selon la terminologie officielle, accueillent les visiteurs avec un remarquable sens de l'hospitalité. Les maires et les « petits chefs » coutumiers à qui l'administration distribue

force médailles et gâteries, manifestent un loyalisme ostentatoire. Comparé au niveau de vie de la plupart des peuples sous-
développés, celui des Mélanésiens est plus que convenable.
On vous énumérera, à Nouméa, tous les signes extérieurs de
la richesse mélanésienne : voitures, télévisions, réfrigérateurs,
etc. Et les dépliants touristiques montrent avec une sorte d'attendrissement paternel les « dames canaques » en « robe de mission » qui jouent au cricket sur les terrains de l'Anse-Vata.
Vision apaisante.

L'existence des réserves-refuges contribue d'ailleurs à masquer
certains phénomènes comme le chômage ou la misère spectaculaires sous d'autres cieux. En Nouvelle-Calédonie, un travailleur
mélanésien qui perd son emploi « retourne en tribu ». Il y est pris
en charge par la communauté. Pas de vrais bidonvilles à Nouméa
(du moins pour les Mélanésiens), ni de « misère indigène »...

Les partis politiques calédoniens, de l'UDR à l'UC, mettent
tous en avant des leaders noirs. Le président de l'Assemblée
territoriale, M. Michel Kauma, est un Mélanésien, le député
du territoire, M. Rock Pidjot, également. Un embryon de bourgeoisie canaque s'est constitué. Autant de signes qui paraissent
démentir l'existence d'un problème noir en Nouvelle-Calédonie.

On pourra être surpris, dans ces conditions, par la multiplication de symptômes moins rassurants depuis quelques années :
attaque d'un commissariat dans l'île de Maré en 1969, création
de partis noirs revendiquant, non plus « l'indépendance calédonienne », mais « l'indépendance canaque » (Union multiraciale,
Foulards rouges, Awa, « groupe 1878 », etc.) et surtout persistance
d'un vague sentiment d'inquiétude chez les Calédoniens blancs.

« Même s'ils le nient aujourd'hui, les Blancs de Calédonie
n'ont pas vu sans soulagement l'immigration métropolitaine venir
rétablir, à l'avantage des Blancs, un équilibre démographique
qui se trouvait compromis », affirme-t-on au haut-commissariat.

Écoute-t-on réellement les voix nouvelles qui montent aujour-
d'hui des tribus et qui s'expriment parfois de façon naïve?
« Qui ne voit que notre peuple et notre terre se sont endormis

il y a cent dix-neuf ans, quand la vague conquérante de l'Europe nous submergea? Et aujourd'hui devant nos yeux à tous, cette belle princesse alanguie sur les flots bleus du Pacifique se réveille. On la croyait moribonde, endormie définitivement, anesthésiée par ce modernisme et l'assimilation culturelle. Peut-être même résignée [1]. » Ou encore cette protestation : « Nous ne sommes plus des sauvages, plus des illettrés, nous ne sommes plus des enfants. »

En fait, les revendications des Mélanésiens procèdent d'un double ressentiment : politique et surtout culturel. Politique, lorsqu'il s'agit de lutter contre le grignotage des réserves, pour un règlement équitable du problème foncier, pour une Calédonie autonome, pour une meilleure répartition des richesses tirées du sous-sol, contre une extension du domaine public aux eaux territoriales considérées par les tribus comme partie intégrante des réserves, contre l'interdiction des journaux en langue vernaculaire, etc.

Mais la revendication culturelle, le refus d'une assimilation brutale au système industriel, la proclamation d'une « identité canaque » demeurent les points essentiels et nouveaux. Le jeune Mélanésien d'aujourd'hui est déchiré entre deux univers : le « système nickel » de Nouméa (salaire, niveau de vie, promotion individuelle) et la tribu, qui demeure le lien vital, le refuge communautaire soumis aux traditions et à la coutume. La vie quotidienne balance ainsi d'un monde à l'autre. Quant aux choix à faire, ils sont source de tension entre générations et d'une anxiété générale qui n'est pas étrangère aux ravages causés par l'alcoolisme en milieu mélanésien.

Après des années de silence résigné et d'assimilation pure et simple, le « réveil canaque » (c'est aussi le titre du journal de l'Union multiraciale) marque un retour volontaire vers une civilisation mélanésienne dont on redécouvre l'existence — et même sur certains points la supériorité : solidarité tribale contre

1. Déclaration de M. Manané Abraham, délégué de l'île de Maré, au congrès de l'Union multiraciale en 1972.

individualisme, sagesse ludique contre culte de l'argent, etc. « Avec les Foulards rouges et le mouvement Personnalité canaque, nous avons voulu faire une sorte de retour aux sources, dit M. Naisseline, mais nous nous sommes rendu compte qu'il y avait désormais une faille. Qu'on le veuille ou non, nous avons désormais acquis des valeurs nouvelles dans le système industriel. Lorsque nous revenons dans les tribus, c'est un peu en étrangers. » Les Mélanésiens ne réclament plus seulement leur intégration dans la société calédonienne moderne, mais aussi le « droit à la différence ».

L'administration métropolitaine paraît avoir, elle aussi, redécouvert les Mélanésiens qu'elle s'efforce d'attirer dans son camp. Ce que semble redouter en effet le haut-commissariat, c'est une alliance de fait entre autonomistes blancs en colère et Mélanésiens contre la tutelle « coloniale ». Alliance qui fait depuis vingt ans le succès de l'Union calédonienne et des autonomistes. Alliance que proclament aujourd'hui avec détermination les jeunes extrémistes de l'Union des jeunesses calédoniennes (UJC).

En visitant sans relâche les tribus, en jouant volontiers les municipalités indigènes contre l'Assemblée territoriale [1], en flattant le souci de respectabilité un peu naïf des chefs coutumiers, l'administration tâche de conquérir les suffrages d'une communauté à qui elle répète en substance : sans la métropole vous seriez livrés au racisme des Blancs. Ce qui n'est d'ailleurs pas sans fondement. Pourtant, tant de sourires parviennent mal à dissimuler tout à fait une détermination répressive qui subsiste et se révèle au moindre témoignage d'irrespect.

On peut toujours soutenir que la France est justifiée de vouloir garder *son* nickel, mais non que la répression soit une politique durable. A brève échéance tous les problèmes franco-calédoniens risquent de se ramener à une seule question : combien de gardes mobiles la France veut-elle envoyer à Nouméa ?

---

1. La loi Billotte de 1963 a enlevé à l'Assemblée territoriale la gestion des subventions aux communes. Elle impose une répartition et rattache directement les finances locales à la métropole.

Ballade wallisienne

Mata-Utu (île Wallis), août 1973.

C'est elle! Celle des rêves de l'enfance. Introuvable en Polynésie, ratée à Nouméa, la voilà! L'île tiède et languide, oubliée
sous les alizés. Pas un visiteur qui ne « reconnaisse » Wallis
en y débarquant pour la première fois.

Sur un aérodrome de poupée se presse déjà une foule rieuse
chargée de colliers, de *tapas* et de fleurs de tiaré. Surprise!
Ici chaque visage est encore un Gauguin. Un peu Tahiti, bien
sûr — les habitants sont des Polynésiens —, mais sans touristes
ni Jumbo-Jet, sans hôtels ni bousculades cosmopolites. Sans
bombe atomique... Voici deux ans, Wallis n'était reliée au monde
extérieur qu'une fois tous les quarante-cinq jours, par bateau.
Seuls visiteurs, les passagers de cotres australiens ou néo-
zélandais venus s'embosser pour une brève escale dans les baies
du lagon. Aujourd'hui, la caravelle d'UTA venant de Nouméa
se pose trois fois par mois à Wallis. Mais la « révolution » qu'elle
introduit n'a pas encore tout changé.

Les premiers pas sont naturellement rêveurs dans ce royaume
antipode de 11 kilomètres sur 6. Et les plaisirs du premier jour
comme chargés de réminiscences. Car enfin... Ces chemins de
terre ocre courant sous les touffeurs tropicales. Ces reflets
intacts du lagon qu'entoure, en pointillé sur le récif, un collier
de *motus* (îlots) lumineux. Cette luxuriance fleurie et odorante,
ce carnaval d'hibiscus et de frangipaniers traversé en flèche par

la silhouette des petits oiseaux coureurs. Ces nuits brusques sans crépuscule, qui rassemblent devant la mer des colloques paresseux hérissés de guitares... Retrouvailles plus que découverte.

Une seule envie bien sûr : en rester là, à ces images retrouvées. Puis, retourner vers le métro et Paris, porteur d'un inimaginable secret. *Elle* existe!

Impossible!

Cinq jours de curiosité suffisent à brouiller la belle image. Wallis-paradis n'était pas autre chose qu'un reflet dans le miroir de notre imagination. Mauvaise nouvelle. *Notre* île du Pacifique n'est pas tout à fait celle des Polynésiens qui l'habitent; pas plus que notre Paris quotidien n'est celui — pétillant et empaillé — des touristes yankees. Savez-vous à quoi rêvent ces mioches qui lancent encore leurs pirogues à balancier sur le lagon? A quitter Wallis pour les banlieues lointaines, polluées et fascinantes de Nouméa. A fuir l'ennui. Tout comme rêvent de fuite — mais à l'envers — les gamins de La Courneuve.

Comment dire tout cela à M. Dupont, contribuable de la Seine-Saint-Denis? Même si Wallis n'est pas bien grande ni très nombreux ses habitants (5 000), ils sont considérables les témoignages qu'on y recueille. Et les leçons qu'on y trouve. Sur la vie tordue et le bonheur plus compliqué qu'on croit, sur l'argent et le soleil, Dieu et le quotidien...

Il faut visiter — et raconter — avec une attention précautionneuse. On manie du rêve.

De la mer au retour de pêche, du plus loin qu'on aperçoive le rivage, une silhouette écrase encore l'horizon. Dominant les *falés* [1] wallisiens, le bureau de poste et même le « palais » du roi, c'est celle — massive et carrée — de la cathédrale de Mata-Utu. Épaisse comme une pyramide, solide, vaguement incongrue au-dessus des cocotiers... Imaginons Notre-Dame de Chartres plantée dans un hameau de l'Ardèche. Même disproportion. Construite en quelques mois, reconstruite, consolidée et agrandie plusieurs fois grâce au travail bénévole des paroissiens, elle triomphe sur Wallis comme triomphait la foi péremptoire des missionnaires catholiques qui firent jadis de ce petit paradis païen une théocratie intraitable.

Quand la goélette *Raiatéa* jeta l'ancre le 1er novembre 1837 en face de Wallis et qu'une pirogue « indigène » amena sur l'île le R.P. Bataillon — premier missionnaire mariste — et deux autres religieux français, ils s'agenouillèrent aussitôt sur le rivage et récitèrent l'Ave Maria Stella. Puis ils se rendirent à Falaleu pour saluer le roi Vai Mua Lavelua.

Wallis — Uvéa en polynésien — était alors un petit royaume tout agité de tumultes et de guerres, vassal de celui de Tonga. Habité depuis le XIIIe siècle par des Maoris venus de Nouvelle-Zélande, il n'avait eu que de rares contacts avec les Blancs dont les navires étaient restés le plus souvent en dehors des récifs. En 1616, le navigateur Guillaume Schouten avait découvert Uvéa et l'avait baptisée île Horn. Un siècle plus tard, en 1767, le capitaine Wallis, à bord de la *Delphine*, redécouvrit cet îlot à qui il donna, définitivement, son nom. Puis, en 1781, le capitaine d'une frégate espagnole crut à son tour être « l'inventeur » d'Uvéa qu'il appela Consolation en souvenir des vivres qu'avaient pu y trouver ses marins affamés.

Fugitives visites. En 1837, le père Bataillon est bien le premier Européen à s'installer durablement dans l'île.

Les habitants d'Uvéa, Polynésiens aux traits un peu lourds et aux mœurs libertines, ne lui paraissent guère dévorés par

---

1. *Falés* : maisons traditionnelles recouvertes de feuilles de pandanus (en Polynésie le *falé* devient *faré*).

l'inquiétude métaphysique. Païens, adorant une multitude de divinités, ils avaient été superficiellement convertis, en 1834, par des missionnaires méthodistes de Tonga. Deux ans plus tard ils n'en avaient pas moins exterminé d'imprudents prosélytes. La religion catholique ne s'imposera donc pas sans résistance et le père Bataillon devra célébrer sa première messe, en cachette, sur un îlot éloigné.

Appuyée sur le roi et sur une partie des chefs coutumiers, la mission parviendra cependant à survivre à plusieurs années de persécutions et convertira finalement les Wallisiens. Tumultueuses années toutes semées de péripéties, de complots, de manœuvres royales, de réconciliations solennelles. Jusqu'à cette conversion en masse de la population, ce retournement mystique favorisé par un miracle au moment précis où les guerriers uvéens allaient faire subir aux prêtres catholiques le sort réservé jadis aux méthodistes. Récit édifiant de Mgr Poncet :

« Le père Bataillon s'avance en face de cette armée païenne. Avec un courage qu'il sentait tenir de Dieu même et plein de confiance en la Sainte-Vierge, il prononce à haute voix et à plusieurs reprises ces paroles du Psaume : " Que Dieu se lève et que ses ennemis soient dissipés. " Les païens s'arrêtent alors, frappés de stupeur, et au bout de trois jours, incapables d'engager le combat, ils se dispersent. C'était la victoire complète pour les chrétiens, sans combat, sans mort ni blessé [1]. »

La citation n'est pas superflue. Elle témoigne d'un état d'esprit missionnaire totalement sûr de lui qui paraît bien anachronique aujourd'hui. Il explique en tout cas comment Wallis va pouvoir devenir, à la fin du XIXe siècle, un royaume catholique totalitaire, rigoureux, inquisitorial dont le drapeau (blanc avec six croix) est frappé du chiffre de la Vierge. Jusqu'en 1970, l'évêque portera le titre de « co-prince » du royaume.

Wallis, tête d'épingle dans l'immense Pacifique-Sud, devient ainsi une « chrétienté fervente », grand centre de rayonnement

---

1. Mgr Poncet, *Petite Histoire succincte de Wallis*, texte polycopié.

missionnaire. C'est de Wallis que partiront les missions vers Tonga, la Nouvelle-Calédonie, les Samoa et les Fidji pour « porter dans ces diverses îles les lumières de l'Évangile ». Et y lutter contre l'influence des protestants anglophones. (Une guerre civile de sept ans opposera même à Wallis les protestants aux catholiques et fera une quarantaine de morts.)

Cette religion était-elle aussi facilement acceptée par les Wallisiens que peuvent le laisser croire tous les débordements spectaculaires de la foi? Pas sûr. A côté des bienfaits, on mesure les dégâts.

Comme jadis aux îles Gambier (en Polynésie), où des hommes et des femmes avaient pu se laisser mourir de faim pour protester contre la religion imposée par les Blancs, les Wallisiens ont manifesté mille et un refus. En 1841, le R.P. Chanel est martyrisé et assassiné à Futuna. Sur les registres d'état-civil tenus par la mission, on trouve de nombreux patronymes suivis de la mention *Folau Hola*, c'est-à-dire « départ fou ». Pour fuir une aussi rigoureuse religion, les habitants — des jeunes — se lançaient hors du lagon sur des pirogues qui n'étaient pas taillées pour la haute mer. Quelques-uns parvinrent à atteindre Tonga où ils fondèrent des villages d'exilés. Beaucoup périrent en mer avant que la mission — pour lutter contre les *Folau Hola* — n'interdise aux Wallisiens de naviguer au-delà du récif. En ruinant ainsi une longue tradition de navigation aventureuse...

Ce n'est qu'un exemple. Toutes les structures sociales traditionnelles, beaucoup de coutumes et de valeurs collectives vont se trouver pulvérisées par la religion ou mieux « détournées », mises à son service. Jadis pêcheurs, les Wallisiens deviennent agriculteurs et se détournent de cette mer dont ils procédaient. Innocemment libertins, ils deviennent dévots ou coupables. Wallis apprend de l'église un concept bizarre : celui du péché. Comme l'âme est rétive et la chair indocile, la nuit qui tombe à dix-huit heures marquera vite une véritable démarcation entre une religiosité ostentatoire et des mœurs païennes qui survivent nuitamment. L'hypocrisie s'apprend vite.

Aujourd'hui, pourtant, la vieille théocratie craque et se fissure sous les coups de boutoirs du monde extérieur. Grâce à l'impulsion de Mgr Darmancier, évêque de Wallis jusqu'en 1974 et grand responsable de l'*aggiornamento*, les survivances désuètes de la rigueur catholique sont petit à petit gommées. Mais cela ne va pas sans tiraillements et « négociations ».

Cette lente — très lente — ouverture au monde d'une île longtemps confinée dans les vapeurs d'encens s'accompagne d'une volonté de désengagement du clergé français. Le premier évêque wallisien a été nommé en 1973. L'Église catholique de Wallis sera bientôt entièrement wallisienne...

Elle devra prendre en charge une population qui dérive de plus en plus entre le triomphalisme d'hier et les tentations d'aujourd'hui. Certes, la foi est encore vibrante à Wallis. Aux dernières élections, des chapelles ont poussé un peu partout dans l'île. La population d'un village, portée vers la nonchalance, réfractaire aux « travaux organisés », est encore capable de mobiliser toutes ses forces et tout son argent pour bâtir une église en deux nuits. La grand-messe du dimanche à Mata-Utu est une cérémonie fantastique et chaque nuit retentit de cantiques. Mais toute cette ferveur apparente, ce remue-ménage mystique dissimulent un profond désarroi, particulièrement sensible chez les jeunes.

Entre les vieilles racines de la coutume qui ne sont pas toutes arrachées, la morale chrétienne qui se dissout lentement et les « signaux » subversifs du monde industriel, se produit un télescopage confus. Alcoolisme, nihilisme, repliement sur soi-même... « Le mal de vivre » fait son apparition à Wallis.

En quelques années, il est vrai, s'est précipité un événement dont la portée sera plus décisive encore pour Wallis que l'arrivée de tous les missionnaires : l'irruption de la civilisation industrielle et le renforcement de l'administration française. Dix voitures nouvelles et autant de scooters arrivent par chaque bateau à Wallis. L'île compte déjà plusieurs centaines de véhicules à moteur et les maisons traditionnelles se couvrent de tôles.

Les mandats, envoyés tous les mois par les Wallisiens émigrés à Nouméa, ont irréversiblement accroché cette île du bout des mers à la plus grande internationale du monde : celle de l'argent, du commerce et du « progrès ».

Ce flux monétaire qui arrive par la poste de Nouméa représente, depuis 1951 (avec les subventions de la métropole), l'essentiel des ressources dont disposent les 5 000 habitants de l'île. Il a tout changé.

Avant les mandats, Wallis vivait encore à peu près en autarcie. Les cultures d'igname et de taro, les poissons du lagon et les feuilles de pandanus (pour le toit des *falés*) suffisaient à satisfaire la frugalité wallisienne : besoins à la mesure des ressources et richesses d'une famille mesurées au nombre de ses cochons. Un seul « accident » de l'histoire — considérable mais fugitif — avait rompu en 1942 un équilibre menacé, il est vrai, par la démographie : le débarquement à Wallis de 6 000 soldats américains engagés dans la bataille du Pacifique. Quadrillage de routes, bases militaires, entrepôts, dollars, gadgets, conserves... La « période américaine » de Wallis dura quatre ans. Comme une parenthèse un peu folle, une ère d'abondance exagérée. Toutes les cultures furent abandonnées, les champs laissés en friches, tant et si bien que l'année qui suivit le départ des GI's, une véritable disette s'abattit sur l'île coupable — selon l'évêque — de « facilité paresseuse ».

Aujourd'hui, l'équilibre autarcique est rompu. Grâce aux mandats, grâce aux dépenses de l'administration française, les Wallisiens accèdent aux dangereux délices de l'état industriel qui leur envoie ses produits du bout des mers. Accèdent? Ils s'y précipitent plutôt dans cette fabuleuse « civilisation de l'argent » avec l'enthousiasme du consommateur débutant. Le scénario est archiconnu dans tout le Pacifique. Voilà des tôles sur les maisons, du ciment qui remplace les bambous, les routes de terre qui s'encombrent de voitures, de scooters, de vélomoteurs, le bruit qui arrive et l'essence, l'électricité depuis 1971, le téléphone aussi (30 abonnés), le cinéma régulier depuis cette année, les jouets en plastique pour les enfants, les robes du supermarché *Una*, et les moteurs pour les pirogues, la bière et la radio, les magnétophones...

Révolution totale à Wallis, elle n'a que l'originalité d'avoir été brutale, ramassée dans le temps, à portée d'un seul regard d'enfant. Par exemple celui de Kalala, douze ans : « Les années passées on faisait la classe dans les cases et, peu à peu, on utilise les salles du nouveau bâtiment. Et il n'y avait pas encore l'électricité. Wallis qui n'avait rien d'extraordinaire est maintenant moderne [1]. » Ici, la génération de Kalala a pu naître au Moyen Age, y vivre son enfance et — le temps d'une puberté — sauter à pieds joints par-dessus dix siècles.

Transformation du paysage, de la vie quotidienne — enlaidissement moderne, diront les touristes que nous sommes —, mais aussi transmutation de l'échelle des valeurs. Regardez-les maintenant descendre de la Caravelle, les émigrés wallisiens, en visite « au pays » : cravatés, chaussés, brinquebalants de transistors, bedonnants de respectabilité. Et regardez les regards autochtones qui considèrent, derrière les grillages d'Hihifo (l'aéroport), ces témoignages vivants de la Vérité, de la Réussite, du Bonheur nouvelle manière. « Les Wallisiens ne comprennent plus le bonheur de leur île, dit, mélancolique, le père Sagato, aumônier des émigrés de Nouméa. Ils cèdent au mirage de l'argent. Rien à faire. Maintenant il faut émigrer pour s'acheter une voiture. Une grosse. Sous peine de frustration. »

Comme on aimerait que — vitesse pour vitesse — ils brûlent toutes les étapes, qu'ils sautent directement du tamouré païen à la croissance zéro...!

Mais l'irruption du matérialisme industriel ne représente qu'une des deux mâchoires du piège qui étrangle désormais

1. Devoir de rédaction cité par le bulletin *le Salésien*, 1973.

les bonheurs tout nus d'autrefois. L'autre mâchoire, c'est la « francisation » accélérée des Wallisiens, l'appesantissement progressif de l'administration métropolitaine à tous les échelons de la vie quotidienne. Corollaire obligatoire, sens unique vers l'avenir : seul, le rattachement de l'île au nickel calédonien et au trésor public français peut continuer d'assurer aux Wallisiens ce qui est devenu un besoin primaire : le niveau de vie.

Cette francisation est allée aussi vite que les mandats. L'accession de l'île au statut de « territoire français » en 1961 a entraîné un renforcement des structures administratives, une multiplication des fonctionnaires. Ils sont maintenant plusieurs dizaines : enseignants, techniciens, juges, gendarmes formant une petite colonie en vase clos. Les Wallisiens, au moment même où la théocratie se libéralisait, tombaient ainsi sous le contrôle tatillon des lois, règlements et jurisprudence de la République française.

Les lois de la République portent en elles — implicite — un véritable catéchisme, une litanie de valeurs désormais obligatoires : rendement, travail, salariat, scolarité, apprentissage. Pour s'imposer — contre les survivances « anachroniques » de la coutume —, elles disposent du redoutable appareil de l'État, flanqué du Code civil à droite, du Code pénal à gauche. Or, considérée depuis Wallis, la « religion industrielle » est au moins aussi triomphaliste que l'était celle des missionnaires du xixe. L'une et l'autre, d'ailleurs, ont un point commun : la certitude un peu niaise d'être irremplaçable.

Combattus jadis au nom de la foi chrétienne, les penchants païens traditionnels le sont donc aujourd'hui au nom de la nécessité économique et administrative. Les vertus deviennent de « pittoresques défauts » : on ne dira plus d'un Wallisien qu'il est sage et joueur mais qu'il est paresseux et inconstant.

A Wallis cependant, la superposition des pouvoirs (liquides de densité différente) n'est que la traduction d'un grand désordre des esprits. L'administration française administre — de plus en plus — les *citoyens*. Mais le roi (élu), Tomasi Kulimoetoké, et ses sept ministres règnent toujours sur les *hommes*. La mission catholique, elle, garde encore les âmes à sa charge. Chacun de ces trois pouvoirs procède d'une idéologie, d'une vision du monde différente, voire contradictoire. Modernité, coutumes, religion : peu de correspondances entre ces trois catéchismes. Les Wallisiens sont coupés en morceaux. « Aliénés », dirait-on à Paris.

Cette personnalité devenue kaléidoscopique, ce déchirement entre trois « identités culturelles » inconciliables ne sont pas l'apanage des seuls Wallisiens. Dans cette île minuscule pourtant les effets de « l'acculturation » sont sans doute mieux observables qu'ailleurs. S'agit-il de choisir entre le statut coutumier ou de droit commun? Entre l'argent et la vie au soleil? Entre la messe et la pêche... Alors on constate dans chaque famille, pour chaque individu, un enchevêtrement compliqué de refus et de fidélité, de volonté d'émancipation et de repliement sur soi-même. Un balbutiement triangulaire.

Première conséquence : l'administration et la petite colonie européenne donnent l'impression de flotter sans vrais contacts au-dessus d'une population (qui ne parle d'ailleurs pas français) dont elle ne saisit que l'apparence « légale ». Les ressorts profonds de la vraie vie wallisienne continuent d'être contrôlés par les chefs traditionnels *(lavelua)*, les nobles *(aliki)* et la coutume. La politique « à la française » (élection du député et du sénateur, des conseillers territoriaux) traduit, quant à elle, d'obscures rivalités de clans ou de familles qui échappent à tout déchiffrage métropolitain.

Chez les Wallisiens, en tout cas, la conscience de perdre peu à peu toutes racines culturelles ranime, par contrecoup, de vieilles nostalgies. On idéalise le *fenua* (la terre, la patrie). Il arrive aussi qu'on refuse d'instinct des entreprises « rationnelles » qui heurtent trop directement une manière d'être. Un exemple : l'échec des beaux programmes agricoles (café, poivre, etc.) établis par les technocrates français. Les Wallisiens ne se sont pas précipités pour mettre en valeur leur île selon des critères européens.

N'insistons pas sur le développement de l'alcoolisme et de la mini-délinquance qui sont partout les symptômes élémentaires du déracinement. Évident à Wallis, il préoccupe désormais l'Église et les chefs coutumiers. Plus significative est la crispation des Wallisiens sur le seul bien tangible qui leur reste : la terre. Pas question de vendre la moindre parcelle du sol à un étranger. Un jeune sociologue, débarqué à Wallis pour étudier les complexités du système foncier coutumier, a été rejeté par le village. On le suspectait (à tort) de préparer on ne sait quelle spoliation légale. A vrai dire, cette méfiance n'est pas tout à fait sans fondement. Autour de Wallis — « île paradisiaque du Pacifique » — rôdent déjà les promoteurs rêvant de tourisme, de paillotes à prix fixe et de grands bénéfices. Wallis leur échappera-t-elle longtemps?

Anglophobie
aux Nouvelles-Hébrides

Port-Vila, août 1973.

Ces fracas de bulldozers, ces immeubles chinois qui bousculent en désordre les villas coloniales à véranda de bois peint; cette poussière rouge des excavatrices qui traque jusque derrière leurs stores d'imperturbables fonctionnaires britanniques en maxi-short et chemise blanche; cette cité démodée fleurie de bougain-villées et d'hibiscus dont l'agencement est rudoyé par une sou-daine enflure de béton; ces cocktails franco-anglais plantés, raides, sur les pelouses de l'une ou l'autre résidence mais qu'em-poisonnent désormais les confidences arithmétiques sur la déva-luation du dollar australien...

Les temps changent!

Voici, avec retard, les fracas du siècle jetés sur une curiosité coloniale qu'on dirait de stuc et de dentelles, une bulle oubliée par 160º de longitude-est entre Nouméa et les îles Fidji. *Money, money*, bénéfices immobiliers, tourisme australien et capitaux nippons, bœufs charolais et poissons congelés, urbanisation sauvage et « marinas » sur le lagon, etc. Le grand commerce débarque avec sa brusquerie et ses trois mille grimaces. Il télescope brutalement un pays somnolent ou du moins sa quint-essence européenne : Port-Vila. « Tout bouge... ».

Que se passe-t-il aux Nouvelles-Hébrides?

Cet archipel était, hier encore, le plus immobile des territoires coloniaux. Insensible aux vents progressistes, négligé par l'opinion internationale, oublié par une époque qui s'intéresse d'abord aux points stratégiques ou aux gisements de quelque chose.

Ici, ni gisements, ni « points », pas de nickel, aucun site nucléaire... Tout juste 60 volcans, 80 000 « bons sauvages » mélanésiens et 6 000 Européens; le tout éparpillé sur une poussière de 80 îlots de corail qui ne produisent guère qu'un coprah dévalué sur le marché mondial. Valeur marchande ou politique du territoire à peu près nulle. Ce détail explique tout. Le colonialisme occidental est arrivé à Port-Vila voici près d'un siècle — un peu par hasard.

Le désintérêt pour ces îles sans trésor, nouvelles Cyclades sans vahinés, appartient à l'histoire. Au XIXe siècle, la France n'en voulait pas. L'Angleterre non plus. Seule, la rivalité coloniale des deux puissances lancées concurremment à la conquête du Pacifique-Sud par planteurs ou missionnaires interposés, les avait réunies « par hasard » sur une terre en quelque sorte mitoyenne mais qui ne valait pas un Trafalgar. Les deux puissances signèrent un protocole d'entente à l'amiable, issu d'une commission navale mixte qui permit de réprimer en commun — et à la canonnière — l'activité des trafiquants de bois d'ébène et des flibustiers de tout acabit. Ces francs-tireurs du colonialisme...

Paraphé le 6 août 1914, il dotait les Nouvelles-Hébrides d'un statut bizarre de *condominium* qui a survécu avec quelques retouches. « Territoire d'influence commune sur lequel les sujets et citoyens des deux puissances signataires jouiront de droits égaux de résidence, de protection personnelle et de commerce, chacune des deux puissances demeurant souveraine à l'égard de ses nationaux ainsi qu'à l'égard des sociétés légalement constituées conformément à sa loi » (art. 1).

La France se résolvait ainsi à défendre les intérêts de ses ressortissants, grands propriétaires terriens, tandis que l'Angleterre, convaincue par les appels tonitruants du pasteur John Paton, volait au secours des missions anglicanes ou presbytériennes débarquées vers 1840 dans les îles de Tanna et Erromango. Ici, un zèle évangélisateur leur avait permis de coiffer sur le poteau [1] les catholiques français plus chanceux en Nouvelle-Calédonie, à Wallis-et-Futuna. Intérêts donc déjà bien distincts : des milliers d'hectares pour la France (une bonne partie avait été léguée par Higginson, Irlandais un peu fou et francophone, ravi de jouer un tour à Sa Majesté), des milliers d'âmes « arrachées au paganisme » pour l'Angleterre.

Ce singulier partage du « fardeau de l'homme blanc » portait en germe une vocation hébridaise particulière à chaque métropole. Elle se survit à cent ans de distance. Il est apparemment plus glorieux d'administrer les âmes que les cocoteraies. L'Angleterre, qui — par hasard — ne possède pas beaucoup d'intérêts marchands aux Nouvelles-Hébrides, n'en finit pas de toiser la France avec la mine outrée d'un petit pasteur progressiste considérant un gros planteur de cacao.

Aujourd'hui, la même rivalité, un peu fripée, un peu désuète, mais impavide, retient les deux puissances de tutelle sur la pente du désengagement. Londres préférerait se retirer en laissant derrière elle une grenade dégoupillée : des élites locales largement anglophones. Mais elle ne se résout pas à courir le risque de faire profiter la France d'une peu coûteuse magnanimité décolonisatrice.

Additionnez les deux éléments : les minces richesses naturelles du territoire et la posture bizarre de deux métropoles qui se tiennent en somme « par la barbichette » dans une capitale d'opérette : voilà la clé d'une situation unique dans le Pacifique. Celle d'une double colonie pétrifiée, codicille fantomatique et pastoral où deux empires disparus peuvent encore se regarder

---

1. Les missions catholiques n'arrivèrent, elles, qu'en 1910 et s'implantèrent là où les Anglo-Saxons n'étaient pas.

sous le nez, décoloniser « l'indigène », soupeser leurs méthodes en échangeant des gentillesses empoisonnées sur fond de golf, tennis et garden-party.

Hier encore, aux Nouvelles-Hébrides, les colons dédaigneux de l'archipel se retrouvaient en grande toilette et falbalas au champ de course de Mallicolo. La Société française des Nouvelles-Hébrides (SFNH) gérait distraitement 300 000 ou 400 000 hectares de terres « achetés » jadis aux tribus canaques contre quelques bouteilles. La maison australienne Burn Philip régnait, quant à elle, sur le commerce...

Douce vie! Les étrangetés du condominium faisaient alors la joie des visiteurs. Deux uniformes pour les douaniers, deux gouverneurs, deux monnaies [1], deux styles de vie coloniale... Tout cela dans une ville minuscule à flanc de colline et partagée en deux quartiers — français et anglais — rigoureusement étanches sinon concurrents. M. Blot et le major Thomson en vis-à-vis dans un jardin japonais.

Ce pittoresque rabâché formait, avec quelques aphorismes sur les complots de salons et dix épithètes extasiées sur les splendeurs tropicales, l'essentiel des rapports de visites des rarissimes visiteurs. Ministres en tournée protocolaire, journaliste en permission de détente ou commerçant calédonien en goguette. Tous ravis d'apprendre que les Mélanésiens de Port-Vila demandaient parfois avec l'accent désopilant du *bichlamar* [2] si M. Pompidou était bien le mari de la reine d'Angleterre. Leurs portraits étaient côte à côte dans tous les édifices condominiaux.

Les temps paraissent bien condamnés. Voici l'archipel devenu paradis fiscal, « gisement touristique », lotissement immobilier. Les capitaux anglo-saxons (surtout australiens) encouragés par les *companies regulation* de 1970-1971 ont découvert à Port-Vila un paradis fiscal providentiel, sans impôts sur le revenu

---

1. Deux monnaies ont cours légal aux Nouvelles-Hébrides. Le dollar australien et le franc néo-hébridais qui est aligné sur le premier, 100 francs NH pour 1 dollar. 1 franc NH = 6,1 centimes.
2. Le *bichlamar* est une sorte d'idiome créole dérivé de l'anglais et parlé dans plusieurs régions anglo-saxonnes du Pacifique-Sud.

ni droits successoraux. On a donc vu s'y multiplier en quelques mois sociétés de façade, banques, *trust companies* et *sollicitors* (avocats-avoués). Au total six ou sept cents sièges sociaux envahissants quoique fictifs.

La France, de son côté, a favorisé les spéculations touristiques qui — par l'intermédiaire d'investisseurs américains, personnages parfois douteux — ont permis aux colons de vendre une partie de leurs terres à bon prix. Résultats : un afflux de résidents américains dans l'île de Santo, une urbanisation accélérée de Port-Vila, une concentration autour de la ville (dans les bidonvilles gérés par des Chinois) de Mélanésiens attirés par les salaires offerts. La population de Port-Vila est passée de 3 000 à 12 000 habitants en quelques années. Sous la double pression du tourisme et des affaires, le mouvement ne pourra que s'amplifier. Fini le douillet isolement...

Tandis que les Anglais ouvraient les bras aux capitaux australiens ou néo-zélandais, la France encourageait aussi un développement de l'élevage qui devrait permettre à ses anciens colons producteurs de coprah de se reconvertir. Le projet s'inscrit d'ailleurs dans la perspective d'un vieux dessein français : faire des Nouvelles-Hébrides la base arrière, le glacis agricole de la Nouvelle-Calédonie.

Si toutefois la France et l'Angleterre maintiennent leur présence aux Nouvelles-Hébrides.

Ce ne sera sans doute pas possible très longtemps. Ceux que l'on avait oubliés depuis un siècle n'acceptent plus de l'être. Les Mélanésiens — 92 % de la population —, ces *boys* qui appellent encore leur patron *mastah*, c'est-à-dire maître plus que monsieur, *missié* quoi..., sortent de leur silence. Les fonctionnaires français et britanniques assistent depuis le début des années 1970 — avec un peu d'effarement — à une résurrection dans les tribus des vieux mouvements messianiques conduits par des prophètes barbus. Des mouvements pittoresques, naïfs, aubaine pour les ethnologues, mais qui cette fois se politisent.

Autour de trois idées simples : les revendications foncières, l'attitude ambiguë (attirance-répulsion) à l'égard de la « civilisation », le rejet des religions importées par le colonialisme. En un mot, le rejet pur et simple du colonialisme franco-britannique.

D'abord, le problème des terres. Il est plus sensible ici que nulle part ailleurs. D'immenses domaines fonciers ont été quasiment volés aux tribus à la fin du XIXe siècle, après que celles-ci eussent été refoulées vers l'intérieur dans le *dark bush*. Leurs descendants, après quelques révoltes sévèrement réprimées, avaient fini par admettre la propriété des Blancs, mais uniquement sur les espaces cultivés par eux : la *Place belongs white men* en *bichlamar*. Le *Dark bush*, au contraire, dans l'esprit des Mélanésiens, continuait à leur appartenir. Cette distinction « coutumière » ignorait bien sûr celle du Code civil et le libellé exact des titres de propriété invoqués par les colons français. Lorsque ceux-ci prétendront défricher de nouveaux espaces (notamment pour y développer l'élevage), il y aura conflit. C'est le cas aujourd'hui.

Un mouvement mélanésien — le Nagriamel —, implanté dans l'île d'Espiritu Santo, s'est fait le champion des revendications foncières avant de céder aux avances intéressées de la résidence française. Lancé en 1964 par un prophète barbu et polygame, Jimmy Stevens, il visait à l'origine à protester contre une extension des terres cultivées par la Société française des Nouvelles-Hébrides (SFNH) au nord de Luganville dans l'île de Santo.

Soutenu complaisamment par les missions presbytériennes (parce que dirigé à l'origine contre le colonialisme français), le mouvement prit une extension inattendue et put revendiquer plus de 10 000 militants en 1968. A côté des revendications sur les terres, le prophète Jimmy Stevens développa une véritable idéologie très vivante et plus perspicace qu'on ne l'imagine. Elle est basée sur le retour à la spécificité mélanésienne, sur le refus de l'enseignement blanc et le développement d'une agriculture nouvelle, etc. L'aspect « militaire » n'est pas non plus négligé puisqu'il existe à Santo un véritable camp nagriamel avec poste de garde, sentinelles et registre de contrôle.

En 1968, la résidence britannique, peu soucieuse de défendre les intérêts des colons français et suivant en cela les avis des presbytériens, recommandait la tolérance à l'égard du Nagriamel. L'administration française, en revanche, était favorable à la répression. Stevens fut donc traduit en justice sous l'inculpation de violation de propriété, et condamné. Seul résultat notable de cette « fermeté » : un nouvel essor du mouvement et une plainte de son leader à l'ONU et à la commission du Pacifique-Sud : « *Les indigènes sont chassés de leurs terres par le colonialisme français.* »

Inquiétés par l'ampleur de ces « agitations indigènes » et soumis à une pression politique internationale dans tout le Pacifique, les Français acceptèrent alors de lâcher du lest. En redistribuant une partie des terres aux Mélanésiens.

Il s'agissait de faire la part du feu.

La Société française des Nouvelles-Hébrides (SFNH), symbole encombrant du colonialisme français, possédait encore en 1973 100 000 hectares de terre. Selon un plan mis au point, entre 1965 et 1969, par l'administration française, elle devra n'en conserver que 30 000, le reste étant progressivement rétrocédé aux Mélanésiens. Dédommagée par le gouvernement, la SFNH s'est engagée à réinvestir ces crédits sur son « domaine agricole utile » en y développant surtout l'élevage. A Santo, fief du Nagriamel, 2 500 hectares ont d'ores et déjà été remis en grande pompe aux autorités coutumières. « Il s'agit d'un plan d'allégement du domaine foncier », explique-t-on pudiquement à la résidence française.

Pour ne pas être en reste, les Anglais s'apprêtent à faire la même chose avec les terres appartenant encore à la société de commerce australienne Burn Philip. Un peu plus de 10 000 hectares seront redistribués. Ces distributions tardives de terre dont la propriété d'origine était plus que discutable suscitent des réflexions aigres-douces dans la petite société ultra-conservatrice de Port-Vila. Mais ces terres redistribuées avec ostentation — et de grands « reportages » dans le bulletin de la résidence française — ne suffisent plus à calmer les bouillonnements « indigènes », même si elles ont permis aux Français de récupérer le mouvement Nagriamel. Trop tard — ou trop peu. D'autres facteurs que la terre volée jadis jouent un rôle dans la politisation soudaine des Mélanésiens. Ceux-ci, par exemple, s'interrogent avec moins de résignation que jadis sur cette civilisation occidentale qui prétend leur apporter l'abondance mais en détruisant la coutume, en laminant « l'identité canaque ».

Certes, les mouvements de refus et de repli vers la tradition que l'on constate aujourd'hui ne datent pas d'hier. L'acceptation ou le rejet de la « civilisation » a toujours donné lieu à de ténébreux débats dans les tribus des Nouvelles-Hébrides.

En 1911, par exemple, les principaux leaders de la région de Walaha, dans l'île d'Aoba, décidaient au cours d'une réunion générale dont le souvenir est resté parmi les habitants, d'abandonner la *road belongs custum* (la voie de la coutume) pour suivre la *road belongs money* (la voie de l'argent), celle des Blancs. Ils organisèrent un vaste festin où ils tuèrent et mangèrent leurs cochons. Puis, ils commencèrent à planter systématiquement des cocotiers [1].

Depuis longtemps, l'émigration de la main-d'œuvre hébridaise vers les mines du Queensland australien ou de Nouvelle-Calédonie, l'action scolaire des missions puis, plus récemment, la concentration urbaine autour de Port-Vila, ou même l'introduction d'un enseignement agricole destiné aux autochtones, ont accéléré l'assimilation des Mélanésiens. Les sociétés traditionnelles, fidèles à la *custom road* et qui rejettent encore volontairement le monde extérieur, ne subsistent guère que dans les îlots lointains d'Ambryn, Pentecôte ou Mallicolo. La distinction

1. Rapporté par le sociologue Joël Bonnemaison, *Espaces et Paysages agraires dans le nord des Nouvelles-Hébrides*, Orstom, avril 1973.

traditionnelle tend même à s'estomper entre les *men salt water* (hommes du bord de mer) plus évolués, plus tôt évangélisés, et les *menbush* (hommes de la brousse) traditionnellement belliqueux et anthropophages.

Pourtant, quelques heures de conversation avec les rares élites mélanésiennes de Vila indiquent une résurrection moderne du vieux débat. Les jeunes Mélanésiens d'aujourd'hui, comme ceux de Nouvelle-Calédonie, vivent dans leur chair la grande interrogation des pays industriels sur la faillite du « système blanc » et le retour à la nature. Elle porte en germe une contestation globale de la société blanche, une recherche anxieuse de la personnalité mélanésienne.

De la même façon on rejette aujourd'hui ce christianisme triomphant et répressif apporté dans le Pacifique par les missionnaires musclés du XIXe siècle. Les missions presbytériennes furent les premières aux Nouvelles-Hébrides à combattre au nom de la foi toutes les structures des sociétés païennes traditionnelles. Elles le firent avec une brutalité, un prosélytisme tranchant qui valaient ceux de l'Église catholique à Wallis ou en Polynésie. Interdiction des coutumes, de la danse, de la prostitution traditionnelle, formation d'un corps de catéchistes autochtones, etc.

Très tôt, cette « conquête des âmes », qui coexistait malheureusement avec une conquête des terres, provoqua un retour des réactions hostiles, sous la forme de cultes païens réinventés, de mouvements messianiques parfois belliqueux. Ceux d'aujourd'hui en sont le prolongement direct.

Le mouvement John Frum dans l'île de Tanna (la plus peuplée) est à la fois le plus ancien et le plus pittoresque. Alors qu'on annonçait hier encore sa disparition, voici qu'il connaît lui aussi un regain de faveur dans la population.

Le john-frumisme est un *cargo cult* analogue à ceux qui existent en Nouvelle-Guinée ou aux îles Salomon. Son apparition sur l'île de Tanna date de la dernière guerre et du débarquement, en 1942, aux Hébrides, de l'armée américaine lancée dans la bataille du Pacifique. Des tribus vivant à l'âge de la pierre se trouvent alors brutalement confrontées à un fantastique déploiement d'avions, de bulldozers, de porte-avions. Elles découvrent une puissance technologique qui ne peut être que d'essence surnaturelle. En outre, de nombreux Mélanésiens sont employés comme manœuvres sur les bases. Une avalanche de produits, de gadgets, de nourriture arrivent donc dans chaque famille. La venue des Américains est définitivement associée à cette fabuleuse période d'abondance qui n'est pas très éloignée de l'idée que nous nous faisons de notre paradis chrétien.

Après le rembarquement des troupes américaines en 1946, une religion va naître, d'autant plus vigoureuse qu'elle sera bêtement réprimée par l'administration coloniale. Des prophètes, quelquefois retors, surgissent un peu partout, qui annoncent le retour prochain de John Frum et des Américains. L'un d'eux rentre à Tanna vêtu d'une vieille veste de treillis américaine portant l'insigne de la Croix-Rouge militaire. Très vite cet emblème devient celui du mouvement : d'immenses croix rouges sont aujourd'hui dressées dans les villages de Tanna.

Le message de John Frum, souvent confus, peut néanmoins se résumer ainsi. Tanna vit aujourd'hui dans la pauvreté, privée des douceurs de la vie parce que les Blancs (Anglais et Français) retiennent éloigné de l'île un grand cargo blanc porteur de tous les trésors. Mais bientôt John Frum reviendra avec les Américains, à bord de grands bateaux immaculés, escortés d'avions géants. Alors, les automobiles, les transistors et les réfrigérateurs seront distribués à tous, les hommes auront des femmes blondes et les morts ressusciteront. La coutume du passé sera intégralement restaurée et la paix régnera sur l'île. Réponse des fidèles aux Blancs qui s'étonnent de leur patience : « Vous avez bien attendu plus longtemps que nous le retour de votre Dieu. »

Pour favoriser le retour de John Frum, ses prophètes continuent à faire construire des pistes d'atterrissage avec tour de contrôle en bambous, tandis qu'ils affirment rester en communication téléphonique permanente avec le président Roosevelt. Mythomanie collective? Psychose échevelée? Le message de

John Frum dont il est commode de rire a-t-il beaucoup à envier, sur le terrain de la naïveté mystique, à celui des jeunes Américains de Los Angeles, adorateurs d'un *guru* mangeur de crème au chocolat? Surtout dirigé contre les missions presbytériennes, son enseignement aboutit à un refus brutal de tout contact avec l'administration coloniale, une désertion générale des écoles et des temples, accompagnés de fêtes licencieuses.

A partir de 1957, ces manifestations prirent un tour plus inquiétant avec l'organisation de véritables milices, le développement d'une sorte d'administration parallèle et même la proclamation de la « Nation de Tanna ». Les colons terrorisés assistèrent aux défilés « militaires » des troupes de John Frum armées de fusils de bois et portant sur leur maillot le sigle TAUSA (Tanna Armée des États-Unis). L'administration réagit par la répression avant d'adopter vaille que vaille (sur les conseils de la résidence britannique) une politique dite de négligence salutaire.

Aujourd'hui, une vague inquiétude réapparaît devant la renaissance du john-frumisme qui prend des allures anti-européennes. Il pourrait fournir — il fournit déjà — une masse de manœuvre appréciable aux nouveaux leaders politiques favorables à l'indépendance.

Indépendance! Hier encore le mot eût fait scandale à Port-Vila. Le voici sur toutes les lèvres. Créé en 1971, le New Hebrides National Party, mouvement mélanésien favorable à l'indépendance, a vu en quelques années son audience s'accroître. Une percée fulgurante qui venait bousculer la quiétude dédaigneuse des communautés européennes de Port-Vila. Récupérant et canalisant toutes les aspirations — et les humiliations — « indigènes », le National Party commença à organiser en 1973-1974 des manifestations de rues. Jamais rien de tel n'avait été vu à Port-Vila. Pancartes brandies par ces *boys* soudainement révoltés : « Rendez-nous notre liberté », « On n'est pas des bêtes ».

Plusieurs facteurs ont favorisé cet éveil politique brutal des Mélanésiens. Et d'abord, bien sûr, la rivalité qui oppose les deux métropoles. Depuis des années, l'une d'entre elles (l'Angleterre) ne dissimule pas sa volonté de conduire le plus rapidement possible les populations sur la « voie de l'émancipation ». Si Londres est encore aux Hébrides, c'est d'abord parce que la France, elle, ne songe guère à en partir.

Tout pousserait en effet l'Angleterre à renoncer à ce vestige minuscule et désuet d'un colonialisme très « fin de siècle ». Elle n'y possède pas d'intérêts agricoles ou industriels. Les ressortissants anglais du territoire, fort peu nombreux, sont surtout commerçants, fonctionnaires ou pasteurs. Très rarement colons. Par contre, l'environnement géographique de l'archipel (Australie, Nouvelle-Zélande, îles Fidji, etc.) garantit un bon avenir à l'anglophonie. Le Pacifique-Sud est un océan largement anglo-saxon et le projet n'est pas abandonné d'une grande fédération mélanésienne anglophone qui englingloberait les îles Fidji et les Hébrides, indépendantes.

Mais, du côté britannique, l'attitude récente des Églises presbytériennes ou anglicanes a sans doute joué un rôle décisif. C'est un paradoxe de l'histoire. Les missionnaires qui furent jadis à l'origine de la colonisation sont aujourd'hui les premiers à en dénoncer l'anachronisme. Sans doute parce qu'ils se sentent rejetés par leurs fidèles d'hier. Aux Nouvelles-Hébrides ce sont les pasteurs qui poussent l'Angleterre sur la voie du « dégagement ». Cette évolution s'est précipitée surtout à partir de 1973. Elle coïncidait avec l'essor du National Party.

Réunis en assemblée annuelle sur l'île de Tanna au mois de mai dernier, les presbytériens, qui représentent 50 % de la population de l'archipel, y ont parlé pour la première fois sans ambage d'indépendance. (Tout en reconnaissant qu'un certain délai était nécessaire pour y préparer la population.) « *L'essentiel qui s'est dégagé de cette assemblée*, dit le pasteur Reuben Makikon, *est que nous voulons pousser le gouvernement à préparer l'indépendance aux Nouvelles-Hébrides. L'Église dit, par exemple, que peut-être nous n'envoyons pas assez de jeunes Mélanésiens à l'étranger pour y parfaire leur éducation. Ce devrait être l'un des objectifs principaux.* »

Les anglicans, les adventistes du Septième Jour, les membres de la « Church of Christ » ou de « l'Apostolic Church », d'une façon générale toutes les Églises installées dans l'archipel évoluent de la même manière.

Les déclarations « subversives » faites en janvier 1973 au Congrès général de la SPADE (South Pacific Action for Development Strategy [1]) en sont la preuve. Elles avaient fait sursauter tout Port-Vila et « scandalisé » la résidence française. Elles préparaient et favorisaient les prises de position des presbytériens à Tanna qui en furent l'un des prolongements.

L'influence déterminante des missions anglo-saxonnes dans les tribus mélanésiennes donne, il est vrai, un poids « redoutable » à leurs positions. Il est devenu plus redoutable encore depuis que les autochtones ont — enfin — obtenu le droit de vote... en 1975.

Plus réservés en matière politique, plus assujettis à l'administration française par le biais notamment des contrats d'enseignement, les catholiques eux-mêmes paraissent de moins en moins disposés à cautionner une politique de conservatisme « colonial ». Les confidences du jeune clergé, par exemple, ne coïncident déjà plus avec le mutisme officiel de la hiérarchie. « *Oui, le mot indépendance monte peu à peu,* nous déclarait le père Leymang. *L'Église reconnaît ses torts. Au niveau des jeunes, nous nous sentons sur la même longueur d'onde que les protestants.* »

Ainsi, partout dans le Pacifique, les missions qui furent jadis les agents actifs de la colonisation voient aujourd'hui leur influence menacée de tous les côtés : intrusion du matérialisme. Elles révisent leur position en conséquence. De même qu'il y avait eu concurrence en matière de conquête missionnaire au

---

1. En français « Action du Pacifique-Sud en vue d'une stratégie du développement ». Programme établi par la conférence des Églises du Pacifique et de l'Église mélanésienne avec l'aide financière du Conseil œcuménique des églises.

xixe siècle, on assiste à une sorte de surenchère progressiste entre les Églises. « *Une fuite en avant pour garder le contact* », selon le mot d'un jeune prêtre.

Face à tout cela, les Britanniques ont réagi calmement. « Nous demandions depuis longtemps une révision des structures politiques anachroniques du condominium, dit-on à la résidence de Grande-Bretagne. Alors ? » Les Anglais savent très bien que toute évolution progressiste aux Nouvelles-Hébrides (droit de vote, assemblée représentative, etc.) ne peut que servir les intérêts de l'anglophonie. Ils sont « prêts à partir ».

Les Français, par contre, ont livré à Port-Vila tous les combats d'arrière-garde qui étaient à leur portée. La résidence française a encouragé la création — contre le National Party — d'un mouvement politique « petit-blanc » : l'UCNH (Union des Communautés néo-hébridaises) à Port-Vila et le MANH (Mouvement autonome des Nouvelles-Hébrides). La France s'est assurée en outre l'appui du vieux et versatile leader du Nagriamel : Jimmy Stevens. Objectif de ces réactions locales : couper court à une indépendance prématurée, lutter pour une évolution « progressive » de l'archipel (progressive, c'est-à-dire lente). En un mot, gagner du temps.

En réalité, ce souci maintes fois réaffirmé de ne pas brûler les étapes, ce désir de ne rien faire qui puisse accélérer une évolution naturelle vers l'indépendance procèdent d'un choix politique surtout dicté par des intérêts. Ceux des colons français et de la Société française des Nouvelles-Hébrides d'abord, mais aussi ceux, plus généraux, de la métropole.

La France, dont la présence dans le Pacifique est de plus en plus contestée, voire vigoureusement dénoncée, par ses voisins anglo-saxons (c'est un des aspects des protestations contre les expériences nucléaires en Polynésie), craint d'amorcer une réaction en chaîne en se retirant de l'un de ses territoires. A Tahiti et en Nouvelle-Calédonie, les partis autonomistes ne sont-ils pas en progrès? « En lâchant un territoire, ne serait-on pas fatalement conduit à lâcher tous les autres? », demandait un haut fonctionnaire de Port-Vila.

Dans le Pacifique il s'agit à tout prix d'assurer l'intégrité du bloc français en amarrant en quelque sorte économiquement les Nouvelles-Hébrides agricoles et les îles Wallis-et-Futuna à la Nouvelle-Calédonie industrielle qui deviendrait, selon le mot (involontairement drôle) du haut-commissaire à Nouméa, « notre phare dans le Pacifique ».

Visitant l'archipel en mai 1972, M. Pierre Messmer, alors ministre d'État chargé des DOM-TOM, avait cru devoir répéter une nouvelle fois que « la France estimait prématurée toute modification du statut condominial ». Pas question à l'époque de créer, comme le souhaitaient déjà les Anglais, une véritable assemblée délibérante en élargissant les pouvoirs et la représentativité de l'actuel conseil consultatif. Pas question, par conséquent, d'accorder le droit de vote aux Mélanésiens. « Créons d'abord des municipalités comme nous avons fait à Tahiti ou en Nouvelle-Calédonie, c'est une bonne manière de préparer les Hébridais à la démocratie. »

Jusqu'à la dernière minute, la France s'efforça de résister à la pression des Britanniques en faveur d'une évolution politique des Nouvelles-Hébrides. Le 6 novembre 1973 devait avoir lieu au niveau ministériel une rencontre officielle entre Paris et Londres consacrée aux Nouvelles-Hébrides. Quelques semaines avant la réunion — annoncée depuis des mois — le gouvernement français demanda (et obtint) qu'elle soit ajournée. « Soyons francs. Nous n'avons pas encore vraiment de politique définie au sujet des Nouvelles-Hébrides », nous disait, en octobre 1973, Bernard Stasi installé rue Oudinot.

Il fallut attendre une année de plus pour que Paris accepte — le 6 novembre 1974 — de lâcher un peu de lest. A l'issue de deux jours de discussions entre M. Olivier Stirn, secrétaire d'État aux DOM-TOM, et Miss Joan Lestor, sous-secrétaire au Foreign

Office, puis une visite commune à Port-Vila en janvier 1975, on concéda aux Mélanésiens néo-hébridais quelques droits démocratiques; possibilité d'obtenir un passeport pour des gens qui, jusque-là, n'avaient pas encore qualité de citoyen; mise en place, dès novembre 1975 [1], d'une assemblée représentative de trente-six membres (dont vingt-quatre élus au suffrage universel); révision des institutions judiciaires, etc.

Autant de réformes qui paraissent bien élémentaires. La France tirera-t-elle, dans l'avenir, un grand prestige de s'y être opposée avec ferveur? Pense-t-on sérieusement à Paris — comme tout le laisse deviner — que ces concessions de dernière heure suffiront à renvoyer à (beaucoup) plus tard les choix véritables? Peut-être.

A Port-Vila en tout cas les leaders du National Party promettent de ne pas en rester là. On reparlera des Nouvelles-Hébrides.

1. Organisées le 10 novembre 1975, les premières élections à l'Assemblée des Nouvelles-Hébrides consacrèrent une victoire du National Party favorable à l'indépendance et dirigé par deux pasteurs anglicans. En août 1975, la France s'était félicitée (un peu hâtivement) de ce que les « modérés » l'aient emporté aux élections municipales.

Guyane : triste Eldorado

Cayenne, mai 1974.

Non, l'arrivée n'est pas gaie! Il faudra du temps pour aimer la Guyane. Il faudra apprendre. Pluie et moiteur entre l'aéroport de Rochambeau et les premières maisons de bois de Cayenne... L'océan est rouge des boues de l'Amazone, l'horizon flou s'évanouit dans une brume couleur d'orage. Côté terre, la grande forêt s'avance à toucher le rivage, épargnant un ruban de côte où se rassemble la vie. Et les hommes. Si peu d'ailleurs : 50 000 habitants pour une immensité de sylve. Sentiment à fleur de peau : une timidité vaguement craintive face à la forêt trop écrasante désormais pour les modestes desseins français...

Regardez la carte. Au sud de la rivière Oyapock, le mirobolant Brésil défriche et découpe son Amazonie avec un appétit d'ogre adolescent. Au nord du fleuve Maroni, le Surinam criard et bigarré prépare dans la fièvre une indépendance bénie par la métropole hollandaise. Entre les deux, notre Guyane est un vide philosophique sous-peuplé de petits fonctionnaires « assistés », de bistrots provinciaux et gouverné par des gendarmes placides. Production néant. Exportation néant. Le temps suspendu! L'air que l'on respire ici est encore chargé de songeries mélancoliques et décadentes. Une odeur d'empire exténué, de colonisation foireuse. Lyautey *(On ne crée que dans l'enthousiasme)* n'est jamais venu en Guyane. Cayenne est encore condamné à vibrer dans un unique registre : celui des vilaines dissonances et des mélodies fêlées.

Dans l'avion, pourtant, on a lu. Beaucoup de mises en garde et de suppliques sont désormais adressées au visiteur. « Ne parlez pas, vous aussi, vous encore, des Indiens roucouyennes, et des bagnards de Saint-Laurent. » La légende qui pèse depuis toujours sur Cayenne est aussi noire que rose celle de Tahiti. Noire et fausse? Avec insistance, on vous invite maintenant à sauter à pieds joints par-dessus les chapitres les plus rabâchés de la chronique guyanaise : le bagne et la pestilence, l'enfer vert et l'exil ruisselant, les mygales sous les carbets et les charognards uruburus dans les ordures de Cayenne. Clichés... Cinquante témoins, préfets, voyageurs, gendarmes, écrivains d'occasion, députés même, réclament depuis l'après-guerre un peu plus de sympathie pour ce département historiquement calomnié de la « France équinoxiale ». Tous annoncent du bon et du neuf pour la Guyane. Finis les cauchemars?

Voilà Cayenne! C'est vrai qu'il a poussé aujourd'hui autour de la place des Palmistes assez de faux-nez en béton pour masquer la vérole d'un vieux visage. Ici des immeubles à étages et le tout-à-l'égout. Là-bas un aérodrome moderne et des Jumbo-Jets en semaine. Depuis 1967, la télévision et France-Inter relayés par satellite. Depuis hier, enfin, le téléphone vingt-quatre heures sur vingt-quatre avec la métropole. Quoi encore? Dans les rues de Cayenne livrées à l'automobile, une sorte d'afféterie provinciale pour le niveau de vie et la modernité parisienne qui va du blue-jeans ajusté sur des hanches créoles aux bottes « pingouins » à talons compensés. Cette nouvelle préfecture enfin, quatre étages de verre et d'acier qui jouxtent en la reniant l'ancienne bâtisse coloniale aux parapets vermoulus. Alors? Est-ce la vraie fin des malédictions et l'an I de la « Guyane moderne »?

L'expression sonne mal. On n'y peut rien. Un premier verre à la terrasse des *Palmistes*, ce morne café où Blaise Cendrars, Albert Londres, Jacques Perret, sinon André Malraux [1] remâchèrent jadis la même fascination lugubre, et voilà que reviennent

1. Blaise Cendrars, *Rhum*, 1930; Albert Londres, *Au bagne*, 1925; Jacques Perret, *Roucou*, 1936; André Malraux, *Anti-mémoires*, 1967.

in extremis tous les vieux grelots de l'histoire coloniale. Voilà qu'accourt au galop la sombre légende et les mauvais sorts... On n'y peut rien. En juin 1974 le bilan est beaucoup trop net pour guérir de cette désespérance dans laquelle pataugent — depuis toujours — les Guyanais. Voilà la Guyane précipitée, encore une fois, dans la faillite, le chômage et la « crise ». Voilà dix projets officiels — les derniers en date — abandonnés, quinze entreprises en banqueroute, vingt « plans de développement » en déroute. Une fois encore « la Guyane est au creux de la vague ». C'est le docteur Ho A Chuck, président du Conseil général, qui le dit. Et c'est un euphémisme. Un autre que lui poussait jadis le même soupir : « Pourquoi la Guyane n'a-t-elle pas pu sortir de l'état de faiblesse et de langueur où elle est encore aujourd'hui? » C'était un certain Bajou [1], correspondant à l'Académie royale... en 1755!

Regardons mieux les rues de Cayenne. Tous ces symptômes de l'abondance « française » sont-ils autre chose que des emplâtres en trompe-l'œil? Et cette prospérité apparente, quoi de plus qu'un patchwork de subventions importées de métropole et cousues par la « solidarité nationale » sur un tissu fondamentalement râpé? Sans les quelque 33 milliards (anciens) injectés chaque année par Paris, la Guyane française serait en haillons, plus pauvre encore qu'une Lozère équatoriale. Quant à la nouvelle préfecture si joliment moderne, n'y entrez pas : l'ascenseur est en panne depuis des semaines, la climatisation depuis des mois et dans les étages, les coups de chaleur du nouveau préfet en deviennent allégoriques. Tant d'échecs, tant de faillites, de scandales et ratages, tout cela confine à la poésie. Il doit y avoir un secret — ou un *piaye* (maléfice) sur la Guyane.

Ce département équatorial, vaste comme dix Corrèze, est plein de richesses virtuelles. Tous le disent. Les mines d'or et la forêt, la pêche et la bauxite, la balata et le bois de rose, le café, la canne à sucre, le pamplemousse rose et le citron vert. « Tout

1. *Mémoires pour servir à l'histoire de Cayenne et de la Guyane française*, 1755.

est là, et tout pousse », répètent depuis trois cent soixante-dix ans les spécialistes du pays. Leurs mots même n'ont pas changé depuis ceux du seigneur de La Ravardière (1604) ou du naïf Walter Raleigh en quête d'Eldorado, jusqu'aux espérances benoîtes de M. Dupont-Gonin, inspecteur des douanes de la République et dernier auteur en date : « De nombreuses et réelles ressources paraissent devoir permettre un développement rapide [1]. »

Alors?

Virtuellement richissime, la Guyane reste concrètement misérable... Un fiasco continu de trois siècles est-il explicable? Sans doute. Surtout si l'on ajoute aux mauvais coups du sort les mauvais coups des hommes. Premier interlocuteur, un aumônier militaire de Cayenne, le père Variot, murmure en guise d'introduction : « Depuis le début, cette affaire de Guyane a été une entreprise de forbans. N'oubliez pas. » Oh non! On ne vérifie pas sans sursauter avec quelle exactitude l'actualité catastrophique de 1974 paraît s'emboîter au millimètre dans l'histoire d'avant-hier.

En 1643, déjà, la grande entreprise de « colonisation » commençait mal.

Les colons français de la Compagnie rouennaise du cap Nord n'avaient débarqué sur ces rivages « américains » qu'une poignée de vagabonds et pour tout dire de truands conduits par un seigneur de Brétigny hystérique. Chassés rapidement du pays par les Indiens qu'ils avaient dépossédés — et souvent pendus —, ils cédèrent la place en 1652. Leurs successeurs, hélas, n'avaient pas meilleure mine. Les « 800 gueux » de la Compagnie des Douze Seigneurs ne réussirent à fonder qu'une fugitive colonie ruinée à son tour par la discorde et la maladie. En 1664 pourtant Colbert s'obstina.

---

1. Pierre Dupont-Gonin, *La Guyane française*, Librairie Droz, 1970.

Il propulsa cette fois vers la Guyane quelques caravelles portant 1 200 hommes et 250 esclaves de la « Compagnie de la France équinoxiale ou terre ferme de l'Amérique ». Ceux-là réussirent mieux. Hélas, la guerre anglo-hollandaise puis franco-hollandaise enleva derechef à la France la Guyane qu'il fallut reconquérir en 1667 avec dix vaisseaux de guerre et les ruses du comte d'Estrée. Mais ruinée. Dès 1685, à la place des « colons » envoyés par Paris, les flibustiers s'installèrent à Cayenne. Ils y donnèrent le ton en y faisant la loi.

Dans ses débuts, le xviiie siècle fut moins sombre. La Guyane attira alors les « scientifiques » du siècle des Lumières. Gens pacifiques soucieux de venir mesurer sur l'équateur la longueur exacte du pendule battant la seconde, et la distance de la Terre à la Lune, ou encore écrire quelques mémoires érudits sur les variétés locales du caoutchouc. Puis les jésuites réussirent enfin — et magistralement — la première vraie installation agricole. La seule. On les chassa de Guyane en 1762.

Cette année-là, la guerre de Sept Ans finissait. La France avait perdu ses autres colonies et un naturaliste nommé Préfontaine venait d'écrire *la Maison rustique*, plaidoyer flatteur et gentillet en faveur de la « belle Guyane ». Ce fut l'occasion et le prétexte du premier grand scandale franco-guyanais : le désastre de Kourou. Affreuse manigance montée par le duc de Choiseul, alors ministre de la Marine, soucieux d'installer en Guyane une « colonie blanche », mais dont les desseins furent dévoyés par le chevalier Turgot, notoirement affairiste, « couvert » par son illustre frère. Dans l'impréparation et le désordre, on jeta sur la terre de Guyane 12 000 Alsaciens-Lorrains. Des messieurs en redingotes et des dames en dentelles, rameutés par une publicité mensongère. Il en mourut rapidement plus de 6 000 (fièvre, insectes, faim)... Les autres se réfugièrent sur les îles du Salut avant de rembarquer à demi morts. L'affaire avait coûté 25 millions de l'époque au Trésor. La réputation de Cayenne ne s'arrangeait pas.

Tout de même on parvint, vers la fin du même siècle — et

grâce aux esclaves amenés d'Afrique —, à installer quelques colonies dont celle — florissante — de M. de La Fayette. La révolution sema partout le « trouble » et la « ruine » en abolissant l'esclavage. Il sera rétabli de 1802 à 1848 mais entre-temps on aura trouvé pour la Guyane une vocation conforme à une réputation déjà injustement établie : la « transportation », c'est-à-dire le bagne. D'abord destiné aux montagnards, puis aux fructidorisés, aux prêtres réfractaires et même aux journalistes...

En 1837, la Guyane malgré tout est à l'apogée de son développement : 12 000 hectares de terre sont cultivés qui produisent coton, canne à sucre, giroflées et entretiennent 8 000 animaux de trait. Pendant quelques décennies on fut à court de catastrophe. C'est la ruée vers l'or qui, cette fois, va bouleverser un pays qui commençait à tenir debout. En 1857, 20 000 aventuriers débarquent à Cayenne. Une fièvre folle: on trouve des pépites « dans les bois ». Tout le monde abandonne les cultures pour les *placers* (chantiers de prospection) miraculeux mais, naturellement, seuls les commerçants qui ravitaillent les chercheurs et se font payer en or s'enrichissent durablement. Beaux chapitres de Cendrars...

On connaît la suite. Le second Empire puis la IIIe République, inventant la *colonisation pénale*, feront du pays un bagne tragique dont l'image collera pour toujours au visage — et au nom même — de la Guyane. Le « popote » (bagnard) en pyjama rayé : c'est tout ce que Paris connaîtra désormais de « sa » colonie. Et cela jusqu'à l'année 1946 qui fera de cette terre exténuée un lointain département français. Trop tard : le bagne et l'orpaillage ont tordu la Guyane dans le mauvais sens.

Avec les deux Antilles et la Réunion, la Guyane est « départementalisée » en 1946. Vient alors le temps pittoresque de l'administration tatillonne, des grandes entreprises républicaines et des « projets ». Tous les deux ou trois ans Cayenne voit débarquer un nouveau préfet nanti d'intentions « dynamiques » et de « perspectives » enthousiastes pour ce « beau département négligé ». C'est l'époque des « N'y a qu'à ». Elle dure encore. Avec une ironie grinçante les Guyanais en énumèrent les épisodes les plus fameux et se souviennent à peine de toutes les solutions miracles successives. Il y en eut tant! On a connu celle de la forêt (8 millions d'hectares non exploités!), de la banane *Gros-Michel*, du cacao, des polders, de l'ananas, de l'élevage, de la bauxite, de la crevette géante *Sea Bob*... Dix fois, trente fois, on jettera des milliards dans ce tonneau des Danaïdes pour des projets grandioses qui s'enliseront dans la gabegie ou les manigances.

Échec du grand polder Marie-Anne [1], de l'élevage et des pêcheries industrielles : en 1973, la « fertile » Guyane a importé pour 60 millions de produits alimentaires et fait venir par les *tapouilles* (barques) brésiliennes 96 % de sa consommation de viande. Les côtes du département sont parmi les plus poissonneuses, spécialement riches en crevettes : seules deux sociétés en assurent l'exploitation et... l'exportation à destination de Miami (Floride). Car toutes deux sont américaines. Lorsque les Guyanais souhaitent manger des *Sea Bobs* ils doivent acheter — au prix fort — des *Miami's shrimps*.

Échec de la mine et du forestage. La bauxite fait vivre le Surinam voisin et la Guyana ex-britannique, pourquoi pas la Guyane française? Pendant trois ans, de 1971 à 1974, la Guyane vécut dans l'espoir (une « quasi-certitude ») que la société américaine Alcoa associée avec Pechiney allait s'installer dans le département. Prospections et « études préalables » se poursuivaient dans l'allégresse. Hélas! En février 1974, devant le Conseil général atterré, le représentant d'Alcoa faisait savoir que sa société renonçait à réaliser son projet. Conditions salariales trop lourdes, charges fiscales trop sévères, teneur trop faible du minerai : avec Alcoa disparaissait le dernier rêve minier. Lancés

---

1. Voir chapitre IV, « Les pillages ».

à grands fracas, en 1968, les projets d'exploitation forestière s'évanouirent de la même façon dans un petit bruit de milliards gaspillés. Tous les projets se heurtent aux mêmes obstacles : étroitesse du marché local, absence de politique économique et d'infrastructures, quand il ne s'agit pas d'escroquerie pure et simple « à la subvention » (pour la forêt notamment).

Suivant, semble-t-il, les mêmes traditions locales, les grandes entreprises d'équipements collectifs (routes, port du Degrad des Cannes, etc.) sombrent dans l'affairisme et la dilapidation. Symbole dérisoire : la route côtière reliant Cayenne à Saint-Laurent, seule vraie route du pays qu'Albert Londres baptisa cruellement avant-guerre « route nationale zéro », n'est toujours pas goudronnée sur toute sa longueur...

Les Guyanais avaient déjà, en 1964, mille raisons de désespérer de la métropole. S'ils n'y cédèrent pas tout à fait à l'époque ce fut sans doute à cause du plus grandiose, du plus fabuleux de tous les projets : l'installation à Kourou du Centre spatial guyanais. Il devait, entre autres choses « sauver la Guyane »[1].

La décision d'implanter ici un centre civil de lancement de fusées fut prise en Conseil des ministres le 14 avril 1964 et sa réalisation confiée au Centre national d'études spatiales. Le site de Kourou devait remplacer celui d'Hamma-Guir au Sahara. La situation équatoriale de la Guyane offrait, il est vrai, des avantages balistiques supérieurs et un angle de tir vers l'est de 120 degrés. Conçu à l'origine pour satisfaire aux exigences du programme spatial français, le Centre guyanais fut cependant ouvert à « tous les pays intéressés » par une offre officielle du 8 janvier 1965. La première réponse favorable fut — le 9 juillet 1966 — celle des États membres du Cecles-Eldo qui décidèrent d'effectuer à partir de Kourou les lancements opérationnels de la fusée Europa II réalisés jusqu'alors à Woomera en Austra-

---

1. « Nous avons à réaliser, vous sur place et la France avec vous, une grande œuvre française en Guyane. Il faut qu'on le voie et qu'on le sache partout : nous avons commencé et nous continuerons » (général de Gaulle, discours à Cayenne, 22 mars 1964).

lie. La France de son côté prévoyait d'y mettre au point son propre « lanceur de satellites légers » : Diamant.

Les investissements nécessaires à la création du Centre, puis à la réalisation des principaux programmes étaient considérables. Quelque 700 millions entre 1966 et 1970 pour la construction, 3,5 milliards pour la fusée Europa dont 40 % supportés par la France.

La phase de construction de CSG dura de 1965 à 1968 et le premier tir — celui d'une fusée sonde — eut lieu le 9 avril 1968. S'il réussit par la suite de nombreux lancements et quelques « satellisations » au profit de la France ou d'organismes étrangers, le CSG connut une cascade d'échecs assez fâcheux. Ceux des fusées Diamant B entre 1971 et 1973 et surtout celui de la grosse et coûteuse Europa II, victime de la mauvaise coordination des efforts européens et d'une absence de gestion supranationale. L'abandon du programme Europa, la dissolution du Cecles-Eldo et les incertitudes du programme de remplacement Ariane plongèrent le CSG dans une semi-faillite et Kourou dans la pire morosité.

Kourou, juin 1974.

La visite est lugubre. Les « sites » de tir sont maintenant déserts. C'est un grand chantier refroidi. Sur des kilomètres on aperçoit des hangars et des tours d'assemblage. Cadenassés. Garé en plein air le deuxième étage (britannique) de la fusée Europa est à vendre au plus offrant. Dans le bunker principal d'Europa II seule ronronne encore, vingt-quatre heures sur vingt-quatre, la climatisation. Sans elle, il est vrai, ces somptueux pupitres électroniques, ces calculateurs et ces radio-téléphones, toute cette batterie nickelée et clignotante plantée dans la brousse retournerait vite à l'état de ferraille. On tâchera de conserver

ces choses en l'état jusqu'aux prochains « gros » tirs. En 1979...
Ce sera long. S'il y a des tirs !

A Kourou même, le projet d'une « ville futuriste de 12 000 habitants » s'est rétréci aux dimensions d'un vilain petit quadrilatère de béton dans lequel flottent les 2 000 survivants (en comptant femmes et enfants) du Centre spatial guyanais. Bien que l'on ait arrêté les programmes de construction, plus de 20 % des logements — type « affreux HLM » — sont inoccupés. Sauf ceux que la société gérante, la Simko [1], a loués aux deux compagnies du 3e RCI de la Légion étrangère. Locataires inattendus et controversés venus de Diego Suarez sur le *Ville de Rouen* en septembre 1973.

Le centre qui compta plus de 4 800 salariés en période faste (1967-1969) en fait vivre désormais 610. On doit avouer qu'un sentiment assez fort empoisonne la traditionnelle « visite de Kourou » : celui de l'échec. D'abord « balistique » bien entendu. Le 5 novembre 1971, la fusée Europa II explosa au-dessus de l'Atlantique. Elle « pesait » 650 millions de dollars... Le 5 décembre 1971, le satellite Polaire tiré par une Diamant B connut le même sort et enfin le 21 mai 1973 Castor et Pollux achèvent eux aussi prématurément leur trajectoire, solidaires dans l'océan. Pour les ingénieurs, cette proportion de « casse » sans laquelle il n'y a pas de progrès scientifique est « admissible ». Le fait est qu'elle inspire au contribuable de passage un peu de mélancolie. Mais les défaillances techniques de Kourou — fussent-elles dispendieuses — ne sont peut-être pas les plus graves. Après tout, le CSG a tout de même tiré 189 engins depuis son premier lancement le 9 avril 1968. Il continue d'envoyer régulièrement des petites fusées sondes dans les nuages. Ce n'est pas si mal. Ariane, le nouveau projet, ranime les ardeurs fléchissantes. L'indépendance spatiale est un enjeu qui vaut des sacrifices...

1. Société immobilière de Kourou dont le directeur était le docteur Hector Rivierez, député UDR de Guyane.

Non. C'est au sujet de la deuxième « mission » que l'on avait imprudemment assignée à Kourou que la catastrophe paraît plus nette. *Sauver la Guyane?* On ne relit pas sans sourire cette surabondance de prose réjouie qui accompagna l'installation du CSG dans ce pays qu'on allait — à coup sûr — « arracher au marasme ». Épargnons à leurs auteurs la cruauté de quelques citations. Ils ne sont même plus ministres. Quel est le vrai bilan? Le directeur du Centre compte sur ses doigts. « Nous avons quand même réveillé un département somnolent. La Guyane doit au moins au CSG d'avoir un nouvel aéroport international à Rochambeau, un pont sur la rivière Kourou, une usine électrique, un lycée, une clinique moderne... » En fait, ces quelques bienfaits de l'industrie spatiale ne sont pas à la mesure de ce qu'on avait rêvé. Loin s'en faut.

Certes, pendant toute la période de construction du Centre — ce milliardaire prodigue débarquant dans un pays sous-développé —, les retombées sur l'économie guyanaise n'ont pas été tout à fait négligeables. 4 000 salariés, des entreprises de bâtiment et de transport mobilisées, le commerce local un peu favorisé par tant de gros salaires. Les vrais bâtisseurs de Kourou n'auront pourtant pas été des Guyanais. Dans un pays de 50 000 habitants, il faut peu pour passer du chômage à la pénurie d'ouvriers et Cayenne put se plaindre qu'on lui kidnappe sa main-d'œuvre.

Au surplus les avantages sociaux dont bénéficiaient de droit les Guyanais — citoyens français — faisaient d'eux une main-d'œuvre coûteuse. Pour construire Kourou on favorisa donc l'immigration sporadique d'un sous-prolétariat brésilien (1 500 ouvriers), surinamien (500), colombien (400). Et quand s'acheva la phase de « chantier », les retombées économiques sur la Guyane devinrent quasi inexistantes. Les emplois ultra-spécialisés du Centre spatial revinrent à des métropolitains, faute de main-d'œuvre locale. Aujourd'hui, sur 610 salariés le CSG n'emploie guère que 200 Guyanais (à des postes subalternes) et un seul ingénieur créole. Quant aux femmes de ménage, elles sont haïtiennes ou brésiliennes.

Et puis, ce qu'il reste de la ville nouvelle vit en circuit fermé. Une grosse partie du pouvoir d'achat distribué (110 millions en 1973) retourne en métropole sous forme d'épargne et l'essentiel du commerce est assuré par un gros supermarché vendant des marchandises arrivées de France. Ce « Cap Kennedy européen » flanqué de sa micro-colonie importée n'est plus désormais qu'un gros moteur assez fragile qui mouline du vide. Un songe creux.

Dans ce contexte d'espérances effilochées, il n'est pas étonnant que réapparaissent maintenant à Kourou, dans une lumière bien crue, tous les inconvénients d'une greffe menée tambour battant lorsque le temps pressait. Des « inconvénients » qu'on supporta jadis au bénéfice d'un « brillant avenir » mais qui — ramenés à leur vrai poids par la dissipation des mirages — paraissent plutôt navrants. Pour s'installer, le CNES avait besoin d'espace. Là vivaient à la mode créole (extensive et débonnaire) plus de quatre-vingts familles. Dans ce département sous-peuplé, ce n'est rien.

Or toutes les expropriations, accompagnées d'abattages massifs de bétail, furent conduites d'assez vilaine façon. Un village entier — Malmanoury — fut rayé de la carte. Pour reloger ces quelques centaines de personnes, victimes propitiatoires de la technologie spatiale, on édifia aux portes de Kourou une cité triste et inadaptée. Aujourd'hui, voilà ces familles coincées dans un déracinement sans remède et sans consolation. Les champs qu'on leur a attribués sont situés à 20 km. Il y a un autobus...

Même erreur concernant les « nègres marron [1] » Saramaca expulsés de Kourou pour faire place à la ville de béton. Reloge-

---

1. Du verbe « marroner » : s'enfuir. Les « nègres marron » ou Bosh sont les anciens esclaves ayant fui les plantations de Guyane et du Surinam aux XVIIe et XIXe siècles pour retourner vivre en brousse sur le mode tribal. Ces principaux groupes aujourd'hui en voie d'assimilation sont les Bonis, les Saramaca, les Djuka et les Paramaca.

ment ? On se contenta d'amener les chefs de familles « primitives » sur les quais du port encombrés de caisses vides. « Tu vois toutes ces planches. *Prends. C'est gratuit.* » Lugubre village Saramaca que celui où l'on amenait, en 1974, le visiteur, avec ses bidonvilles estampillés « CNES », « Transat », ou « Fragile » et ses relents de purin. Commentaire insuffisant : « On aurait pu faire mieux. »

Quant à Kourou lui-même ? Avant les fusées, ce n'était qu'un bourg guyanais classique de 500 habitants avec ses maisons de bois à balcon, son gendarme, son inévitable « ancien bagnard » et ses bistrots. « Somnolent peut-être mais peinard. » Le nouveau Kourou tout en géométrie bétonnée (sous ces latitudes !) a été planté à quelques encâblures, séparé du vieux bourg par un terrain vague injustifiable. Passe encore que l'on n'ait pas trouvé mieux pour cette « ville de l'espace » que cette névrose architecturale — collectifs en cubes et à étages — qui, au bord de la grande forêt équatoriale, là où l'espace est sans limites, jure autant qu'une mauvaise plaisanterie. Le pire reste, pour la philosophie qu'elle suggère, cette hiérarchisation rigoureuse de l'espace habitable. A Kourou, les ingénieurs vivent dans leur villa devant la mer, les techniciens sont dans les maisons — moins belles — plus loin mais encore climatisées, les sous-techniciens dans leurs horizontaux sans climatiseur et la piétaille où elle peut. Les vieilles pesanteurs ont joué.

Ainsi donc, là où l'on aurait pu rêver d'une grande aventure collective, une sorte de coude à coude aventureux mêlant le dynamisme à une « libération » des préjugés mini-mondains, on a reconstitué le provincialisme hexagonal dans ce qu'il a de moins aimable. Ce n'est pas bon signe. La vie quotidienne de Kourou — produit indirect de son urbanisme — paraît encore entortillée dans les mille conventions d'une France frénétiquement « moyenne ». Comme recroquevillée sur des histoires de respectabilité, de week-end et d'épargne-logement. Sans être trop naïf, on y cherche en vain quelque chose : un souffle, une grande idée, un projet d'aventure...

Les choses ridées ne rayonnent pas. Kourou n'a jamais rayonné sur la Guyane. Cayenne vivotant là-bas sur ses fonctionnaires, Cayenne pouilleux et vieillot est bien resté le seul centre « humain » du département. On s'y plaint de « l'arrogance » de ces gens de Kourou qui restent trop peu de temps en Guyane pour s'enraciner, *gagnent beaucoup d'argent* et qui, de toute façon, *votent systématiquement à droite même s'ils étaient socialistes en métropole.* Point n'est besoin de beaucoup insister pour vérifier au fil des conversations que la Guyane n'a pas plus digéré Kourou, que Kourou n'a réveillé la Guyane. « C'est une enclave aussi étrangère que le rocher de Gibraltar au bout de l'Espagne », dit-on à Cayenne.

Léopold Heder, sénateur maire de Cayenne (parti socialiste guyanais), fulmine : « Kourou n'est plus qu'un décor de cinéma en carton-pâte. Le Centre spatial est un échec total et la ville moderne n'a pas d'âme. Le pire c'est encore d'avoir politisé l'opération. On a mis dans la tête des métropolitains de Kourou que le Guyanais était l'ennemi, qu'il devait contribuer à maintenir le drapeau français sur le territoire... Tous ces gens se sentaient investis d'une mission particulière. Nous avons beaucoup souffert de leur arrogance. Kourou n'a jamais été autre chose qu'un État dans l'État. »

Enfin, on ne s'étonnera pas de ce que les dégâts — le « vide » — fussent encore plus douloureux sur le plan psychologique. La Guyane souffrait depuis trois siècles de ce maléfice qui paraissait attaché à son histoire. On attendait par conséquent d'un centre spatial lanceur de fusées, entreprise conquérante, appuyée sur l'an 2000, qu'il contribue à chasser définitivement les mauvaises légendes. En voudra-t-on aux membres de l'opposition guyanaise — même si leur sévérité de néophytes est parfois injuste — de trouver dans les échecs balistiques répétés du Centre spatial la matière de quelques sarcasmes désenchantés? N'importe où ailleurs, une fusée qui tombe à la mer est un incident. En Guyane, c'est une habitude.

Refermé comme une parenthèse, Kourou s'installe en 1974

dans une vie ralentie. On accroche encore quelques espérances au programme Ariane — le CSG réaménage ses installations — bougon et déçu.

Programme qui reste, en 1975, lointain et aléatoire. Aucun lancement en tout cas n'est prévu avant l'été 1979. Pour cette raison, au début de 1975, a été prise la décision de mettre en sommeil le centre de Kourou pendant deux années au moins. Le tiers des 600 salariés devront être licenciés. Il faudra attendre 1980 pour que la base retrouve le même nombre d'employés qu'en 1974. C'est-à-dire peu.

La Guyane, quant à elle, s'emploie déjà à oublier Kourou.

Faut-il prendre garde à la Guyane? Un seul des mille et un scandales du département enflammerait sans doute Landernau (Finistère). L'apparente léthargie qui ramollit en général Cayenne surprend. La politique en Guyane paraît, c'est vrai, aussi essouf-flée que l'économie. Du boulevard Jubelin aux baraques de « Rôt bor' crique [1] » flotte une manière d'amertume exténuée. Flapie.

Chacun vous dira pourtant que les créoles guyanais — « indolents » et « paresseux » — ont la politique dans le sang. L'histoire de cet infortuné territoire d'Amérique prouve que cette « indolence » n'empêche pas la politique de fuser subitement — et périodiquement — en brèves agitations ner-veuses, en empoignades entrecroisées, en velléités émeutières parfois sanglantes. Et cela malgré la minceur des troupes mobi-lisables. Cayenne, alors, se hérisse de banderoles et de barri-cades. Pendant quelques jours manifestants et gardes mobiles se disputent les rues inondées de brouillards lacrymogènes. Le Conseil général est pris d'assaut. Ce fut le cas en 1924, en 1962,

---

1. Quartier « mal famé » de Cayenne situé sur la rive gauche du canal (ou « crique ») Laussat. C'est-à-dire sur « l'autre bord du canal, ou crique ». Ce qui donne en créole « Rôt bor' crique ».

en 1971... Périodes de crises véhémentes séparées par de longues parenthèses de torpeur. Les ministres et les préfets en mission en Guyane devraient s'en souvenir. Ici les calmes plats ne signifient *jamais* autre chose qu'un armistice. Examinons celui-ci.

En mai 1974, la politique somnole sur des aigreurs rentrées. Malgré une ahurissante flambée des prix, un taux de chômage record et un avenir vide, Cayenne, cet artifice citadin livré à la consommation subventionnée, s'ennuie. Au moins autant que la France en avril 1968. Bien sûr, depuis le début de l'année trois maisons de commerçants ont brûlé. Incendies criminels qui ont fait trois morts. Mais « l'enquête piétine ». Une pluie de tracts orduriers continue d'inonder le département de « révélations » scandaleuses sur le dessous des choses. Mais les tracts sont·anonymes. Pour le reste, la dernière campagne électorale d'avril-mai 1974 a été singulièrement dépressive. Les vieux débats sur la départementalisation, l'autonomie ou l'indépendance ont rebondi mécaniquement. Sans passion excessive. Réflexion du docteur Lecante, gendre un peu frénétique du maire Léopold Heder : « En effet nous sommes dans une période de découragement. Beaucoup de gens se disent " à quoi bon "... »

Ambiance maussade, exténuée mais querelleuse tout de même. Qu'on ne s'y trompe pas. Devant une banqueroute aussi solennelle de la départementalisation la conviction se répand ici que rien ne peut être le seul fait du hasard. Paris n'échoue pas en Guyane avec une telle application sans l'avoir voulu. On soupçonne la métropole de nourrir quelque secret dessein concernant la Guyane. Les échos de cette nouvelle méfiance, on les recueille de gauche à droite, tout au long de la gamme politique locale. Les responsables du parti socialiste guyanais : « Chaque échec est voulu. On veut maintenir la Guyane dans la dépendance. » Les militants de l'Union des travailleurs guyanais : « Le pouvoir maintient sciemment une véritable domination coloniale qui enrichit une bourgeoisie compradore. Nous avons opté pour l'indépendance en septembre 1972 pour sauver l'honneur de la Guyane. » Le président du Conseil

général, Ho A Chuck, rallié à la nouvelle majorité pro-gouvernementale (« en lâchant Heder pour le préfet », disent ses adversaires) : « L'administration n'a pas la volonté déterminée de
développer le département. »

Alors? Pourquoi cet alanguissement, cette étrange démobilisation? A gauche les jeunes intellectuels invoquent la « répression coloniale ». C'est vrai qu'elle s'exerce ici d'une façon
brutale et le plus souvent ridicule [1]. Ne serait-ce qu'en matière
d'information. L'ORTF est une annexe de la préfecture et le
seul quotidien, *la Presse de Guyane*, est composé par un coopérant
dans l'antichambre du préfet. En outre, les soucis clochemer-
liens de l'administration laissent peu de répit aux tièdes : « réussir
les élections », chapitrer les conseillers généraux lorsqu'ils sont
encore « récupérables » ou surveiller de près les « gauchistes ».

Pour pesante qu'elle soit, cette crispation répressive d'une
administration empoisonnée par les traditions coloniales ne
suffit pourtant pas à expliquer ces accès de mélancolie politique
qui précèdent peut-être de nouvelles colères désordonnées. Sans
doute, le pays est-il à peu près vide. Paris doit à ce sous-peuplement (catastrophique pour le développement économique) de
ne pas avoir à redouter de trop graves explosions. L'argument
n'est pas très glorieux mais il est essentiel : si la France « tient »
sans trop de mal la Guyane, c'est grâce à la rareté des Guyanais.
Mais deux autres facteurs jouent.

Il y a d'abord les délices d'une société de consommation
artificielle mais tentatrice. Cette morphine distribuée par le
FIDOM ou le FIDES anesthésie la Guyane comme elle engourdit
les Antilles. Dans les lycées et les collèges de Cayenne — durant
les périodes « calmes » — on trouve moins de militants résolus
que d'oisifs sophistiqués. Un mot fait aujourd'hui fureur sur

---

1. En décembre 1974, huit Guyanais seront arrêtés pour avoir « préparé des
attentats » à Cayenne pour la nuit de Noël. Transférés à Paris, incarcérés à la Santé
ils seront relâchés en janvier 1975 et les tribunaux infirmèrent la thèse du
« complot ». « On a inventé un complot, déclara M. François Mitterrand le 7 janvier. C'est un procédé classique qui ne devrait plus avoir cours dans un pays où
l'on prétend rendre à la justice son rang. »

la place des Palmistes : *delinter*. On ne connaît pas très bien son étymologie mais chacun peut vous en donner sa définition. Elle a valeur de symbole. Un *delinter*, c'est une sorte de beatnik un peu chapardeur, un peu gigolo. Copie équatoriale du minet de Saint-Germain. A Cayenne, dans un pays qui ne produit rien, deux sortes de commerce font fortune : les marchands de chaussures et de 45-tours...

Dans la classe politique adulte, bien entendu, on ne parle pas de *delinter*. Mais les phénomènes qu'on y observe participent — en définitive — d'un processus comparable : le « dérapage » de la plupart des élites vers un apolitisme quelquefois douillet. Depuis vingt ans l'histoire de la Guyane en porte témoignage. Promue département français en 1946, elle vécut d'abord plus de dix ans à l'ombre du préfet Vignon, devenu sénateur puis maire de Maripasoula sans qu'il soit question, à l'époque, de contester sérieusement une départementalisation qu'au demeurant la gauche elle-même avait réclamée après la guerre. En 1958 seulement, alors que la situation économique s'aggravait, toute une génération de jeunes intellectuels frais émoulus des universités françaises (et de l'Union des étudiants guyanais) fit son entrée en scène. Ces jeunes diplômés (une douzaine) rapportaient en Guyane les échos du lyrisme décolonisateur qu'ils venaient de partager avec leurs camarades étudiants du (futur) tiers monde.

Les choses bougèrent. Fondant l'éphémère UPG (Union du peuple guyanais), ils lançaient un mot d'ordre courageux : « Ne pas s'installer en métropole mais rentrer chez soi. Et en politique. »

Déçus par une expérience électorale malchanceuse, ils s'accordèrent mal avec un leader d'envergure, le député socialiste Justin Catayée — qui fut capable de rassembler une large partie de l'électorat autour du PSG (parti socialiste guyanais). Malgré le retrait sous leurs tentes des cadres de l'UPG, ce fut une période faste pour la gauche guyanaise. Justin Catayée pourtant, s'il dénonçait avec vigueur la persistance du colonialisme, restait idéologiquement plus proche du régionalisme que de l'indépendance. Alors même qu'il se « radicalisait » et rentrait en Guyane après un éclat au Parlement, il disparut en 1962 dans un accident d'avion aux Antilles.

Son héritier politique, Léopold Heder, se trouva en charge d'une succession difficile. D'autant plus difficile que venaient d'avoir lieu à Cayenne de très violents affrontements entre manifestants et policiers à propos du projet d'installation de la Légion étrangère en Guyane. C'était la première fois que les Guyanais s'exprimaient en refusant. Était-ce une prise de conscience?

Le fait est que, malgré ses succès électoraux, Léopold Heder — élu maire en 1965, puis président du Conseil général puis sénateur — ne parvint pas à éviter un certain reflux qui aboutit en 1972, à l'occasion d'une crise, à la reconquête par l'UDR et ses alliés de la majorité au Conseil général.

Aujourd'hui, la gauche guyanaise se trouve tout à la fois en perte de vitesse et menacée de débordement. Sautant pour la première fois le Rubicon, l'Union des travailleurs guyanais s'est prononcée en septembre 1972 pour l'indépendance. L'ancien « cercle marxiste-léniniste » s'est transformé en un « mouvement national guyanais » lui aussi indépendantiste. Enfin des bulletins ronéotypés d'extrême gauche exprimant une colère un peu confuse mais souvent sincère ont fait leur apparition : « Caouca », « Jeunes Gardes », etc. Rien de très consistant encore, mais autant d'aiguillons pour un parti socialiste contraint de monter plus énergiquement au feu. Sans beaucoup de troupes ni de munitions idéologiques.

Dans l'immédiat, la majorité UDR + indépendants paraît avoir le champ libre. Elle s'efforce déjà de promouvoir son propre projet, désormais entériné par Paris, d'une réforme visant à inventer une région Antilles-Guyane qui pourtant (la géographie, l'histoire et la psychologie le démontrent) a peu de chance de se matérialiser. En réalité, la Guyane reste un grand gâteau intact que Paris a placé « en cas de besoin » dans une sorte de garde-manger. Le cadenas qui le tient fermé coûte 330 millions par an. Ce qui est peu.

On lancera sans aucun doute de nouvelles et retentissantes entreprises pour développer cet Eldorado étriqué. Les sociétés multinationales du bois, de la pâte à papier ou de la bauxite ne seront pas longtemps indifférentes à cet homme capital dormant, revalorisé par la crise des matières premières. Elles envisagent de l'exploiter enfin... Il faudrait pour cela réussir d'abord ce que l'on a continûment raté depuis trois cents ans : peupler ce désert.

Avec qui?

C'est toute la question. On a souvent songé qu'il serait commode de combler les vides guyanais avec les trop-pleins des Antilles et de la Réunion. Sous-peuplement ici, surpopulation là-bas : un transfert de main-d'œuvre d'un DOM à l'autre serait rationnel et commode. Mieux! Une aubaine politique pour la métropole! L'expérience montre cependant que les Antillais répugnent à s'installer en Guyane. L'image de l'exil pénitentiel est tenace. Alors? On songe aussi — c'est même un paragraphe inévitable dans les discours officiels — que la conquête de cette forêt vierge, la mise en valeur de cette immensité pourraient offrir aux jeunes Français de métropole des perspectives aventureuses. A nous les pionniers, les fous d'espaces et d'entreprises... La Guyane n'est-elle pas l'un des derniers terrains de conquête à portée d'une nation qui s'en donnerait la peine? Un siècle après, il s'agit en somme de coloniser une terre vierge d'Amérique. En juillet 1975, la rue Oudinot lança à grand renfort de publicité un vaste plan de « mise en valeur » de la Guyane et fit appel aux candidats à l'émigration [1].

Pour l'instant ces appels grandiloquents « à l'aventure », malgré un afflux de candidats, n'ont guère abouti à des résultats concrets. Pourquoi? La jeunesse française n'est plus très sen-

---

1. Le plan prévoyait à l'origine l'installation de 30 000 immigrants en cinq ou dix ans et la création de 10 000 emplois. Devant les polémiques qu'il provoqua, le gouvernement affirma par la suite n'avoir jamais envisagé une immigration aussi importante.

sible aux rêves ultra-marins de Lyautey, certes. En outre, comme l'avouait le 13 novembre le rapporteur du Budget des DOM-TOM à l'Assemblée, les « ministères techniques » ont du mal à suivre. Enfin et surtout, une arrivée massive de métropolitains — de z'oreilles — en Guyane eût été interprétée comme un envahissement, une machine de guerre dirigée contre les autonomistes. Des réactions de rejet, sûrement violentes, seront inévitables [1]. Pas seulement parmi l'*establishment* local de l'import-export... L'expérience de Kourou est encore fraîche...

Mais là n'est peut-être pas l'essentiel. En quittant Cayenne, on pense à quelques lignes du carnet de route de Raymond Maufrais. Ce jeune « routard » des années cinquante dont l'expédition amateur fit rêver la jeunesse d'après-guerre et dont la disparition fournit un mythe fiévreux aux terminales d'avant les beatniks. Bricolant avec trois sous son embarquement sur le Maroni, il dénonçait les petitesses administratives de la Guyane française, le rétrécissement de l'esprit d'aventure aux dimensions d'un chef-lieu de canton. La Guyane, ce Far-West, est confisqué par des sous-préfets.

Devant 8 millions d'hectares de forêt vierge, la France est-elle encore de taille? Et surtout, l'époque peut-elle sérieusement s'accommoder d'une reconquête coloniale qui lancerait un pays de la vieille Europe vers un « far-west » sud-américain?

1. Le 23 octobre 1975, le mouvement guyanais de décolonisation (moguyde) dénonçait « le plan Stirn de colonisation qui vise à noyer la population guyanaise pour la faire disparaître sous une masse d'immigrants français ». A la fin de l'année 1976 plus personne d'ailleurs ne croyait encore, à Cayenne, au succès, du « plan Stirn » et un inspecteur des finances, M. Thill, dut être dépêché en Guyane pour « rassurer les élus locaux ». En 1975-1976 la situation économique de la Guyane continua même de s'aggraver et le taux de couverture des importations par les exportations tomba au chiffre ridiculement bas de 3 %. Au cours de l'année 1977, en revanche, les projets d'implantation de quelques dizaines de familles Méos (ou Hmongs) originaires des hauts plateaux indochinois suscitèrent, au sein de la gauche guyanaise, des protestations violentes teintées de racisme et d'électoralisme. Protestations indignes, qu'aucun argument politique ne saurait justifier.

Ambiguïtés antillaises

Fort-de-France, mai 1974.

Le mot est faible, les ambiguïtés trop douloureuses. On devrait parler du « malconfort » antillais. Y a-t-il une vérité ici, une seule idée droite et claire, un seul sentiment qui sonne le plein? Sans doute pas. Plonger sur la Martinique, courir de la Guadeloupe à Marie-Galante, tourner au ralenti sur les routes entortillées des Antilles, c'est s'enfoncer tout de suite dans un flou d'illusions, d'évidences à double face et de malentendus. On aime sans doute les « Isles » pour ça : pour cette exaspération créole, ce grand atermoiement des âmes coincées depuis trois siècles dans la même névrose. Les Antilles sont mulâtres jusqu'au fond des entrailles et rien d'autre ne compte vraiment à Fort-de-France. Peaux noires et masques blancs, disait Frantz Fanon. Plus encore : peaux mélangées, masques fabriqués, vérités métisses... Pourra-t-on jamais bâtir une certitude — et une nation — sur un mariage de couleurs et de fiertés contradictoires? Fort-de-France n'en finit pas de mélanger le blanc et le noir. Les Antilles cherchent à tâtons depuis plusieurs décennies la route d'un Brésil lilliputien — ou d'une France nègre. L'histoire choisira-t-elle un jour? Regardez, écoutez : chaque minute ici vous parle deux fois et deux langages. Attention! Des rues de Fort-de-France aux « conférences » électorales, il est interdit de simplifier. Pas une conclusion qui n'appelle un démenti, pas une « vérité » entrevue qui ne bascule *in fine* dans l'insignifiance, pas une assurance : une quête. Et un doute.

228

Les premières ambiguïtés, celles qui guettent le visiteur dès sa sortie de l'aéroport, ne doivent rien à l'analyse ni aux chiffres. Elles se respirent sur les trottoirs de la Savane, sur les marchés de Rivière-Pilote ou du Lorrain. Elles composent cette extraordinaire toile de fond des problèmes martiniquais et guadeloupéens : la joie blessée des Antilles... Mais la joie quand même. On ne devrait pas — sous prétexte de réalisme politique — abandonner cette « vérité »-là aux rédacteurs de jobardises touristiques pour dépliants. Car les Antilles dansent et chantent d'une petite aube à l'autre. Il y a ici comme un appareil de gaieté instinctive, un parti pris ludique, une sorte de disposition à la joie qui font encore de chaque événement — fût-il grave — une manière de fête. Le visiteur risque vite de jalouser ces rires qui lui explosent à la figure, ces bourrades hilares qui viennent à point nommé déchirer les nuages d'une discussion. Quand même! Il reste beaucoup de biguines dans l'air des Antilles. La plus âpre des réunions politiques est presque toujours sauvée du « sérieux » par quelques tirades créoles qui renouent entre l'assistance et l'orateur une connivence farceuse. Le langage lui-même chante et rit : « Kaki soutienne Gisca? Cé lé gros. Kaki ka colé photo a Gisca? Cé lé CRS [1]. » Ici, la plage et les vagues ne sont jamais très loin du HLM et les corps sont beaux sur le sable. L'ombre a des goûts de pain d'épices, le soleil de midi absout par avance les langueurs coupables de la sieste. Aller au « Pitt » pour suivre un combat de coqs, spécialité locale, c'est recevoir une grosse bouffée d'allégresse et de bruits. Déambuler à Pointe-à-Pitre sur les marchés de la rue Frébault c'est collectionner à chaque pas un rire ou un commérage réjoui. Le « ti rhum » entre amis participe d'un cérémonial épicurien qui laisse des goûts de sucre dans la tête.

1. « Qui soutient Giscard? C'est les gros. Qui a collé les affiches de Giscard? C'est les CRS. »

Oui, Paris est tout gris vu de Fort-de-France. La France est froide vue des Antilles. Bien sûr, il faut nuancer. La gaieté de la Martinique est plus réservée, plus soucieuse des convenances, vaguement pincée parfois; celle de la Guadeloupe demeure bon enfant, plus paysanne et moins « aristocrate ». Il n'empêche? Les Antilles offrent encore — en premier cadeau de bienvenue — ce bonheur d'être qui paraît comme en suspension dans l'air, rescapé de tous les drames. Cette patrie invisible que n'importe quel immigré antillais du métro parisien conserve au fond des yeux, au bout des doigts... Elle surtout explique, quoi qu'en pense Michel Debré, que l'émigration vers la métropole soit un douloureux exil et le métier enfin trouvé à Lyon et à Bordeaux un lugubre pensum « assimilationniste », si loin des Caraïbes.

Mais attention! Si la joie antillaise confère à toutes les choses de la vie une « autre » couleur étrangère aux grisailles de métropole; on ne doit pas s'abuser pour autant. Ni surtout s'arrêter aux premiers sentiments. La littérature la plus ordinaire qui use de ce thème-là pour décrire les grands privilèges antillais n'est jamais innocente. Chacun le sait à Fort-de-France. Le « nègre » jouisseur, puéril et paresseux qui danse sa vie et boit ses allocations familiales est décrit dans tous les catalogues du néo-colonialisme. L'image du grand enfant irresponsable dont la mère patrie paierait les coûteuses fredaines s'inscrit encore en filigrane de tous les discours départementalistes. « De quoi se plaignent donc ces gens si manifestement joyeux? » La réflexion est odieuse. Passés les premiers éblouissements, on découvre sans peine que la joie antillaise est *aussi* une joie blessée. Peu de rires ici qui, à un moment ou à un autre, ne grincent brusquement. Derrière la pétulance créole subsistent quantité de vérités « non dites », tout un fond de crispations dissimulées. En quelques minutes à Fort-de-France n'importe quelle réunion politique peut déboucher sur un défilé tendu, agressif. Une seule plaisanterie peut soudain faire bloquer les mâchoires et serrer les poings. Quand elle a touché, par inadvertance ou par sottise, une de ces blessures que chaque Antillais porte, à vif, au-dedans de lui-même. Quand elle bouscule le fragile édifice de conventions qui seul permet de vivre dans les « départements français des Antilles ». Humiliations racistes, assujettissement politique, dépendance financière, angoisse de l'identité : rien de tout cela n'est exorcisé. Malgré les apparences, chaque Antillais garde dix mille colères disponibles dans la tête et le ventre. Il suffira d'un rien pour que l'aimable paysage de la Savane devienne un enclos exaspéré où gronde la foule. Il faudra deux minutes pour que, dans les champs de canne de l'intérieur, sur les routes de l'île, les coutelas resurgissent et des cortèges menacent. La tension jamais vraiment dissipée, la violence qui traîne toujours dans les rues forment l'autre face de cette « gaieté » exotique que bien des ministres en visite ont dû se repentir d'avoir jugée rassurante. Joie et drame collés l'un à l'autre, insouciance et colère indissociables : on ne se gardera jamais assez de conclure trop vite une visite à Fort-de-France.

La deuxième catégorie d'ambiguïtés — par ordre de découverte — participe d'un domaine plus mesurable. Et pourtant! Quelle source d'erreurs et de demi-mensonges. Les Antilles sont riches, voilà la première évidence. Pour qui vient de Sainte-Lucie, de la Barbade ou d'Haïti, le choc est indiscutable. Fort-de-France ou Pointe-à-pitre sont aujourd'hui des petites villes prospères. Aux entrées, l'alignement des grands magasins illuminés suggère l'idée d'une abondance douillette. Tout comme les vêtements du trottoir, les écoles, les cliniques, les embouteillages du soir, les norias de motos ou de vélomoteurs. Oui, elles « font » riches nos Antilles devant leurs voisines des Caraïbes, comme « fait » riche la Réunion en face de l'île Maurice. Pour qui vient examiner sur place un drame du sous-développement colonial, le décor est sans conteste surprenant. Les chiffres que fournissent volontiers les services de l'administration et qui mesurent la « consommation » antillaise confirment bien sûr cette rassurante découverte. Ils peuvent donner matière à des développements satisfaits sur les bienfaits de la départementalisation. La plupart des discours électoraux de la majorité puisent dans cette nomenclature des signes extérieurs de richesse leurs arguments les plus péremptoires.

Péremptoires et fallacieux bien sûr. Les Antillais sont peut-être riches mais les Antilles sont sûrement pauvres. Et chaque année qui passe les appauvrit davantage. Le visiteur un peu attentif peut trouver dès son arrivée à Fort-de-France, avant même qu'il n'atteigne le centre, le symbole le plus cruel de cette ambiguïté-là. Entre l'aéroport et la ville les « grandes surfaces » rutilantes ouvertes par les *békés* reconvertis dans le commerce alternent avec les vieilles sucreries fermées dont les bâtiments s'écaillent au bord des routes. Consommation et pauvreté, misère dans l'abondance : voilà posés les termes de base des discussions qu'on aura en Martinique ou en Guadeloupe. On ne reviendra pas sur les chiffres qui recensent les chômeurs (40 à 50 % de la population active), soulignent l'aggravation vertigineuse du déficit de la balance commerciale depuis 1946, témoignent de la sous-industrialisation des Isles et de la ruine de l'agriculture. En fait la « richesse » de la Martinique ou de la Guadeloupe — fort inégalement partagée d'ailleurs — est elle aussi un faux-semblant. « L'abondance » ici est concédée, artificielle, administrée comme un anesthésiant par une métropole soucieuse d'abord de prévenir les explosions politiques. Elle nourrit un malaise diffus dont elle empêche tant bien que mal l'expression violente. Les « poches de misère » restent d'ailleurs nombreuses aux Antilles même si les famines et le sous-développement de jadis ont été éliminés. Une promenade sur les plantations du Sud permet de rencontrer des ouvriers agricoles — de la canne ou de la banane — dont le sort ne fait pas encore honneur à la France. Les familles de chômeurs de Fort-de-France entassées dans une pièce, consolées par le rhum souriraient sans doute amèrement d'entendre parler du « niveau de vie » des Français d'outre-mer.

La multiplication dans les Isles des grands hôtels de luxe du business touristique qui fournit quelques emplois subalternes aux Antillais souligne depuis peu et par contraste la pauvreté qui continue de camper dans les villes et les villages.

Mais même pour ceux des Antillais qui goûtent, malgré tout, à cette « richesse » départementalisée, l'appétit de consommation n'est jamais délivré d'une sourde mauvaise conscience, d'une exaspération impuissante. En élevant le niveau de vie sans avoir été capable de mettre en valeur les richesses locales, en développant de budget en budget les mécanismes d'assistance sociale sans avoir pu briser le « pacte colonial », la France a coincé les Antillais dans un piège. L'assistance est d'abord le salaire de la docilité politique, le « niveau de vie » implique la renonciation à un quelconque destin « séparé ». En dévalisant les supermarchés de Fort-de-France quel Antillais n'aurait pas, confusément, le sentiment de consommer sa propre liberté. Nouvelle colonie de consommation, les Antilles voient s'éloigner sans cesse l'hypothèse d'une indépendance viable, acquise sans rupture trop brutale ni retour en arrière. Les partis autonomistes pour leur part voient d'année en année monter des enchères qu'ils ne peuvent guère suivre tandis que leurs adversaires agitent à chaque élection le grand effroi des restrictions à venir si jamais...

Sans doute peut-on juger spécieuse l'analyse. On peut rétorquer qu'entre l'âme et le ventre — de toute évidence — ces Antillais n'en finissent pas de choisir le ventre, et que les revendications économiques de leurs élus n'expriment pas un trop grand dédain à l'égard des crédits d'assistance de la métropole. « Nous savons très bien que si un référendum était organisé demain sur le thème de l'indépendance, nous disait un jeune militant d'extrême gauche, nous le perdrions. L'aliénation du peuple martiniquais est telle que le chantage UDR marche à tous les coups ! » Sans doute. La « richesse » toute neuve des Antilles n'est pas aussi heureuse qu'elle en a l'air. Empoisonnée par le doute et l'humiliation. Ce n'est même plus un jugement : un fait tout simple.

Il faut peu de jours à Fort-de-France ou Pointe-à-Pitre pour en arriver enfin à l'essentiel : est-elle vraiment « la France », cette grande île bosselée de « Mornes » (collines), cette foule...? Au premier regard le doute n'est guère permis. Il flotte ici des parfums de vieille France monarchique, des souvenirs remuent encore derrière les noms propres, les prénoms d'enfants ou les expressions créoles... Trois siècles additionnés ont déposé, malgré les injustices et les révoltes de jadis, les sédiments d'une tendresse désuète et provinciale qu'on ne rencontre pas sans émotion. De Rivière-Salée au François, de l'Anse Bertrand au Petit-Bourg, chaque signe du chemin parle ici de la France et pas toujours dans ce qu'elle avait de pire. Le paysage lui-même offre cette apparence peignée, compartimentée, ces dimensions modestes et ces horizons proches qui sont ceux du Poitou ou de la Dordogne. Les agences de tourisme qui prospectent le marché américain invitent les retraités de Milwaukee ou de Baltimore à venir aux Antilles « goûter à la vie française ». Ce n'est pas tout à fait abusif. Dans leurs plus brutales colères anticoloniales les jeunes gauchistes de Fort-de-France eux-mêmes ont quelque peine à trancher ce cordon ombilical. Epais, solide il fait partie — pourquoi le nier — des données antillaises.

Ici, les premiers mouvements, ceux du cœur, sont le plus souvent « français ». L'application mise à parler un langage sans accent. L'attrait un peu magique qu'exerce encore la métropole — et surtout Paris — sur la jeunesse antillaise est entretenu par l'attitude des émigrés qui, de retour « au pays », mettent un point d'honneur à remaquiller les souvenirs d'un séjour à Paris qui, pensent-ils, les valorisent aux yeux de leurs compatriotes restés dans l'île. Un peu paysans en somme. A la radio, dans les familles, le soin studieux avec lequel on choisit ses mots — en français — participe de la même révérence grave qui, en Guadeloupe par exemple, conduit de nombreux socialistes à proclamer leur attachement à la mère patrie quitte à rompre avec l'Union de la gauche trop « autonomiste ». Aux Antilles, dans les « conférences » politiques, on goûte beaucoup les beaux discours qui usent d'un français recherché, parfois précieux.

Cet élan confus vers la France, vers l'identité française, s'exprime d'une autre manière encore. Plus brûlante sans doute que toutes les autres. A Fort-de-France comme à Pointe-à-Pitre il est convenu de n'en point parler — ou le moins possible. Sujet tabou, il expose celui qui s'y risque à d'amères remontrances. Il s'agit des questions de couleurs. De peaux plus ou moins sombres...

Officiellement le problème n'existe pas. Le racisme est « inconnu aux Antilles » et, des plus noirs aux plus blancs, il n'y a « qu'une seule catégorie de Français ». Et pourtant! Peut-il exister un seul événement, une seule conversation qui *de facto* ne fasse référence — sans le dire — aux affaires de peaux. Celles-ci continuent de commander la vie quotidienne et fournissent les plus sûrs étalons de respectabilité et de considération. Surprenant? Scandaleux? On ne s'étonne guère bien sûr de ce que la minuscule communauté des blancs *békés* (une quinzaine de familles, 2 000 personnes), préservée du métissage par une pratique attentive de l'endogamie, s'accroche à un racisme ingénu. Pour les *békés* anachroniques qui vivent au XIXe siècle et sont peu à peu balayés par l'histoire, une seule goutte de sang noir suffit encore à disqualifier un ami, à faire de lui un « autre ». S'ils entretiennent souvent avec la bourgeoisie mulâtre des rapports cordiaux, ceux-ci s'arrêtent net à la « barrière de couleurs ». Un *béké* ne recevra jamais *chez lui* le collaborateur mulâtre avec lequel il sympathise au bureau. La chose est admise sans discussion. Quant à parler mariage...

On s'étonne davantage par contre de ce que cette valorisation spontanée de la « blancheur » soit acceptée — et perpétuée — par les Noirs et les mulâtres eux-mêmes. Au premier regard, la société antillaise tout entière paraît attachée à cette hiérarchie raciale qui infléchit toute « réussite » familiale selon la même pente : celle qui va du plus sombre au plus clair. A Fort-de-France, dans les milieux les plus pauvres de Volga-Plage, on surveille de près la pigmentation des nouveau-nés. D'un enfant plus clair que les autres on dira qu'il est « bien sorti ». Il sera préféré à ses frères plus sombres qui, eux, resteront les « pauv' petits negs ». Devant sa fille mulâtre qui voulait épouser un garçon un peu plus sombre qu'elle, telle mère de famille se lamentait en levant les bras : « Quand on commence à sortir de la nuit, ce n'est pas pour y retourner. » Un intellectuel mulâtre pourra fort bien, devant un visiteur, discourir généreusement sur la « négritude », cependant que tout dans ses réactions quotidiennes trahira un mépris discret pour le « nègre » plus noir que lui. Quant au « pauv' neg » des plantations, son souci reste de pouvoir « blanchir » un jour ses petits-enfants grâce à un « heureux » mariage.

Des siècles d'idéologie coloniale ne se gomment pas du jour au lendemain. Aux Antilles on trouve encore le reliquat d'une étrange « paix sociale » faite de paternalisme, de soumission et de « solidarité créole ». Comme si, au grand dam des intellectuels antillais, une sorte de connivence inégalitaire — héritage de la fascinante société créole — réunissait le Noir et le Blanc, le maître et l'ancien esclave dans une société insulaire longtemps oubliée par l'histoire. On voyait hier des « pauv' negs » assister, chapeau à la main, à l'enterrement du « bon *béké* » qui les avait paternellement exploités sa vie durant. Lorsqu'une manifestation violente — et raciale — agite les trottoirs de Fort-de-France, un *béké*-pays (originaire des Antilles) qui y serait plongé par hasard a plus de chance de se sortir d'affaire par une réflexion en créole qu'un *béké*-métro (Français de métropole) considéré *a priori* comme un « colonialiste étranger ». La boutade est classique : « Pas confond' bouteille Didier épi bouteille Vichy [1]. »

Toutes ces nuances locales qui étonnent le visiteur débarqué

1. « Ne confondez pas une bouteille d'eau de Didier (fabriquée localement) avec une bouteille d'eau de Vichy venue de France. » C'est-à-dire « ne me confondez pas avec un métropolitain, je suis martiniquais comme vous ».

avec trop d'idées simples dans la tête démontrent l'existence
par-delà toutes les colères et les injustices coloniales, d'un
profond mouvement vers la France. Vers l'assimilation. Nos
ministres en concluent qu'elle est revendiquée par la majorité
des Antillais. Auraient-ils raison?

Certes non. En ce domaine aussi les choses sont moins simples
que leur première apparence. L'erreur — souvent commise
mais jamais de manière « innocente » — consiste à oublier que ce
penchant affiché vers la France n'est jamais qu'une composante
de l'âme antillaise, le premier pas d'une danse plus balancée.
Les mille et un signaux qui, dans les paysages, les conversations,
les songeries populaires, rappellent le caractère français des
Isles peuvent se trouver d'un coup effacés, pulvérisés par le
grand tam-tam nègre qui, lui aussi, palpite aux Antilles comme
un autre cœur. Coiffures « afro », regards tournés vers l'Afrique...
Parlez, écoutez, guettez les frémissements de l'interlocuteur,
les sautes du regard. Vous verrez que — des jeunes révolutionnaires aux sages notables — tous les Antillais portent *aussi*
en eux un « grand refus » qui peut les précipiter loin de la France
et des préciosités linguistiques de l'ORTF, vers une identité
créole. Une quête d'autant plus acharnée qu'elle est difficile.
Peut-on être antillais? Que signifie cette personnalité qui,
écartelée entre la vieille Europe et la mère Afrique, se cherche
au milieu d'une hypothétique communauté caraïbe? Des années
après Frantz Fanon et ses flamboyantes colères métisses, toute
une génération de jeunes intellectuels s'acharne encore à « inventer les Antilles ». Les plus radicaux d'entre eux sont à ce point
sensibles aux périls de « l'assimilation » qu'ils rejettent jusqu'aux analyses importées des militants révolutionnaires, ces
« assimilationnistes de gauche ». « L'assimilation est bien sûr
le plus grave danger, nous disait l'un d'eux, mais le mythe de
l'africanité n'est pas moins ridicule. Fanon l'a souligné. Nous
n'allons pas quitter le mirage de l'assimilation pour l'illusion
africaine. Nous croyons qu'il existe une personnalité antillaise
qui n'est ni blanche ni noire. »

Certes, personne ici, pas même les écrivains et les poètes antillais, n'est tout de même parvenu à traduire de façon concrète cette revendication qu'il est un peu sommaire de qualifier de « culturelle » avec une sorte d'attention subalterne. Difficile, douloureuse... C'est elle qui, en vérité, domine la vie politique des Antilles, anime en profondeur les grandes controverses électorales. Et d'abord celle — rabâchée — qui concerne le « statut ». Pour chaque Antillais, choisir entre la « départementalisation » de l'UDR et l'autonomie (ou l'indépendance) de l'opposition ce n'est pas seulement voter contre le gouvernement et pour un député, c'est surtout choisir une partie de soi-même contre l'autre.

Voilà qui explique les sautes d'humeur « incompréhensibles » de l'opinion, les retournements politiques fréquents et l'incertitude qui pèse et pèsera toujours sur l'avenir. Voilà qui rend, par définition, les Antilles *imprévisibles*. Voilà enfin qui devrait ramener ministres et politiciens à plus de prudence dans leurs jugements. En Martinique et surtout en Guadeloupe pas un camp qui ne se soit trompé au moins une fois. Du côté de la majorité on a souvent déclaré ou écrit depuis des années que les revendications autonomistes ne trouvaient plus d'écho et que la question du statut « ne se posait plus ». Peu après, hélas, des agitations subites, des manifestations imprévues et dangereuses venaient démentir ces diagnostics schématiques. A gauche par contre, conduit par la logique de l'anti-colonialisme, on a parfois commis l'erreur de sous-estimer le « penchant assimilationniste » capable de resurgir d'un coup comme un retour de flammes. A cause de cette discordance entre les analyses et les réalités, les rapports entre les partis nationaux et les fédérations antillaises ont été jalonnés de querelles et compliqués par d'interminables malentendus.

A Paris on a du mal à suivre, sans se perdre, les méandres de l'âme antillaise. On donne l'impression de consentir par souci électoral à des volte-face, des audaces suivies de reculades. Le parti communiste, partisan de l'autodétermination mais qui, aux Antilles, compta dans ses rangs des « indépendantistes » convaincus, revendique aujourd'hui une autonomie « dans le cadre de la République ». A Fort-de-France, le parti populaire martiniquais de M. Aimé Césaire continue de dominer la scène mais son leader a dû plusieurs fois corriger — en les atténuant — des déclarations trop « autonomistes » ou au contraire trop « assimilationnistes » qui, prononcées à l'étranger, enflammaient Fort-de-France. D'où l'irritation des jeunes radicaux de la Martinique qui accusent aujourd'hui M. Césaire — interlocuteur privilégié de la métropole — de « bloquer la politique martiniquaise ». L'affrontement entre partisans de l'autonomie (mais est-elle fatalement le premier pas vers l'indépendance?) et défenseurs du *statu quo* coïncide encore, *grosso modo*, avec celui qui oppose la gauche à la majorité. Dans le détail pourtant les positions sont plus nuancées et beaucoup plus incertaines.

On s'irrite beaucoup à Paris de ce que l'appartenance des Antilles à la République soit sans cesse remise en question, mille fois redébattue. Cette interrogation lancinante paralyse, dit-on rue Oudinot, les efforts de développement économique, gêne la conduite d'une politique cohérente. Mais peut-il en être autrement? Est-on certain que le maintien des Isles dans le giron français, l'assimilation telle qu'on la conçoit encore, c'est-à-dire « totalitaire » soit compatible avec cet « épanouissement de la personnalité antillaise », péroraison un peu niaise de tous les discours? Sommes-nous sûrs d'offrir pour l'instant aux Antillais autre chose qu'un choix impossible qui recule le problème à mesure qu'il ne le résout pas?

On quitte Fort-de-France à la tombée du jour. Sur les murs des faubourgs des affiches UDR s'en vont en lambeaux. Un peu dérisoires. « Cé Chaban nou lé » (C'est Chaban qu'il nous faut). On emporte au moins une certitude. Si aux Antilles les incendies parfois s'apaisent, les braises ne sont pas près de s'éteindre.

Un piège à Djibouti

Ici, une obsession : oublier. Et un réflexe résigné : « faire comme si ». Triste tropique!

Vers midi, le Magalla se recroqueville sous ses planches. Dans le quartier indigène de Djibouti tous les *mabras* (cafés) se remplissent d'une foule encore somnolente que réunit — et que réveillera bientôt — le *khât*. Alors, c'est un peu comme si Djibouti n'existait plus. Un songe français, un petit rêve colonial oublié sur l'océan Indien paraît s'anéantir au soleil. La plage est vide, le port immobile. Un silence poisseux et brûlant file le long des avenues et sous les bougainvillées jusqu'à l'îlot européen du plateau du Serpent. Là-bas, dans le soufflement des climatiseurs, les « petits Blancs » du territoire vont sacrifier comme tous les jours à une longue sieste peuplée de projets hexagonaux payables — en fin de séjour — en francs-Djibouti [1]. La ville, stores baissés, ruisselante, s'installe entre parenthèses. Le monde est loin. Ni bureaux. Ni magasins. Ni mouvements dans les rues. Jusqu'à 16 heures au moins...

Au Magalla, on ne dort pas. Dans les cafés « autochtones », devant une tasse de thé au coriandre, Afars et Issas, Somalis et Arabes se réunissent (séparément), parfois sous des portraits chromos de Nasser. Pour honorer la première réalité du territoire : le *khât*. Avant la politique (ou avec elle), avant les affaires por-

---

1. 1 franc-Djibouti = 2,6 centimes.

tuaires, les rivalités tribales et les racismes étriqués, le *khât* commande désormais la vie quotidienne, appesantit son règne sur Djibouti. Depuis 1970, le voici devenu institution. Et symptôme. Le *khât?* *Catha edulis celastrace* : c'est un arbuste voisin du troène qui pousse sur les plateaux éthiopiens du Harrar où vécut Rimbaud. Ses feuilles vertes — « la salade » — libèrent, quand on les mâche, une substance (la cathine) dont les propriétés sont comparables à celles des amphétamines. Excitant, euphorisant, stimulant (puis dépressif) c'est une drogue assez dangereuse pour avoir été inscrite en France — le 15 octobre 1956 — au tableau « B » des substances vénéneuses [1]. Or, malgré des textes que nul ne songe à appliquer dans un territoire où ils n'ont pas été promulgués [2], le *khât* a pris depuis peu une importance qui donne à réfléchir. Hormis les Européens, tout Djibouti « broute la salade ».

Denrée périssable, elle doit être consommée fraîche dans les quarante-huit heures qui suivent la récolte. D'où la nécessité d'un commerce planifié. Son importation d'Éthiopie qui empruntait jadis la voie incertaine des caravanes s'est maintenant organisée et modernisée. Un syndicat de 11 importateurs (8 commerçants issas, 2 Somalis et 1 Arabe) qui a pignon sur rue a signé un contrat de transport avec la compagnie Air Djibouti. Chaque jour un DC 3 — « l'avion du *khât* » — rapporte officiellement 3 tonnes et demie de « salade » destinées à la consommation locale. En février 1974, au plus fort des événements d'Éthiopie, l'avion du *khât*, lui, ne s'est jamais arrêté.

« Si un jour l'avion d'Éthiopie est en retard, déclarait un

---

1. « Le *khât* est classé comme stupéfiant. Sont interdits : l'importation, l'exportation, la production, la détention, le commerce et l'utilisation du *khât* et des préparations en contenant » (art. R. 5166-1 du Code de la santé publique, décret du 2 avril 1957).
2. L'article R. 5166-1 n'a pas été promulgué dans le TFAI. Répondant en juillet 1975 à une question écrite de M. Alain Vivien sur l'usage et le commerce du *khât* à Djibouti, M. Olivier Stirn répondait : « Conformément au statut dont bénéficiait le territoire à l'époque où aurait pu intervenir cette promulgation, aussi bien l'hygiène publique que la protection de la santé publique ressortissaient déjà dans le TFAI à la seule compétence des instances territoriales », compétence confirmée par la loi du 3 juillet 1967 relative à l'organisation du territoire.

consommateur, alors tu es sûr qu'il y a 1 000, 2 000 peut-être 3 000 Djiboutiens qui regardent le ciel. Il y en a qui ne rentrent pas manger à la maison, ils sont tristes, ils attendent le *khât* [1]. » Ce n'est pas tout. Un voyage en chemin de fer d'Addis-Abeba à Djibouti permet de vérifier qu'à cet inimaginable tonnage, il faut ajouter celui, à peine clandestin, de la contrebande. La scène est digne de Monfreid.

Un jour de mars à 5 heures du matin. Le convoi brinquebalant de CFE (Chemin de fer franco-éthiopien) cahote depuis des heures dans le désert de pierraille qui sépare l'Éthiopie du TFAI. Un petit jour poussiéreux se lève sur cette « *aridité monotone, emblème de mort, qui dessèche l'âme et l'espérance* » (Rochet d'Héricourt, 1841). Quelques caravanes ondulent, là-bas, vers la Somalie. On réveille des villages nomades aplatis au ras du sol dans d'étranges casemates de pierres sèches. D'un fort oublié surgissent des sous-officiers du GNA qui font des signes las. Le bout de la terre...

Sur le toit des wagons façon fin de siècle, courent des hommes en *chamas*, pétoires sur le dos. Accroupis, giflés par la vitesse, silhouettes échevelées, découpées sur le rose pâle du ciel, ils sortent précipitamment du double plafond des voitures des kilos de *khât* chargés en douce à Dire-Daoua, en Éthiopie. A la fenêtre, « non concerné », un gendarme français en short kaki s'applique à regarder ailleurs. De là-haut, sur les wagons, les sacs que l'on bourre à la hâte de paquets de *khât* enveloppés dans des feuilles de bananiers ressemblent à des petits obus. Ils seront jetés sur le ballast à des complices, juste avant que le train ne s'arrête au barrage qui entoure Djibouti. Alors les gardes mobiles arriveront mitraillette au poing pour faire descendre tous les voyageurs et fouiller les compartiments. Routine pittoresque et chamaillerie sans conséquence. Le *khât* est passé. Comme hier et comme demain.

Additionnez le *khât* officiel et celui de la contrebande, voici

1. Revue *Pount*, janvier 1967.

d'ahurissantes statistiques : chaque jour Djibouti et le TFAI consomment 4 ou 5 tonnes de cette amphétamine qui coupe la faim, supprime la sensation de chaleur et rend fugitivement joyeux. Pour une population de 150 000 à 200 000 personnes, c'est un joli record. En 1966, ce commerce représentait déjà 780 millions de francs-Djibouti par an, soit 28 % de la masse totale des salaires et une fois et demie le budget du port! Depuis cette date, les chiffres ont encore augmenté.

De 800 tonnes en 1966, la consommation annuelle est passée à 900 en 1969, à 1 066 en 1971, 1 297 en 1972 et près de 1 500 aujourd'hui. En 1974, le volume global des achats de *khât* à l'Éthiopie a représenté environ 1 milliard et demi de francs-Djibouti alors même que le budget total du territoire n'était que de 3,7 milliards. Faute de l'interdire, on a bien entendu taxé et même surtaxé ce commerce. Le seul impôt indirect prélevé sur le *khât* procure au budget territorial quelque 3 millions de francs-Djibouti par jour. Recettes officielles pour l'année 1973 : 368 millions de francs-Djibouti. Trois fois plus que les tranches annuelles du FIDES destinées aux investissements locaux. Et payés par les plus pauvres car les 8 000 Européens de Djibouti, eux, ne consomment pas...

Déjà troublants, ces chiffres le sont davantage si on les prend à l'envers. Pour des milliers de Djiboutiens des quartiers pauvres et des bidonvilles qui doivent entretenir dix ou quinze personnes sur un budget misérable (le SMIG représente 300 de nos francs), les dépenses consacrées au *khât* atteignent 40 à 60 % des salaires. Une simple botte (250 grammes) coûte plus cher qu'un kilo de viande. A Djibouti, on mange plus souvent du *khât* que de la viande.

La « salade » qui n'était hier encore qu'un petit vice équatorial est ainsi devenue un fléau. Les femmes issas ou afars qui n'en consommaient pas y sont venues. Les enfants aussi. En Éthiopie, pour faire face à un marché « français » si florissant, les cultivateurs du Harrar ont reconverti leurs plantations de café. Djibouti est une aubaine. Ruinant les budgets familiaux, effaçant illusoirement les problèmes, il plonge aujourd'hui

90 % de la population autochtone du TFAI dans une mastication hébétée. C'est « l'eau de feu » des indiens du Far West. Les autorités locales — et même les représentants de la France — s'indignent de ce que, régulièrement, les journalistes de passage « montent en épingle » le problème du *khât* et surtout *qu'ils* accusent le régime d'Ali Aref d'utiliser cette drogue à des fins politiques. Et pourtant! Est-il absurde de s'interroger sur une réalité si totalitaire, qui domine la vie quotidienne, les conversations, les finances du territoire? Peut-on imaginer qu'un peuple se drogue aussi massivement sans raisons profondes autres que celles qui tiennent au climat? Peut-on négliger pareil symptôme de malaise social, un tel témoignage d' « inespoir »? Djibouti vit bien en état de névrose politique. Ironie ou prophétie : la plus ancienne mention concernant le *khât* est celle du *Livre des médicaments composés* écrit en 1237 par Naguib-Ad-Din de Samarcande. Le *khât* y est présenté comme un remède à la mélancolie...

Consultée en 1957 par la Ligue arabe soucieuse de lutter contre le *khât* au Yémen, au Soudan, ou ailleurs, l'OMS avait jugé qu'il s'agissait certes d'une *drogue engendrant l'accoutumance* mais d'une *toxicomanie bénigne*. A l'échelle de 1974, ce n'est plus le cas. Responsable d'une misère accrue, d'une chute de la natalité (il contrarie les fonctions sexuelles), le *khât*, de l'avis même des médecins djiboutiens, favorise une anémie chronique, une malnutrition propice à cette tuberculose qui ravage encore le TFAI (en 1968 sur 130 lits masculins dans les hôpitaux du TFAI, 110 étaient occupés par des tuberculeux; on estime que 10 % des habitants sont tuberculeux).

Confrontés au même problème — question de tradition et de latitude —, plusieurs pays voisins du TFAI ont entrepris une lutte plus ou moins énergique contre le *khât*. C'est le cas de la jeune Somalie où, bien que la consommation en soit autorisée, la vente licite de cette « salade » aurait été cantonnée au seul marché d'Hargeisha et limitée à deux heures par jour. Le Sud-Yémen a lancé des campagnes comparables. Difficile de mesurer leur réussite. A Djibouti, par contre, les protestations périodiques de certains administrateurs métropolitains plus scrupuleux, jointes à l'indignation des jeunes intellectuels afars et issas *(notre peuple sombre dans l'abrutissement)* n'ont jamais suffi à renverser ces courbes de consommation. A ce jour, toutes les campagnes ont échoué. Après 1952 et les premières taxations autoritaires les gouverneurs Compain et Tirant s'y étaient essayés en vain. En février 1960, des mesures de limitation furent prises puis annulées le 9 mars 1961 par le gouvernement Aref. En 1965, des clubs de jeunes locaux conduits par la Fédération des sports de Djibouti relancèrent à leur tour et sans plus de succès une vague opération anti-*khât*. Le 23 septembre 1966, après les émeutes de Djibouti, le gouverneur Saget tenta une nouvelle fois d'interdire l'importation de « salade » mais dut rapidement rapporter sa mesure.

Plusieurs facteurs expliquent cette cascade d'échecs. Les importateurs de *khât* et les mille intermédiaires forment un groupe de pression efficace capable de peser sur les décisions de l'administration locale. Ils ne s'en privent pas. La place déterminante qu'occupe maintenant le commerce du *khât* dans les finances territoriales interdit par ailleurs de renoncer du jour au lendemain à un tel pactole.

L'Éthiopie voisine tire enfin de ces exportations « spéciales » des revenus considérables. Elle ne ménage ni ses efforts ni son influence pour empêcher une éventuelle fermeture du marché djiboutien. A plusieurs reprises Addis-Abeba est allé jusqu'à menacer de suspendre le ravitaillement du TFAI en légumes frais si l'on osait toucher au *khât*.

Et puis! A Djibouti chaque interlocuteur, qu'il soit européen ou autochtone, vous répétera au sujet du *khât* la même petite prophétie parfaitement ambiguë. « Si on arrête la consommation du *khât*, demain la révolution est dans la rue. » Diable [1]!

---

1. En 1977, après beaucoup d'hésitations, le gouvernement de la nouvelle république de Djibouti prit la décision courageuse d'interdire le commerce légal du *khât*. Le chaos régnant en Éthiopie et l'interruption du chemin de fer, saboté par des maquisards somalis, lui facilitèrent, il est vrai, les choses.

Aux yeux des autorités — civiles et militaires — du TFAI, les journalistes trouble-fête qui viennent régulièrement de France ont — après le *khât* — une deuxième idée fixe : le barrage de barbelés qui ceinture Djibouti. Encore une affaire « montée en épingle »! Est-ce si étonnant? Le premier spectacle qu'offre Djibouti à n'importe quel voyageur arrivant par le train d'Éthiopie ne donne pas très chaud au cœur. Des herses et des chevaux de frise, des uniformes et des mitraillettes. Depuis 1966, un double barrage de 14 kilomètres 500, hérissé de barbelés, de miradors, truffé de pièges éclairants isole Djibouti du reste d'un territoire aux frontières floues.

La gendarmerie qui contrôle les portes de cette enceinte ne laisse entrer dans la ville que les « ressortissants français » munis des papiers nécessaires. Mais la nuit, les franchissements clandestins sont nombreux (10 à 15 000 par an). Périodiquement, la chronique locale signale des victimes du barrage dont le gouvernement assure qu'elles ont été « mortellement blessées par les pièges éclairants ». Mais que l'opposition présente comme des « tués par balle ». Ce *mur de la honte* fournit à tous les adversaires de la France dans cette partie du monde un thème providentiel. Au pied des barbelés, le long des routes qui mènent à Djibouti, ont déjà poussé des bidonvilles que les autochtones ont baptisés *balbela*[1] (déformation de barbelés). Le premier mot français qu'ils aient appris.

Pourquoi cette inimaginable barrière?

Thèse officielle (reprise par chaque ministre en visite dans le TFAI) : contrairement à ce que laisse entendre l'analogie avec le mur de Berlin, le « mur » de Djibouti n'est pas destiné à empêcher les gens de sortir mais d'entrer. L'îlot de prospérité que représente la ville au milieu d'un océan de sous-développement

---

1. En janvier 1976 les autorités de Djibouti ont décidé de raser ce bidonville en reconduisant aux frontières du TFAI ses habitants (en majorité Issas ou Somalis).

attire de façon irrésistible, dit-on, les populations nomades de la région qui, ignorant les frontières politiques, naviguent au gré des pâturages entre la Somalie, l'Éthiopie et le TFAI. Le port français est un phare miraculeux qui luit là-bas au bout du désert, comme une promesse d'abondance.

Si d'aventure on laissait arriver tout le monde, poursuivent les responsables du gouvernement local et ceux du haut-commissariat, Djibouti deviendrait vite une énorme agglomération remplie de chômeurs et de délinquants, ceinturée de bidonvilles incontrôlables. Soit.

Hélas! Il se trouve que parmi les milliers de nomades faméliques qui frappent aux portes de Djibouti — souvent dans le seul but de se faire soigner, ou de trouver de quoi manger — et que l'on refoule sans ménagement, tous ne viennent pas « de l'étranger ». Tous ne sont pas « étrangers ». C'est précisément autour du mot et du concept même d' « étranger » que se situe la vraie question.

Dans l'immense désert de pierres qui entoure le TFAI et que se partagent *grosso modo* les Afars ou Danakils côté Éthiopie, et les Issas et Issacq Somalis au Sud, l'attribution de la nationalité française et donc du ticket d'entrée à Djibouti a toujours obéi à de singuliers principes. « Aucun recensement sérieux des populations du territoire, écrit Philippe Oberlé [1], n'a jamais été réalisé et l'état-civil demeure embryonnaire. L'appréciation de la qualité de citoyen français est laissée à la discrétion des autorités. »

Depuis 1960, le gouvernement — jouant sur des antagonismes tribaux qu'il s'attache à exacerber — s'est appuyé sur les Afars partisans du maintien de la souveraineté française contre les Issas et les Somalis que l'on présentait complaisamment comme des « anti-Français ». L'attribution préférentielle de la nationalité française aux bons électeurs est donc une vieille tradition. A la veille du référendum de 1967, n'alla-t-on pas chercher jusqu'à

---

1. « Afars et Somalis. Le dossier de Djibouti », *Présence africaine*, 1971.

Assab ou Assoua, en Éthiopie, des Afars bien-pensants pour leur attribuer une citoyenneté que l'on refusait à des milliers d'Issas et de Somalis installés de longue date à Djibouti (mais qui manifestaient leur intention de voter « non »). Davantage qu'un service public, l'état-civil est une arme politique. On peut comprendre le souci du gouvernement local de s'en assurer le monopole. La fonction cachée du barrage est donc assez claire : il s'agit de limiter l'arrivée des adversaires politiques du gouvernement Aref dominé par les Afars. Au cours de sa dernière visite dans le TFAI, Georges Pompidou l'avait reconnu involontairement en soulignant que la suppression du barrage risquait de « créer une confusion dans le droit de vote ».

De l'aveu des autorités militaires, la surveillance du « barrage » accapare plus d'un tiers du temps des forces françaises dans le TFAI dont l'augmentation depuis 1968 n'a pourtant officiellement d'autre but que d'affirmer la présence de la France face aux « convoitises » éthiopiennes et somaliennes. Promus malgré eux au rôle de *vopos*, les militaires n'acceptent pas cette mission sans répugnance. « C'est une mission politique qui ne nous plaît pas du tout, nous déclarait un colonel. Comme on ne pouvait contrôler les frontières du TFAI, on les a en quelque sorte ramenées aux portes de Djibouti. L'armée doit en assurer la garde avec des effectifs importants mais des moyens dérisoires. Si on voulait vraiment empêcher l'afflux de population à Djibouti, il faudrait faire vraiment le mur de Berlin, ce qui n'est pas acceptable. Alors? L'utilité du barrage elle-même est discutable. »

Le barrage de Djibouti — tant décrit, tant dénoncé, tant de fois « justifié » — est plus encore qu'un scandale. C'est le symbole d'une situation artificielle, une contrainte absurde; le témoignage d'un déséquilibre volontairement entretenu dans un coin d'Afrique pour perpétuer une réalité pro-française fabriquée de toutes pièces. Les Afars qui, avec le soutien de la France, monopolisent le pouvoir à Djibouti n'ont pas tort, de leur point de vue, de répéter que sans le barrage et sans cette attribution sélective de la nationalité française la ville serait tôt submergée par les Issas partisans de l'indépendance ou pire, « à la solde de Mogadiscio ». La « pente naturelle des choses », les mouvements spontanés des populations autour de Djibouti tendent à accroître la proportion des Issas dans la ville et donc à remettre en question le principal fondement d'une politique. « Ah! si nous pouvions convaincre les Afars de venir plus nombreux à Djibouti », soupirait devant nous un proche d'Ali Aref.

Une formule parfois utilisée à Djibouti résume parfaitement la complexité politique du « cas » du TFAI : « Djibouti dit-on est une ville somalie, un port éthiopien, un pouvoir afar et une colonie française. » Et ces quatre réalités ne sont pas compatibles.

Le maintien de la présence française dans le TFAI et d'Ali Aref au pouvoir rendent peut-être ce barrage nécessaire. Aucun argument au monde ne saurait pourtant faire oublier cette évidence : une politique est déjà condamnée lorsqu'elle s'accroche à des barbelés.

Si elle justifie le *khât* par des considérations juridiques et le barrage par l'existence de « périls politiques », la France justifiait — depuis les deux consultations de 1958 et 1967 — sa présence à Djibouti par de solennelles références à la démocratie. Le peuple a choisi deux fois de rester français : la France obéit. L'affaire est entendue! A dix reprises le général de Gaulle, puis Georges Pompidou et Giscard d'Estaing utilisèrent cet argument pour réaffirmer la position française au sujet du TFAI. C'était le dogme. La France « demeure à Djibouti en vertu du devoir et de la démocratie ». Plus que nulle part ailleurs ces invocations interdisent que l'on passe par Djibouti sans dire un mot des fraudes électorales. Sans doute sont-elles générales dans tous les DOM-TOM. A Djibouti, elles confinent à la farce la plus sinistre. « Ici, l'ampleur de la fraude est telle, écrivait en mars 1973 René Florian, membre du comité directeur du parti socialiste venu en observateur suivre le déroulement des élections, que le terme même de fraude électorale paraît dérisoire. »

En réalité, seule la pratique de ces fraudes sur une grande échelle permet de museler l'opposition pour offrir la fallacieuse illusion d'une unanimité favorable au gouvernement Aref. Et à la France. Bourrage des urnes à Dikhil et à Galafi en mars 1973, paquets de bulletins déposés en bloc par des chefs de tribus surveillés par l'administration, refus d'inscription d'une liste d'opposition à Tadjoura-Obock, violences exercées sur les leaders de la ligue populaire africaine pour les empêcher de se rendre dans les « cercles » de l'intérieur, inscription illégale de 350 militaires français dans la deuxième section de Djibouti où la liste d'Ali Aref était menacée, etc. Chaque scrutin apporte son lot de péripéties frauduleuses. Que peuvent dès lors signifier l'évocation imperturbable de deux référendums (1958-1967) qui n'ont été que l'exagération solennelle de la fraude? Certains hauts fonctionnaires français reconnaissent aujourd'hui en privé qu'Ali Aref en fait maintenant un peu trop, et qu'en gardant obstinément le couvercle fermé sur la liberté politique, il crée une situation dangereuse et embarrassante pour la France. Mais Paris n'a-t-il pas donné l'exemple?

« Nous en sommes exactement au stade où en étaient les Algériens avant la rébellion, proclame Ahmed Dini. Les élections sont fictives, la justice est fictive, les médecins du travail sont aux ordres et la police aussi bien que l'administration sont politisées. A Djibouti, le simple fait de manifester son intention de voter est considéré comme subversif. Les fonctionnaires qui nous gouvernent ne sont plus arrêtés par aucune espèce de garde-fou et ne respectent aucun monde. S'ils faisaient en France la moitié de ce qu'ils font ici, ils iraient en prison. Non, nous ne demandons pas l'indépendance, nous voulons seulement la liberté de vote, d'expression et de travail. Est-ce là la subversion? On nous répond toujours la même chose : si vous êtes contre Ali Aref vous ne pouvez être qu'anti-français. »

On quitte Djibouti en serrant les poings. D'où vient cette colère? D'où vient cette rage triste que tout visiteur rapporte avec lui en partant du TFAI? D'une caricature du mensonge sans doute. Nulle part ailleurs la France ne se trouve enfermée dans un tel parti pris de cynisme et d'hypocrisie. Consultations électorales grotesques, réseau de barbelés, tontons macoutes, mépris et racisme. A Paris, il faudra écouter bientôt ministres et présidents qui parleront encore des « devoirs » de la France à Djibouti et du grand principe d'autodétermination auquel « elle reste fidèle »...

RETOUR AU TFAI

Djibouti, mai 1975.

Voilà Djibouti un an après. Les choses sont allées vite. La France paraît enfoncée plus profond dans ce piège dont elle ne sortira pas sans dommages [1]. La ville est tendue, hargneuse. Les Européens du plateau du Serpent ou de la place Ménélik affichent des mines qui accentuent le misérabilisme traditionnel de cette garnison maussade. Djibouti est sinistre. Chacun reprend la même boutade grinçante : « Il y a des grenades dans l'air. » Le Magalla paraît en état de siège. Des camions de la Légion tiennent les carrefours, des patrouilles battent les trottoirs. La nuit, rafles et expulsions bousculent les quartiers issas.

Première surprise : l'opposition légale a basculé dans le camp des partisans de l'indépendance. Ahmed Dini et Hassan Gouled qui répétaient encore voici douze mois : « Nous luttons contre l'arbitraire d'Ali Aref mais pas pour l'indépendance », ont franchi le Rubicon. « Découragée et remplie de haine, dit Gouled, la population désire que la France se retire de Djibouti même si le départ des Français l'amenait à mourir de faim. »

1. Il fallut effectivement, en 1976-1977, une révision totale de notre politique à Djibouti, et un patient « détricotage » de cette camisole policière, pour sortir *in extremis* de ce piège. L'habileté diplomatique du dernier haut-commissaire, M. Camille d'Ornano, contribua à éviter les catastrophes.

Dini renchérit : « La France ne fait rien pour nous préparer à l'indépendance, alors... » Au mois de novembre 1974, renonçant à réclamer « l'autonomie interne », la Ligue populaire africaine a décidé d'exiger *l'indépendance totale, pleine et entière.* A Djibouti, les Européens songent à faire leurs valises. Les vieilles fictions craquent. La façade se lézarde.

Une évidence saute aux yeux : la jeunesse du territoire s'est politisée à toute allure. La plupart des écoliers, lycéens, étudiants de Djibouti, hier encore indifférents aux yeux du pouvoir, militent désormais à l'ombre des associations sportives ou culturelles. Unité, Racing Club, Évolution, Concorde, Frères sportifs, Red Star : les clubs d'hier sont devenus autant de lieux de rencontre entre jeunes Afars et Issas. Ethnies confondues! Écœurés par l' « assimilation » et l'enseignement français, pourchassés par la police, les jeunes sont délibérément « entrés en contestation ». Ils ont baptisé Ali Aref *le Thieu de Djibouti* avant de fêter sur le mode romantique la « victoire afro-asiatique de Saïgon ». Plusieurs incidents ont éclaté dans les collèges au cours de l'année. Au CES de Tadjourah, une grève des élèves commencée le 12 avril 1975 a dégénéré en affrontement avec la police. Le commandant du « cercle », Sainte-Beuve, un « Français à poigne » haï par la population, s'est fait rosser par les lycéens avant de déclencher une répression absurde. La population de Tadjourah a pris fait et cause pour ses enfants. Vilaine affaire. Et symptôme criant... Les vieilles rivalités ethniques entre Afars et Issas, providentielles pour la France qui les utilisait, cèdent le pas à des revendications politiques. Les jeunes Afars sont les premiers à dénoncer le pouvoir afar d'Ali Aref, à rejetter le « tribalisme » dont on s'est tant servi. Pour ou contre l'indépendance : la nouvelle ligne de démarcation qui partage la population frappe brusquement d'impuissance toutes les petites manigances d'autrefois.

Cette pression de la base, cette électricité que l'on sent désormais à fleur de peau dans tout le TFAI ont poussé les dirigeants de la LPA vers l'avant. Dini, Gouled et leurs amis sont désormais contestés par une jeunesse qui les trouve timorés. Réclamer publiquement l'indépendance devenait obligatoire. Ça, ou disparaître de la scène...

Mais les pressions venues de dehors n'ont pas moins compté. En quelques mois l'environnement de Djibouti s'est trouvé bouleversé. Haïlé Sélassié a été renversé à Addis-Abeba par des militaires socialistes et surtout nationalistes qui paraissent moins conciliants que le vieil empereur au sujet de la présence française dans ce « port éthiopien ». Le nouveau régime portugais a renoncé à ses guerres coloniales et lâché l'Angola, le Mozambique et la Guinée. Dans toute l'Afrique, si l'on excepte les régimes de Prétoria et de Salisbury, la France est désormais la dernière « puissance coloniale » en place. Djibouti devient une exception, une parenthèse insolite, un cas. L'OUA en a fait l'un des thèmes de ses réquisitoires anticolonialistes. Régulièrement, sur la scène internationale, la France est admonestée, dénoncée. En novembre 1974, Léopold Sédar Senghor lui-même, recevant le chef d'État de Somalie, le général Syaad Barre, a réclamé l'indépendance de Djibouti. La Somalie, qui rêve toujours de réunir dans une même nation les tribus séparées jadis par le colonialisme, abandonne le ton courtois dont elle usait avec le gouvernement français [1] pour celui du réquisitoire « dur ». Le Front de libération de la côte des Somalies (FLCS) qui a son siège à Mogadiscio est lui-même sorti d'un demi-sommeil avec la bénédiction des autorités somaliennes. Notre ambassadeur y a été enlevé en mars 1975 par un commando du FLCS qui a exigé — et obtenu — la libération des prisonniers politiques du TFAI incarcérés en France [2].

1. Selon la Constitution somalienne les revendications territoriales de Mogadiscio portent — outre Djibouti — sur l'OGADEN éthiopien et le Northern Frontier District du Kenya, deux régions où vivent des tribus à majorité somalie.
2. Il s'agissait de Omar Osman Rabeh condamné à mort le 27 juin 1968 à Djibouti (au cours d'un procès fort contesté) puis grâcié, pour avoir tenté d'assassiner

L'affaire devient chaude.

L'ouverture du canal de Suez, les grandes manœuvres des super-puissances dans l'océan Indien ont d'ailleurs fait monter les enjeux en transformant la région en point chaud stratégique. Les Soviétiques sont à Berbera (Somalie) et à Aden (Sud-Yémen). Les Vautours de reconnaissance des forces aériennes françaises photographient méthodiquement les signes visibles de cette présence. Les Américains entreprennent — avec des hésitations — d'installer une base militaire sur l'îlot de Diego Garcia.

A Djibouti, chacun le sent, la situation dérape, devient chaque jour plus explosive. Les colères et les humiliations locales provoquées par l'autoritarisme d'Ali Aref se conjuguent avec des interventions étrangères intéressées qui peuvent, d'un jour à l'autre, leur donner une dimension dramatique.

Que fait la France?

D'abord elle a signé avec Ali Aref, son « protégé », (en juin et novembre 1974) des conventions qui accroissent les pouvoirs du gouvernement local. Celui-ci dispose désormais de la police, de la gestion des crédits du FIDES et de celle des volontaires de l'assistance technique. Le résultat est clair. Le régime Aref joue désormais librement — et sans contrôle — de ses tontons macoutes pour aggraver la répression. Au moindre incident dans les cercles de l'intérieur, la gendarmerie locale intervient, gourdin à la main. L'arbitraire du régime vire doucement à la dictature. On peut désormais expulser, par le premier avion, tout enseignant ou VAT qui oserait froncer les sourcils. Les jeunes professeurs français que l'on rencontre ici expriment le même dégoût impuissant.

Qu'importe! A celui qui veut dénoncer tant d'injustices, le gouvernement français répond en se retranchant derrière le nouveau statut « de très large autonomie » dont jouit désormais

le président Aref; et de Omar Elmi Kaireh condamné le 22 juin 1970 à la réclusion perpétuelle pour un attentat commis à Djibouti au nom du Front de libération de la côte des Somalies.

le TFAI : « Ceci n'est plus de notre ressort mais regarde le gouvernement local. »

Ali Aref lui-même commence à parler d'indépendance. J'exigerai l'indépendance, répète-t-il, dès lors que celle-ci sera garantie et que le TFAI sera à l'abri des convoitises étrangères. Autrement dit, je ne peux réclamer l'indépendance tout de suite puisque l'Éthiopie et la Somalie attendent le départ des Français pour se ruer sur Djibouti. Conclusion ambiguë : « Nous nous retrancherons derrière le colonialisme français tant que Djibouti sera l'objet de visées annexionnistes [1]. » En fait, Ali Aref craint surtout — avec une indépendance « trop rapide » — de perdre un monopole du pouvoir qui ne correspond plus à aucune réalité ethnique, politique ou arithmétique. Le monopole Afar, créé par la France, résisterait-il au départ de nos légionnaires? Sentant sa position menacée, Aref cherche des garanties extérieures. Auprès des Afars d'Éthiopie d'abord qui, sous la conduite de leur sultan Ali Mirah, sont entrés en rébellion contre le nouveau régime d'Addis Abeba. Ali Aref ouvre les portes du TFAI aux guerriers afars-danakils et exalte l'unité du peuple afar dans de retentissants discours. Nourrit-il un rêve secret : celui d'une grande Afarie reconstituée sur les débris d'une Éthiopie en décomposition? Une grande Afarie où les Issas seraient enfin minoritaires... Avec une audace qui frise l'inconscience diplomatique, la France paraît se compromettre avec ces songeries. Au grand scandale des Éthiopiens. Au mois de mars 1975, Christian Dablanc, haut-commissaire français à Djibouti, a rencontré Ali Mirah. Rencontre aussitôt connue à Addis-Abeba et dénoncée comme une manœuvre.

Mais Ali Aref cherche également l'appui des pays arabes pour faire pièce aux pressions africaines. Voyages en Arabie Saoudite, au Yémen... Pour assurer la survie de « quelque chose » d'afar et de pro-français à Djibouti, une course de vitesse est engagée. Dans quel but?

---

1. Déclaration d'Ali Aref au *Monde*, 26 novembre 1974.

Paris continue de tenir un double langage. Officiellement on répète que l'intérêt stratégique et militaire de Djibouti est *à peu près nul* [1]. L'époque des grandes bases militaires est révolue, le développement des armes à longue distance (Djibouti et son aéroport sont à portée de canon de la Somalie) rend précaire la capacité militaire du TFAI. Pas question, dit-on, de s'accrocher à ce morceau d'Afrique pour compenser la perte de Diego Suarez à Madagascar ou des Comores. Mais dans le même temps — tout au long des années 1974 et 1975 — la France n'a cessé de renforcer son potentiel militaire à Djibouti. « Pour défendre ce territoire contre les menaces étrangères. »

Aurions-nous encore une grande politique de présence militaire dans le monde? Souhaitons-nous simplement garder un pied — et un œil — dans cette zone de tempêtes? Avons-nous un grand dessein à Djibouti?

1. Rompant subitement avec une politique de « maintien outre-mer » dont il fut, rue Oudinot, l'un des plus véhéments champions, M. Pierre Messmer provoqua quelque émotion en se rangeant enfin, au sujet de Djibouti, à l'évidence en écrivant dans *France-Soir*, le 7 novembre 1975 : « En résumé, on peut dire que Djibouti est pour la France une charge à peu près inutile; que la population ne se veut pas française et ne veut pas le devenir; que nos voisins poussent à notre départ. Dans ces conditions, il faut aller à l'indépendance et le plus tôt sera le mieux. » Vers le mois de mars 1976 le gouvernement français, à son tour, décida brusquement de virer de bord. Alors que, quelques mois, auparavant il proposait à M. Aref de « départementaliser » le TFAI, il lâcha du jour au lendemain un « protégé » totalement discrédité. Acceptant le principe de l'indépendance, se rapprochant de la LPAI et de la Somalie, Paris se mit dès lors à combattre ce qui était hier encore sa politique, entreprit de réviser l'état civil, condamna le principe du barrage, dénonça « l'affairisme » de M. Aref et accusa même quelques journalistes de prendre sa défense. La « vérité officielle » avait changé de camp... Le 27 juin 1977, après un référendum qui avait dégagé 98 % de votes favorables à l'indépendance, le TFAI accéda à la souveraineté internationale sous le nom de « République de Djibouti ». Attendue avec inquiétude dans une région de l'Afrique déchirée par la guerre somalo-éthiopienne, cette décolonisation se déroula sans drames ni violences, grâce au virage à 180 degrés de la politique française. Paris, choisissant tardivement le réalisme, donnait rétrospectivement raison aux observateurs qui critiquaient depuis des années les folies de « l'ancienne politique ».

Le « coup » des Comores

Moroni, décembre 1974.

On a quitté Dar-es-Salam à la bonne franquette. Le « taxi » d'Air-Comores boucle ses derniers voyages au-dessus du canal du Mozambique. Et quel « taxi »! Un DC 4 d'avant les Bœings, puant le gas-oil et l'aventure africaine, rempli de dames en boubous et rudement piloté par des anciens du Biafra en manches de chemise. Dans le fracas des hélices, avec un rien de nostalgie bougonne, l'avion a l'air de foncer vers une fin de siècle. Adieu la coloniale! La carlingue sent encore les épices et l'*ylang ylang*, spécialité comorienne. Morançay — directeur adjoint de cette compagnie de bouts de ficelles — mâchouille un mégot en empoignant les commandes. On fait passer sans manière les casse-croûte à des passagers en sueur. Demain, les jets d'Air-France se poseront mollement sur la nouvelle piste de Habaia. Plein est... Le DC 4 — une fois encore — court derrière une ombre en pointillé qui saute les cumulus. On pique sur Moroni vers 6 heures du soir. Cent quarante minutes de vol un peu « crapahuté », un peu « taxi pour Tobrouk ». Utile prologue.

Moroni évoque tout de suite quelque chose comme l'extrémité d'un monde, un bout d'empire somnolent sur lequel la France aurait régné distraitement pendant près d'un siècle. La

257

préfecture de la Grande Comore, capitale administrative de l'archipel, est un village de pêcheurs recroquevillé entre une jetée à boutres et une « mosquée du vendredi » toute blanche. Les bâtisses de béton de l'ORTF, de l'Assemblée territoriale et du gouvernement local ont cet air de modernisme appliqué et tôt écaillé qui signale l'architecture DOM-TOM. Mais plus avare ici que nulle part ailleurs.

La France n'a jamais posé qu'un doigt léger sur ce territoire sans richesse ni grande valeur stratégique. Elle y a peu dépensé. Cela se voit. Peu de routes, aucun port, pas d'hôpitaux dignes de ce nom, peu d'écoles (le taux de scolarisation ne dépasse pas 30 % dans le primaire et 8 % dans le secondaire). La plupart des villages n'ont pas l'électricité. Les liaisons entre les quatre îles sont inexistantes et, loin d'annoncer un futur État, l'archipel n'est encore qu'une juxtaposition de royaumes clos sur les traditions querelleuses. Les invasions arabes du Moyen Age et les conquêtes mérinas ou sakalaves ont laissé un fouillis ethnique — Yéménites, Mélano-Indonésiens, Bantous, Indiens, etc. — qui suggère à la fois la rue de Tananarive et celle d'une Arabie intégriste. Sept cents mosquées dans l'archipel! Quelques dizaines de Français campent à l'orée de cet univers métissé. Trop peu nombreux pour donner le ton.

Faut-il s'indigner de l'état d'abandon de ce territoire qui, jusqu'en 1960, ne fut dans l'océan Indien qu'une modeste annexe de Madagascar? Doit-on se féliciter au contraire de ce que la France — plus par négligence que par dessein — ait laissé ici une société archaïque peut-être mais intacte, moins corrompue que d'autres par « l'assimilation »? On hésite. Les Comores sont bel et bien misérables. Les 300 000 Comoriens ont un niveau de vie inférieur à 100 dollars par an, ce qui, même pour l'Afrique, n'est pas lourd. Les épidémies de choléra, les parasitoses et les maladies infectieuses sont fréquentes dans l'archipel où des commencements de famine menacent sporadiquement, lorsqu'une péripétie imprévue retarde par exemple l'arrivée du cargo de riz venant de Thaïlande ou des Philippines.

Les Comores, sans véritables agriculture ni industrie, sans ressources ni projets sérieux, vivent suspendues à ces importations de riz subventionnées par la France. 15 000 à 20 000 tonnes chaque année qui font du territoire une manière de soupe populaire à la merci d'un « protecteur » étranger. Ici, le déficit de la balance des paiements — multiplié par 6 entre 1961 et 1972 — n'appelle même plus beaucoup de commentaires, tant est caricaturale la dépendance économique du territoire. Les seules productions locales (vanille, plantes à parfum, coprah, giroflée) contrôlées par quelques sociétés coloniales à l'ancienne mode fournissent tout juste un appoint de ressources. Les chiffres en témoignent. Budget territorial en 1974 : 1,6 milliard. Aide fournie la même année par la métropole : 7,2 milliards. Rarement des données financières auront été aussi simples : la misère.

Et pourtant! Rien n'est moins spectaculaire que cette misère-là. Les Comores, lorsqu'on y débarque, n'inspirent guère d'apitoiements scandalisés, ni trop de mélancolie. Il y a ici on ne sait quel équilibre inhabituel, une harmonie villageoise qui contraste avec l'image classique du bidonville africain ou les pouilleries citadines de l'Asie. Les villages de pierres sèches se dissimulent, vers l'intérieur, sous l'exubérance des feuilles ou s'égrènent le long de la côte de crique en crique, blancs sur le fond noir des laves du Karthala, ces rochers volcaniques qui font des paysages comoriens couronnés de cocotiers un négatif photographique de la Polynésie. Il règne dans ces îles pourtant surpeuplées (la quantité de terres cultivables ne dépasse pas 38 ares par habitant) une lenteur cérémonieuse, une distance un peu hautaine, celle d'une société minutieusement soumise aux commandements d'un islam qui ne plaisante pas. On s'étonne de ne pas retrouver ici la nervosité copieuse des territoires « francisés », cette occidentalisation inquiète qui avec frénésie singe Pithiviers sous les tropiques.

Figée dans ses hiérarchies coutumières, gouvernée par ses cadis et ses princes musulmans, la société comorienne, elle, ne doit pas encore grand-chose aux mœurs d'une métropole d'ailleurs fort ignorante de ses lois. Le colonialisme français, au moins, n'a pas conquis beaucoup d'âmes aux Comores ni rien dérangé. Séduite en 1891 par le mouillage de Mayotte, admise comme arbitre par les « sultans batailleurs », la France n'a jamais trouvé de vraies raisons de s'installer ici ou d'appesantir sur Moroni une domination analogue à celle qui humilie Djibouti. Les institutions imposées par la République — protectorat jusqu'en 1912, colonie dépendante de Madagascar jusqu'en 1946, puis territoire d'outre-mer en 1961 — n'ont jamais été davantage qu'un vernis juridique superficiel. La vraie vie est restée du ressort exclusif des chefs traditionnels et du Coran. Une présence française pour une fois respectueuse donc, mais fortuitement. Pas d'intérêt, pas d'action. Pas même, comme ailleurs dans les DOM-TOM, une volonté de rester sur place à tout prix. La France concéda sans difficultés à Moroni, dès 1968, une large autonomie interne — « étape normale vers l'indépendance » — qu'elle refuse encore à la Nouvelle-Calédonie ou à la Polynésie.

Tout devait donc conduire les Comores vers une décolonisation sans histoire, une émancipation modèle « dans l'amitié et la coopération ». On s'étonne d'autant plus des médiocres péripéties, des rancœurs multipliées et des fausses promesses qui ont marqué à partir de 1972 ce désengagement. La France serait-elle plus mal partie qu'elle n'était restée? On peut le craindre.

En apparence, la querelle de principe a surgi au sujet de Mayotte dont la population — par l'intermédiaire du Mouvement populaire mahorais — n'a cessé de proclamer son désir de « demeurer française », provoquant chez nos parlementaires de grandes agitations de l'âme. Allait-on répudier, abandonner unilatéralement à leur destin des Français si joliment attachés à la mère patrie en ces temps d'ingratitudes sécessionnistes? Posée de cette façon — mauvaise — dès le départ, l'affaire gangrena lentement un dossier qui s'annonçait assez simple.

Chacun agita les grands principes. Paris s'enflamma maladroite-
ment — et après bien des valses-hésitations — pour la « cause
française de Mayotte ». Moroni excipa avec une mauvaise
humeur croissante du principe d'intégrité nationale de l'archipel qui devait interdire que l'on « balkanisât » les Comores à la
faveur de leur indépendance.

Cas de conscience embarrassant, casse-tête ambigu qu'on
s'efforça de contourner en parlant un peu à tort et à travers de
« solution fédérale » ou d'une « régionalisation » assez poussée
pour sauvegarder l'identité mahoraise. Les arrière-pensées électorales et les emportements cocardiers compliquèrent encore
les choses. Mayotte, vue de Paris, devint le symbole émouvant
d'un patriotisme rétro. Des reporters envoyés sur place purent
décrire un décor qui paraissait remonter le cours de l'histoire.
Des *Marseillaises* et des clairons à Dzaoudzi, des légionnaires
acclamés par la population, des femmes déchaînées criant « vive
la France » sur fond de lagon bleu outremer. Bref, un authentique coin de la patrie en rupture avec le siècle qui valait bien
quelques grands sentiments.

Visitant l'archipel le 31 janvier 1972, Pierre Messmer s'aban-
donna aux plus tonitruants d'entre eux en commettant une
gaffe assez fâcheuse : il annonça aux Mahorais que Paris n'était
pas insensible à leur fidélité, qu'ils « resteraient français durant
cent trente-quatre ans encore pourvu qu'ils en expriment le
désir ». Il promit en clair aux habitants de Mayotte qu'un éventuel
référendum sur l'indépendance du territoire se ferait « île par
île » et par conséquent que les Mahorais ne seraient jamais « lar-
gués » contre leur gré. « Si vous ne souhaitez pas vous débarrasser de la France, la France ne souhaite pas se débarrasser de
vous. » Hâtive promesse...

La marche des Comores vers l'indépendance — après la déclaration commune du 27 juin 1974 — qui, revenant sur les promesses de M. Messmer, annonçait que le référendum serait
« global » fut compliquée par ce dilemme politique peu ordinaire. Dilemme aggravé par trois séries de facteurs : un malen-

tendu « historique » sciemment entretenu, une arrière-pensée « néo-coloniale » et enfin une série de petits calculs d'assez basse politique électorale.

Un malentendu? Il suffit d'une journée passée à Dzaoudzi sur le « rocher » des Mahorais pour en mesurer l'épaisseur. En réalité, la revendication « réactionnaire » de Mayotte ne procède pas — n'a jamais procédé — d'une émotion patriotique pro-française même si, par tactique, elle en prend les accents. La petite île méridionale, plus privilégiée que les trois autres — par son lagon, sa moindre pression démographique, ses cultures vivrières —, craint plus simplement de se trouver soumise comme elle le fut jadis à l'arbitraire intéressé d'un nouvel État comorien. Cette position défensive est traditionnelle à Mayotte. En 1841 déjà, elle avait justifié que le souverain Andriantsouly, d'origine malgache, fît appel à la « protection » française, permettant à Paris de débarquer dans l'archipel. Agissant aujourd'hui dans le droit fil d'une histoire vieille d'un siècle, les Mahorais — qui pour la plupart ne parlent pas français et se soucient comme d'une guigne de la « patrie » — préfèrent encore la tutelle lointaine d'une métropole « coloniale » à celle, redoutablement proche, du jeune pouvoir comorien. Un pouvoir qui s'incarne principalement pour eux dans les habitants d'Anjouan, l'île voisine et la plus peuplée. Ceux-ci, tassés sur leur terre, n'ont jamais renoncé à couler vers Mayotte des regards envahisseurs. Une colonie d'Anjouannais y est déjà installée et son poids augmente.

Si ces Mahorais se sentent justifiés dans leurs craintes par la géographie et la démographie, ils trouvent dans l'histoire récente de l'archipel quelques raisons supplémentaires de se défier de l'État comorien. Dès 1968, après que la loi du 3 janvier eut accordé aux Comores l'autonomie interne, l'autorité d'Anjouan et de la Grande Comore commença de s'appesantir sur les

Mahorais. Dzaoudzi perdit son titre de capitale administrative au profit de Moroni. Les nouveaux fonctionnaires du gouvernement territorial nommés à Mayotte firent sentir à ses habitants — parfois jusqu'à l'arbitraire policier — le poids de l'autorité centrale heureusement, mais provisoirement, tempérée par la présence de la métropole. La véhémence « pro-française » du Mouvement populaire mahorais s'en trouva exacerbée. Mais pas tout à fait pour les raisons que leur prêtèrent par la suite M. Messmer et les députés français. Ainsi se trouvait fondé un premier malentendu.

Il s'y ajouta aussitôt l'effet d'un réflexe « néo-colonialiste » de la métropole. Pour une solution harmonieuse du « cas Mayotte », un élément paraissait déterminant : la nature du pouvoir politique indépendant dont Paris favoriserait bientôt l'installation à Moroni. Qu'il inspire confiance aux Mahorais et l'affaire devait pouvoir se régler sans drame.

Hélas! Au contraire de cela, la rue Oudinot, et surtout l'Élysée, « conseillé » par Jacques Foccart, jouèrent la décolonisation des Comores sur la tête d'Ahmed Abdallah, richissime commerçant anjouannais, importateur de riz, dont les emportements dictatoriaux et les soucis mercantiles auguraient mal de la future démocratie souveraine. Après Tombalbaye, Bokassa et Ali Aref, Paris avait donc trouvé un « protégé » conforme aux plus funestes traditions. Pourquoi ce choix compromettant? Par calcul sans doute. Face à la gauche comorienne, à la jeunesse politisée de l'archipel et au Molinaco (Mouvement de libération des Comores) installé à Dar-es-Salam — qui, les premiers, déclarèrent « l'indépendance immédiate » —, Paris crut habile de ménager l'avenir en appuyant un notable pro-français, même sans assise politique. Vieille habitude...

Ahmed Abdallah, au demeurant, n'avait pas milité de son propre chef pour l'indépendance. Il eût sans aucun doute préféré le maintien de la présence d'une métropole qui lui garantissait tout à la fois le pouvoir personnel et de coquets bénéfices sur le riz. C'est poussé par les circonstances et menacé de

« débordement politique » qu'il finit par s'y résoudre jusqu'à en revendiquer plus tard les mérites et tâcher d'entrer dans l'histoire en « père de l'indépendance nationale ».

On peut s'interroger sur l'inspiration de ce soutien que la France accorda sans désemparer et contre l'opinion africaine à Ahmed Abdallah. La volonté de sauvegarder les « intérêts français » aux Comores — mais quels intérêts? — cadrait mal avec le désintéressement absolu dont s'était toujours réclamé Paris à propos de cet archipel sans valeur. Pour manifester un tel souci de la future « amitié » comorienne, la France avait-elle un dessein secret ou quelque projet stratégique? Les soupçons formulés à gauche concernant l'éventuelle création d'une base navale à Mayotte — dont la rade abritée offre un site exceptionnel dans l'océan Indien — n'étaient peut-être pas fondés. Les militaires en tout cas s'en étaient toujours défendus en arguant du peu d'intérêt stratégique de cette présence militaire au regard du « prix politique » qu'il faudrait payer. Mais fondés ou non, de tels soupçons avaient au moins pour eux le mérite de la vraisemblance.

Promis à l'autorité brouillonne d'Ahmed Abdallah et de ses préfets, Mayotte en tout cas durcit son « attachement indéfectible » à la métropole. Les leaders du Mouvement populaire mahorais jouèrent habilement le Parlement [1] contre la rue Oudinot et l'Élysée en spéculant — pour faire échec à cette indépendance « programmée » — sur les réflexes sentimentaux des députés dont ils flattaient le patriotisme. La fidélité au drapeau français s'identifiait chez eux à une hostilité à l'égard de Moroni. A tel point d'ailleurs qu'une connivence paradoxale s'instaura entre les Mahorais pro-français et l'opposition « indépendantiste » de Moroni regroupée au sein du Front national uni des Comores hostile à M. Abdallah.

La procédure constitutionnelle conduisant à l'émancipation

1. Les dirigeants du Mouvement populaire mahorais invoquent surtout l'article 53 de la Constitution qui stipule qu'aucune cession de territoire n'est valable sans le consentement des populations intéressées.

s'accéléra. Le 3 décembre 1972, la Chambre des députés du territoire — en l'absence des cinq représentants de Mayotte — vota le principe de l'indépendance et mandata le président du Conseil de gouvernement, Ahmed Abdallah, pour conduire les négociations avec Paris. En mai 1973, les conversations s'engagèrent entre la rue Oudinot et Ahmed Abdallah qui aboutirent à la « déclaration commune » de juin 1974. Celle-ci prévoyait qu'une consultation de la population serait organisée dans les cinq ans et qu'une « politique de régionalisation serait mise en place permettant de respecter les entités tout en confirmant l'actuelle unité de l'archipel ».

En fait, Paris s'efforçait de mener de front deux politiques contradictoires. Le gouvernement continuait de soutenir M. Abdallah et se faisait fort — grâce à des promesses de régionalisation qui seraient inscrites dans la future Constitution comorienne — de ramener Mayotte à la raison. Il promettait en échange à « l'homme d'Anjouan » de respecter l'unité de l'archipel en organisant un référendum « global ». Mais le Parlement quant à lui ne se résolvait pas à « abandonner » Mayotte.

Les jeunes intellectuels comoriens et l'OUA s'indignèrent avec quelque raison de ce qui leur semblait une pure hypocrisie. Que cherchait la France aux Comores? La minceur de l'enjeu au regard des problèmes de l'hexagone et l'indifférence de l'opinion métropolitaine expliquent qu'ait pu être conduite sans trop de protestations cette brumeuse politique.

Mais le « débat public » (si peu public en fait) n'était peut-être pas l'essentiel. Au malentendu mahorais et à la « promotion » volontaire d'Ahmed Abdallah s'ajoutèrent des marchandages un peu plus sordides. Il s'agit des transactions qui précédèrent l'élection présidentielle de mai 1974. A la veille du duel entre MM. Mitterrand et Giscard d'Estaing, nul n'ignorait que le scrutin serait serré et que l'écart entre les deux candidats risquait de se ramener à quelques dizaines de milliers de voix. Plus encore que par le passé les partis s'intéressèrent aux voix venues d'outremer qui, cette fois, pouvaient bel et bien arbitrer le duel. Or, pour ce qui est des Comores, il est clair qu'Ahmed Abdallah, venu à Paris au début de mai 1974, négocia en bon commerçant, avec Jacques Chaban-Delmas puis Valéry Giscard d'Estaing, les 70 ou 80 milliers de voix comoriennes qu'il se faisait fort d'orienter sur le candidat de son choix. En échange d'un vote UDR au premier tour puis d'un report massif sur M. Giscard d'Estaing au second, il exigea — et obtint — des engagements précis du futur président sur la question de l'indépendance. Il demanda en clair que l'on renonce aux promesses faites jadis aux Mahorais par Pierre Messmer et Bernard Stasi [1] et qu'on « abandonne » Mayotte. Une victoire présidentielle valait bien Dzaoudzi!

Avec un brin d'amertume tempérée par l'ironie, François Mitterrand rapporte dans *Ma part de vérité* ce qu'il appelle l'Impromptu d'Abdallah :

« Mon entrevue (avec Abdallah), écrit-il, a eu lieu le 11 mai 1974 au domicile d'André Rousselet, rue d'Aumale. J'avais été alerté par Monique V... qui fut longtemps ma collaboratrice et qui reste une amie très chère, qu'Abdallah — parrain de l'un de ses fils — arrivait à Paris et que M. Giscard d'Estaing s'apprêtait à traiter comme on peut le supposer ce grand électeur d'outre-mer qui avait dans sa poche 75 000 suffrages tout cuits (...). Rue d'Aumale, Abdallah parla franc. Il regrettait que mes représentants locaux se fussent appuyés sur son opposition mais il m'aimait beaucoup. Il se déclarait plus proche de moi que quiconque. Si j'étais élu je pourrais compter sur lui et ses députés rejoindraient aussitôt le groupe socialiste. En attendant il veillerait à ce que mes suffrages du 5 mai ne s'évanouissent pas le 19.

1. « Il faut permettre à chaque île d'affirmer sa personnalité. Chacune doit pouvoir gérer ses propres affaires, avoir une part équitable de l'aide de la France, des subventions et des crédits. C'est le principe de la régionalisation sur lequel nous sommes tombés d'accord et que nous sommes décidés à mettre en œuvre » (Bernard Stasi, septembre 1973). Déclaration citée dans le Rapport d'information de la Commission des lois constitutionnelles, annexe au procès-verbal de la session du 13 juin 1975.

» Cependant, à quelques miettes près, l'héritage de Chaban Delmas passerait à Giscard d'Estaing : foi d'Abdallah, il était engagé et, fût-ce à regret, n'y pouvait plus rien. Je ne l'ai pas interrogé sur la nature de ses obligations mais il se plut à m'informer qu'elles n'étaient pas unilatérales et qu'après avoir, pour le premier tour, obtenu de Chaban-Delmas la promesse que ce dernier respecterait l'accord déjà souscrit par Georges Pompidou sur l'indépendance des Comores, Mayotte comprise, il avait pour le second tour reçu du ministre de l'Économie et des Finances des assurances identiques. Je ne suis pas en mesure d'établir la réalité de la clause sur Mayotte qui contredit la position publique du premier ministre de l'époque, Pierre Messmer, position réitérée par le même lors du récent débat à l'Assemblée nationale. Je constate simplement que le 5 mai le maire de Bordeaux a réuni 73 253 suffrages contre 25 513 qui se sont portés sur moi et 9 984 (dont 6 680 émanaient de Mayotte) sur M. Giscard d'Estaing et que, le 19 mai, M. Giscard d'Estaing en a rassemblés 83 772 tandis que je plafonnais à 28 983. On dit que les chiffres parlent. J'ajoute qu'Ahmed Abdallah, peu avare de confidences, m'a également appris que l'indépendance serait accordée par la France le 15 juin suivant. »

Ainsi la France engageait-elle la première décolonisation d'un de ses DOM-TOM sur un marchandage électoral. Et dans l'incohérence. La préparation du référendum sur l'indépendance — entre juin et novembre 1974 — n'alla pas sans tiraillements, quoiqu'ils fussent voilés par l'hypocrisie et gommés par l'indifférence de l'opinion. Malgré un avis défavorable de la Commission des lois de l'Assemblée nationale, la Chambre des députés a approuvé (par 363 voix contre 87) en octobre le *principe* d'une « consultation globale » entraînant *ipso facto* le « largage » de Mayotte. Vote déjà trouble puisqu'un décompte des résultats île par île fut néanmoins prévu. Les sénateurs par contre se rebiffèrent et réintroduisirent dans le projet de loi portant consultation une nuance plus précise propre à sauvegarder les intérêts de Mayotte : on ne parlait plus de consulter *la* mais *les* populations des Comores [1].

En décembre, l'étrange campagne pour le référendum se déroula donc dans la plus parfaite ambiguïté sous le regard circonspect des magistrats délégués par Paris. Si tous les partis — excepté le Mouvement populaire mahorais — se prononçaient en faveur du « oui », le ton des meetings, de village à village, indiquait assez clairement que la lutte pour le futur pouvoir était bien engagée. Regroupée au sein d'un « front uni », l'opposition accepta mal que la consultation prît, avec la complicité des autorités françaises, l'allure d'un plébiscite en faveur d'Ahmed Abdallah. Celui-ci chercha d'ailleurs sans complexe à « étouffer la voix des Mahorais » en traitant « d'assassins » ces concitoyens si particuliers qui manifestaient leur désir de rester sous la protection de la France. Mais, hélas pour lui, les irrégularités constatées à Mayotte [2] n'empêchèrent pas cette île de se prononcer le 22 décembre pour le « non » à 63 % alors que les autres îles votaient « oui » à plus de 95 %. Au bout du compte le problème demeurait donc entier.

Chargé de tirer les conclusions constitutionnelles du vote, dans les six mois, le Parlement français se trouvait placé devant un cas de conscience. Quant au gouvernement, il pouvait désormais jouer les tartufes en laissant aux députés le soin de revenir sur des promesses faites — dans leur dos — par M. Giscard d'Estaing à Ahmed Abdallah. Ainsi, après avoir marchandé sans scrupules l'abandon théorique de Mayotte contre 75 000 voix « présidentielles », on s'apprêtait avec solennité à invoquer les grands principes de la démocratie — et, en privé, « l'entêtement du Parlement » — pour justifier que l'on se dérobât devant des

---

1. Loi n° 75-065 du 23 novembre 1974.
2. Rapport d'information de la Commission des lois de l'Assemblée nationale, annexe au procès-verbal du 13 juin 1975.

engagements électoraux qui, eux, n'étaient pas inscrits dans la Constitution.

Au début de 1975, tandis que se développait dans les journaux parisiens une polémique sentimentale sur Mayotte (que parlait-on de sentiments dans cette affaire-là!), M. Ahmed Abdallah put légitimement se sentir floué. Il plaça d'abord la France devant ses responsabilités, en trouvant des accents discrètement anti-colonialistes qui, déjà, juraient un peu dans la bouche du despote d'Anjouan. Il y eut des visites, des rencontres et des palabres. Puis, devant les atermoiements de la métropole, Abdallah haussa le ton, menaça : « Si certains Français veulent garder Mayotte, ils perdront les quatre îles. »

D'un certain point de vue, l'affaire ainsi (mal) engagée n'était pourtant pas si mauvaise pour le « président commençant ». L'hypocrisie de Paris lui donnait l'air presque vertueux. En exigeant de la France qu'elle tire les conséquences logiques du résultat « global » du référendum, il entrait enfin dans la peau d'un nationaliste comorien — un « père de l'indépendance » — combattant pour « l'émancipation d'une ancienne colonie ». Rôle de composition fourni à point nommé par les circonstances pour redorer son image aux yeux de l'Afrique qui, jusqu'alors, s'était montrée plutôt hostile à ce « complice du colonialisme français ». Enfermée dans les engagements contradictoires de l'Élysée et du Parlement, la France, elle, perdait petit à petit tout le bénéfice d'une politique de « magnanimité décolonisatrice » dont elle s'était tant rengorgée. Le souci de respecter la volonté des Mahorais risquait d'apparaître — à tort ou à raison — comme une volonté sournoise de maintenir sous tutelle coloniale une île propice à l'installation d'une base militaire. Rejeter contre leur gré hors de la communauté française quelques milliers de « patriotes » de Mayotte semblait en revanche inacceptable. Alors?

Ahmed Abdallah en appela de plus en plus sèchement à l'opinion anti-colonialiste africaine tout en profitant de cette nouvelle « popularité » pour affirmer sa mini-dictature locale. (En refusant notamment à l'Assemblée territoriale d'intervenir dans la préparation de la future Constitution comorienne [1].) Le calcul du président comorien était assez clair : il espérait pouvoir tout à la fois imposer à la France « son » indépendance et aux Comoriens « sa » Constitution. Pari dangereux tout de même. Un homme qui tenait son pouvoir de la France (mais ne sont-ce pas là des choses que l'on oublie?) aurait dû comprendre qu'il prenait beaucoup de risques à se séparer d'elle.

Le 25 juin 1975, à la veille des vacances, le Parlement français trancha brutalement en exigeant — à l'issue d'une tumultueuse séance — que la future Constitution des Comores (préalable nécessaire à la ratification de l'indépendance) soit approuvée « île par île » — ce qui revenait à refuser au bout du compte d'abandonner Mayotte à l'irascible — et infidèle — Abdallah. Envolées lyriques de quelques députés. « Demain le sang peut couler (à Mayotte). Il faut tout faire pour éviter le conflit et pour appliquer le droit à l'autodétermination qui est possible avant l'indépendance mais ne le sera plus après [2]. »

Treize mois après que ses troupes eussent voté massivement pour le candidat Giscard d'Estaing, Ahmed Abdallah se trouvait officiellement (et constitutionnellement) « piégé ».

Le 6 juillet il proclama donc unilatéralement l'indépendance des Comores, jugeant « inacceptable » le vote des députés français. Pouvait-il faire moins?

Les Mahorais répliquèrent en se plaçant sous la protection de la France. Tout en déclarant accueillir ces événements « avec sérénité », l'Élysée se trouvait assez vilainement embarrassé. Allait-on dépêcher des troupes aux Comores, évacuer les quatre îles, garder Mayotte par la force? « L'honneur de la France est en jeu », ajouta M. Marcel Henry, leader du parti populaire mahorais. L'honneur? En fait il devenait gênant, ce « protégé »

1. Le 19 avril 1975, le président de la Chambre des députés comorienne, M. Mouzaoir Abdallah, démissionna pour protester contre les risques de dictature aux Comores.
2. M. Max Lejeune, président du groupe des réformateurs, des centristes et des démocrates sociaux. Séance du 25 juin 1975 à l'Assemblée nationale.

émancipé qui, sur la scène internationale, se mettait à réclamer à cor et à cri le « départ des troupes françaises » (250 gendarmes et 150 légionnaires). Un à un d'ailleurs les pays africains élevaient la voix pour protester contre le « colonialisme français aux Comores ». Le 28 juillet, le sommet de l'OUA à Kampala permit à l'Afrique tout entière de céder au rituel anticolonialiste en dénonçant la politique française à Mayotte et Moroni.

A sa façon, Ahmed Abdallah renvoyait l'ascenseur. Imprudemment!

Le 3 août, à 14 heures, le président était renversé par une vingtaine d'hommes armés de pétoires, membres du Front uni de l'opposition. Ils proclamaient aussitôt leur volonté de « rétablir les relations normales entre Comoriens et Français ». Réfugié quelque temps sur Anjouan — son île natale —, Ahmed Abdallah sollicitait vainement une intervention de l'OUA en sa faveur et tâchait d'organiser une résistance sécessionniste, laquelle était « réduite » le 21 septembre grâce au débarquement de 120 hommes du nouveau régime de M. Ali Soilih et Jaffar El-Amdjade. Réfugié dans la montagne, traqué par les soldats, l'ancien président Abdallah finissait par se rendre le lendemain à l'évidence et à ses vainqueurs tandis que la population comorienne s'abandonnait aux dénonciations rétrospectives de feue la dictature.

Mayotte prenait définitivement le large et choisissait de rester française [1]. Ainsi s'achevait en triste pantalonnade la première « décolonisation » d'un TOM par le régime giscardien, celle qui devait poser le moins de problèmes, ce qui augure mal des prochaines.

---

1. Mais le problème mahorais n'était pas réglé pour autant. Après avoir tenté en 1976 de transformer Mayotte en département, le gouvernement français, devant l'hostilité de l'opinion internationale, de l'Afrique, et de M. de Guiringaud lui-même, nouveau ministre des Affaires étrangères du gouvernement Barre, finit par y renoncer. On mit dès lors à l'étude un « statut particulier » pour une île que le jeune État comorien menace désormais de reprendre par la force.

ANNEXES

Les départements

MARTINIQUE

Situation. Dans la mer des Caraïbes entre la Guadeloupe au nord et la Barbade au sud-est.

Population. 350 000 habitants environ, soit une densité supérieure à 297 habitants au km². Les Noirs et les mulâtres sont très largement majoritaires. Les *békés* — Blancs originaires de la Martinique —, très nombreux au XIXe siècle, ne sont plus que 1 500 à 2 000 mais conservent néanmoins un rôle économique prépondérant. Les jeunes représentent 50 % de la population et le taux de progression démographique reste très élevé.

Histoire. Découverte en 1502 par Christophe Colomb, l'île fut colonisée en 1635 au nom de la Compagnie des îles d'Amériques par P. Berlain. Elle fut d'abord administrée par un Conseil souverain constitué par les grands planteurs qui refusaient souvent d'appliquer les ordonnances royales dans la colonie. Au milieu du XVIIe siècle, des Hollandais et des esclaves noirs expulsés du Brésil s'installèrent dans l'île achetée par Duparquet en 1650 et y introduisirent la canne à sucre. Les premières révoltes d'esclaves datent de 1657 et furent sévèrement réprimées. La Martinique fut rachetée par la couronne de France et sous l'égide de Colbert la Compagnie des Indes occidentales étendit son empire sur la colonie où elle jouissait d'un monopole commercial. Appliqué à partir de 1685, le Code noir prévoyait des sanctions cruelles contre tout esclave « fugitif » ou rebelle. Convoitée par les puissances étrangères l'île passe sous le contrôle britannique de 1762 à 1763 (traité de Paris), puis de 1793 à 1796 et de nouveau de 1809 à 1814. Au début du XIXe siècle, de nouvelles révoltes d'esclaves se produisirent et de

275

nombreux *békés* furent tués. Aboli par la convention l'esclavage avait été rétabli par Napoléon sous l'influence de Joséphine de Beauharnais née à la Martinique. En 1848, la lutte armée des esclaves soutenus par les « hommes libres » et appuyés par les libéraux de métropole (Victor Schœlcher) aboutit à l'abolition de l'esclavage. Au début du XIXe siècle, les luttes sociales prirent le relais des luttes raciales : insurrection de 1870, grèves générales de 1900, 1905, 1912, etc. En 1902, l'irruption de la montagne Pelée fit plusieurs milliers de victimes. La Martinique devint département français le 19 mars 1946 en même temps que les trois autres « vieilles colonies » : Guyane, Guadeloupe et Réunion.

Économie. Fondée sur l'agriculture (canne à sucre, banane), elle a régulièrement décliné depuis l'après-guerre. La production a diminué tandis que les sucreries et distilleries fermaient les unes après les autres. Les cultures vivrières demeurent quant à elles insuffisantes et la sous-industrialisation de l'île favorise un chômage considérable. Le déficit de la balance commerciale ne cesse d'augmenter et, malgré un récent développement du tourisme de luxe, l'île est de plus en plus tributaire des aides de la métropole.

Partis politiques. Comme en Guadeloupe la départementalisation réclamée par la gauche fut approuvée en 1946 par la quasi-unanimité de la population. Par la suite, l'arrivée de nombreux fonctionnaires métropolitains, le poids de l'administration centrale, les désillusions provoquées par une survivance du « pacte colonial » encouragèrent les tendances autonomistes. Fondé en 1935, le parti communiste demeura une simple fédération locale du PC français avant d'obtenir, en 1957, son autonomie. En 1956, l'insurrection de Budapest et la répression soviétique provoquèrent une crise au sein du PC : M. Aimé Césaire quitta le parti pour fonder, en mars 1958, le parti populaire martiniquais (PPM). L'aggravation de la situation sociale favorisa les mouvements autonomistes et précipita en décembre 1959 une « insurrection armée ». L'OJAM (Organisation de la jeunesse anticolonialiste martiniquaise) fut accusée d'être à l'origine des événements et ses militants jugés lors d'un retentissant procès à Bordeaux en 1963. Comme en Guadeloupe, la vie politique reste dominée aujourd'hui par l'affrontement des partisans de la « départementalisation » (UDR) et les autonomistes (PPM) dont le leader, Aimé Césaire, est maire de Fort-de-France et PC tandis qu'à l'extrême gauche se multiplient les petites organisations plus radicales qui militent pour l'indépendance. Les idées exprimées à ce sujet par l'écrivain martiniquais Frantz Fanon ont largement contribué à cette prise de conscience d'une « identité antillaise ».

GUADELOUPE

Situation. Dans la mer des Caraïbes au milieu de l'axe des petites Antilles par 61° de longitude ouest et 16° de latitude nord. Aux « avant-postes » de l'Amérique centrale entre la Martinique au sud et les îles Vierges et Puerto Rico au nord-ouest.

Superficie. Le département comprend deux îles principales (Grande-Terre et Basse-Terre) séparées par un bras de mer, et cinq îles plus petites : Marie-Galante, les Saintes, la Désirade, Saint-Martin et Saint-Barthélemy. La superficie totale est de 1 780 km².

Population. 350 000 habitants environ. Noirs, métis, *békés* et métropolitains. Soit une densité de 190 habitants au km². La population très jeune connaît une forte progression démographique qui ne s'est ralentie que ces dernières années.

Histoire. Découverte par Christophe Colomb en 1493 et colonisée en 1635 par Liénart de l'Olive et Duplessis sur la demande de la Compagnie des îles d'Amérique. Rattachée à la couronne royale en 1674. Peuplée d'abord par des agriculteurs français volontaires — les « engagés » — puis, très vite, par des esclaves amenés d'Afrique. En 1685, Louis XIV fit établir le Code noir qui réglait leur sort. Après la Révolution, l'esclavage fut aboli en 1794. Par la suite, Napoléon rétablit difficilement au prix d'une répression féroce l'autorité de la métropole face à la rébellion d'un colonel originaire de la Martinique, Louis Delgrés. L'esclavage fut rétabli en 1802. Les Anglais occupèrent les îles de 1810 à 1814. Le traité de Paris stipula ensuite la rétrocession de la Guadeloupe à la France. L'esclavage ne fut supprimé qu'en 1848 après une révolte des esclaves. Mais les colons garderont longtemps encore un esprit de domination qui explique, en partie, le retard politique de la Guadeloupe par rapport aux possessions britanniques des Caraïbes. Les îles devinrent département français le 19 mars 1946.

Statut. Analogue à celui des autres départements de métropole : un Conseil général et un préfet.

Économie. Dominée par l'agriculture (canne à sucre surtout, banane, cultures vivrières) qui est malheureusement victime d'une crise grave liée à l'inadaptation des structures agraires, la persistance du « pacte colonial » et la domination économique d'une petite bourgeoisie *békée*. Peu industrialisée, la Guadeloupe est de plus en plus tributaire de l'aide métropolitaine et le chômage touche 40 % de la population active. L'émigration vers la métropole représente la seule issue pour de nombreux jeunes. Le tourisme de luxe s'est rapidement développé au début des années soixante-dix mais n'offre qu'un nombre d'emplois limités et subalternes.

Partis politiques. Si en 1946 la départementalisation fut quasi unanimement approuvée les courants autonomistes nourris par les désillusions de l'après-guerre se développèrent rapidement à partir des années cinquante et surtout de 1956. Face aux partisans du *statu quo* (UNR puis UDR) les autonomistes sont notamment représentés par la section locale du parti socialiste. La Fédération communiste quant à elle, créée en 1944, jouit depuis 1958 d'une certaine autonomie par rapport au PC français. Au début des années soixante, de nouveaux partis plus radicaux et partisans de l'indépendance apparurent sur la scène politique notamment le GONG (Groupe d'organisation nationale de la Guadeloupe). En 1967, à la suite d'une grève des ouvriers du bâtiment, des révoltes violentes eurent lieu les 26 et 27 mars à Pointe-à-Pitre. Treize « nationalistes guadeloupéens » furent déférés devant la Cour de sûreté de l'État qui rendit un verdict de clémence. Même si, depuis, aucune agitation grave ne s'est reproduite, les tendances autonomistes ou indépendantistes — quoique moins aiguës qu'en Martinique — recueillent un écho favorable parmi la jeunesse.

GUYANE FRANÇAISE

Situation. Au nord-est du continent latino-américain entre le Brésil (au sud) et le Surinam (ex-Guyane néerlandaise) à l'ouest. A 9 000 km de Paris.

Superficie. La Guyane française (91 000 km²) ne représente qu'une partie — la plus petite — des Guyanes qui, outre la Guyane ex-britannique et le Surinam, englobent également une partie du Brésil et du Venezuela. Grande comme un sixième de la France, la Guyane française est recouverte de forêt dans sa plus grande partie; seule une mince bande côtière est vraiment habitée.

Population. 50 000 habitants seulement dont 25 000 vivent à Cayenne. La majorité d'entre eux est constituée de « créoles » (métis) auxquels sont venus s'ajouter quelques centaines de métropolitains. Les indiens autochtones ne sont plus que 1 500 à 2 000 principalement à l'intérieur sur le Haut-Moroni et le cours supérieur de l'Oyapock. Par ailleurs, quelques milliers de « nègres marron » (Bonis, Saramakas) vivent en Guyane française; ils sont des descendants d'anciens esclaves ayant fui les plantations au xixe siècle (du verbe *marroner* : s'enfuir).

Histoire. D'abord découvertes en 1490 par l'Espagnol Vincent Yanez Pinzou compagnon de Christophe Colomb, les Guyanes furent surtout visitées par les Anglais et les Hollandais à la fin du xvie siècle et par les Français à partir de 1604, sensibles à la légende de l'Eldorado née au début du xvie siècle. Les débuts de la colonisation française en Guyane, qui demeurent obscurs, se situent vers 1626. Ils sont le fait de poignées de colons vite dispersés. C'est en 1643 que la première tentative sérieuse de colonisation est organisée par la Compagnie rouennaise mais elle échoue, comme les nouvelles tentatives faites en 1652 par la Compagnie des Douze Seigneurs. En 1664, une nouvelle expédition est organisée à la demande de Colbert et aboutit à la création d'une colonie plus stable. Les guerres européennes de Louis XIV entraînent en Guyane des affrontements entre les Hollandais, les Anglais et la France qui ruinent la colonie naissante. Celle-ci survit tant bien que mal durant le xviiie siècle dans une Guyane où s'installent les flibustiers. En 1762, une nouvelle tentative de peuplement dirigée par Choiseul et mal préparée aboutit au désastre de Kourou où périssent plus de 6 000 immigrants. Au moment de la Révolution, des troubles ont lieu en Guyane. Celle-ci est choisie comme lieu de déportation en 1792 et reçoit en 1795 les premiers exilés politiques (Billaud Varenne et Collot d'Herbois). Occupée par les Portugais de 1808 à 1817, la Guyane française connaît ensuite l'épisode de la ruée vers l'or (à partir de 1857). Le second Empire rétablit la déportation en Guyane de 1851 à 1867. La IIIe République à son tour crée un bagne en Guyane et aux îles du Salut. Il ne sera supprimé qu'en 1937 à la suite d'une campagne de presse. La Guyane devient département français — en même temps que les Antilles et la Réunion — en 1946.

Statut. Une partie importante de la Guyane, le « territoire de l'Inini », créé en 1930 et englobant l'essentiel de la forêt de l'intérieur, put jouir

279

jusqu'au 17 mars 1969 d'un statut particulier. (Ses 4 000 à 5 000 habitants, indiens et Noirs bonis n'étaient pas électeurs, le territoire relevait du gouverneur représenté par la gendarmerie. Les indiens n'étaient pas soumis à la loi civile française et l'administration n'intervenait pas dans la vie intérieure des villages). Ce régime spécial créé jadis pour protéger les indiens des influences occidentales fut supprimé en 1969 pour des raisons électorales. La Guyane compte actuellement deux arrondissements (Cayenne et Saint-Laurent), seize cantons et dix-neuf communes.

Économie. Virtuellement riche (forêt, or, bauxite, pêche) la Guyane a toujours souffert du sous-peuplement et des difficultés de mise en valeur de ses richesses. Malgré d'innombrables tentatives (infructueuses), le département vit aujourd'hui essentiellement de l'aide de la métropole. En 1964, l'installation à Kourou du Centre spatial guyanais apporta une source de revenus supplémentaires. Le Centre, tributaire des aléas de la politique spatiale française, fut mis en sommeil à partir de 1974. La Guyane reste aujourd'hui un « réservoir » de matières premières (pâte à papier, bauxite notamment) dont l'exploitation nécessiterait un effort national de grande envergure.

Partis politiques. Avant 1958 la tendance dominante était radicale-socialiste. Aujourd'hui la vie politique est dominée par l'affrontement entre partisans du *statu quo* (UDR, indépendants) et partisans de l'autonomie interne (parti socialiste guyanais) ou de l'indépendance (Union des travailleurs guyanais, Mouvement guyanais pour la décolonisation — Moguyde — fondé en juin 1974). Des groupes d'extrême gauche — « Jeune Garde », « Caouca » — ont également fait leur apparition en 1974 et réclament l'indépendance. En 1975, le maire-sénateur de Cayenne était M. Léopold Heder, leader du parti socialiste guyanais. Le député, M. Hector Rivierez, appartenait à l'UDR. Au sein du Conseil général les autonomistes ont perdu la majorité en 1972.

LA RÉUNION

Situation. Dans l'océan Indien à 700 km au nord de Madagascar, à 980 km de l'île-sœur Maurice aujourd'hui indépendante.

Superficie. 2 511 km² et un peu plus de 200 km de tour. Dominée par deux massifs volcaniques — le piton des Neiges et le piton de la Fournaise — l'île de la Réunion tourne en fait le dos à la mer. Ses côtes peu hospitalières n'offrent guère d'abris naturels, hormis celui des petits lagons échelonnés entre Saint-Paul et Saint-Pierre.

Population. Près de 500 000 habitants d'origines fort diverses (130 000 créoles d'origine européenne, 10 000 métropolitains, 120 000 indiens non musulmans, 10 000 à 15 000 musulmans originaires de l'Inde occidentale, 10 000 Chinois, un millier de Comoriens et de nombreux métis d'origine cafre, malgache, chinoise, européenne, etc.). Malgré un léger ralentissement au début des années soixante-dix, le taux d'accroissement démographique (3 %) reste l'un des plus forts du monde. La surpopulation est un des principaux problèmes de la Réunion qui compte une densité de 183 habitants à l'hectare alors qu'à peine la moitié des terres est cultivable.

Histoire. Découverte par les Portugais au début du xvie siècle, l'île, alors déserte, a servi de refuge à quelques Français à partir de 1638. Occupée en 1665 par la Compagnie française des Indes, elle est alors baptisée île Bourbon et se peuple peu à peu de colons venus de France, d'Angleterre, du Portugal et de Madagascar. Fondée sur la traite des Noirs et l'esclavage, une économie coloniale s'y développe, notamment autour du café puis du sucre à partir de 1815. Rebaptisée île de la Réunion en 1848, elle est dominée par quelques familles blanches, chinoises et indiennes — celles-ci, après l'abolition de l'esclavage en 1848, font venir des « immigrants » malabars (indiens). Vers la fin du xixe siècle la vie économique et politique de l'île est marquée par un long immobilisme. La Réunion, à l'écart des grands courants, cesse d'évoluer et s'enfonce alors dans le sous-développement. En 1946, lorsqu'elle devient département français, elle accuse un retard considérable sur le plan agricole, social, politique et la majorité de la population vit en fait dans la misère.

Statut. En devenant département français par la loi du 19 mars 1946, la Réunion devait bénéficier d'un effort particulier de la métropole destiné à rattraper les retards accumulés en « assimilant » ses habitants au reste des Français. En fait cet effort, insuffisant jusqu'au début des années soixante, n'a que tardivement répondu aux espoirs des Réunionnais. L'assimilation acquise sur le plan juridique demeure à l'état de projet tout en étant vigoureusement combattue par les autonomistes.

Economie. Comme aux Antilles l'amélioration notable du niveau de vie, les investissements collectifs importants en matières sociale, scolaire, etc. ont coïncidé avec une faillite économique aggravée par la surpopulation et que n'ont pas compensé quelques réussites sectorielles (tabac, vanille) et des échecs retentissants (thé). La mono-production du sucre rend encore l'économie réunionnaise particulièrement vulnérable à une détérioration des termes de l'échange. Le déficit de la balance commerciale est en augmentation constante depuis 1946. L'exiguïté des terres cultivables limite d'autre part les possibilités de diversification agricole. Le chômage s'accroît continuellement (de 30 000 à 50 000 chômeurs en 1975) et les 5 000 à 10 000 emplois qu'il serait nécessaire de créer chaque année ne peuvent être fournis par une industrie touristique qui démarre difficilement. L'émigration des jeunes à destination de la métropole — quoiqu'elle soit dénoncée par l'opposition — représente, dans l'immédiat, la seule solution de rechange. Depuis 1962 le Bumidom a favorisé l'émigration de quelque 37 000 Réunionnais. S'il donne pour sa part quelques résultats, le contrôle des naissances par l'administration ne produira ses effets qu'à longue échéance.

Politique. Comme aux Antilles ou en Guyane, la question du statut (en dehors du problème des fraudes électorales) reste au centre de la compétition politique. Sur le plan parlementaire les trois députés et les deux sénateurs de la Réunion appartiennent à la majorité et soutiennent la politique dite de « départementalisation ». Elu en 1959 à la Réunion, M. Michel Debré représente le leader de plus en plus contesté (notamment par M. Pierre Lagourgue) du camp assimilationniste. A gauche par contre le parti communiste, animé par M. Paul Verges, défend les thèses de l'autonomie interne bien que ses adversaires l'accusent d'être, en réalité, favorable à l'indépendance. En progression constante de 1968 à 1973, le parti communiste réunionnais a pourtant signé en 1975 avec les PC antillais un texte prônant l'autodétermination et réclamant une « autonomie » dans le cadre de la République française. En fait la querelle du statut — aiguë et même violente durant de longues années — paraissait avoir perdu (provisoirement?) un peu de son acuité en 1975.

SAINT-PIERRE-ET-MIQUELON

Situation. Dans l'Atlantique-Nord à 25 km au sud de Terre-Neuve et à 300 km de la Nouvelle-Ecosse. A 4 300 km de Paris.

Superficie. Les deux petites îles de Saint-Pierre (entourée d'îlots) et de Miquelon-Langlade (constituée en fait par deux îles reliées par un isthme) couvrent au total 242 km².

Population. 6 500 habitants descendants de marins bretons, normands ou basques dont les familles vinrent d'Arcadie, colonie perdue par la France en 1763. 500 d'entre eux vivent au chef-lieu de Saint-Pierre. De nombreux émigrés vivent au Canada ou aux États-Unis.

Histoire. Découvertes en 1520 par le navigateur portugais Alvares Falguendes, les îles furent l'objet de disputes entre la France et l'Angleterre au xviiie siècle. Elles devinrent définitivement françaises avec le traité de Paris de 1814. En décembre 1958, les habitants ont opté pour le maintien du statut de territoire d'outre-mer.

Statut. Ancien Territoire d'outre-mer régi par un statut de 1946 modifié en 1956, Saint-Pierre-et-Miquelon fut transformé en département par un vote du parlement en juillet 1976.

Economie. Fondée essentiellement sur les activités tertiaires et la fonction publique (72 % du PIB en 1974) et les crédits de la métropole. La pêche et l'agriculture sont en déclin (69 pêcheurs professionnels seulement en 1972. Une importante société de pêche, la SPE, créée en 1952 sous la forme d'une société d'économie mixte, a mis fin à ses activités en 1974). La crise économique et le chômage n'ont pas épargné, en 1974-1975, Saint-Pierre-et-Miquelon dont les habitants réclament une aide accrue de la métropole. Depuis le 1er janvier 1973 le franc métropolitain a remplacé le franc CFA qui avait cours jusqu'alors.

Politique. Les habitants du territoire protestent depuis longtemps contre les excès de la centralisation. Jusqu'au bout ils se montrèrent réticents face aux projets du secrétariat d'État aux DOM-TOM visant à transformer le territoire en département d'outre-mer. En février 1975, des incidents avaient éclaté à Saint-Pierre à la suite d'une grève des fonctionnaires qui réclamaient une augmentation de salaire. Des renforts de gardes mobiles furent envoyés dans le territoire mais, finalement, le gouvernement cédant aux revendications accepta de remplacer le gouverneur local. Le texte de « départementalisation » ne fut donc accepté qu'avec résignation par un territoire qui n'avait pas les moyens de s'opposer à la métropole.

MARTINIQUE

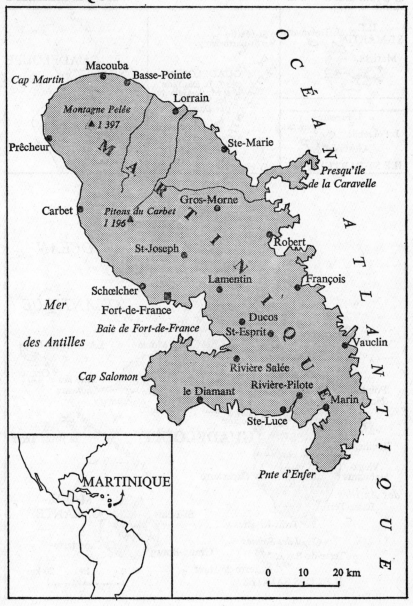

GUADELOUPE

ILE ST-MARTIN
I. Tintamarre
Marigot

St-Martin
St-Barthélemy
PETITES ANTILLES
GUADELOUPE
la Désirade
Marie-Galante
les Saintes
la Dominique
MARTINIQUE
Ste-Lucie
St-Vincent
la Barbade

GUADELOUPE

I. Frégate   I.
Chevreau
I. Fourchue
Gustavia
ILE ST-BARTHÉLEMY

OCÉAN

ATLANTIQUE

Pnte de la Grande-Vigie

Port-Louis
GRANDE-
TERRE
Moule
LA DÉSIRADE
Grand Cul-de-Sac Marin
Ste-Rose
Grande-
Lamentin
Pnte des   Anse
Morne-à-l'Eau   Châteaux
les 2 Mamelles
Pointe-à-Pitre
Pointe-
St-François
Noire
Ste-Anne
Pitons   Ilot à
de Bouillante   Cochons   GUADELOUPE   Canal de Marie-Galante
Iles de
Mer   la Petite Terre
BASSE-
Bouillante
la Soufrière
Vieux-
▲ 1 484
Habitants   Capesterre
TERRE   MARIE-
des Antilles   GALANTE
Basse-Terre   St-Louis   Morne
Constant
Trois-Rivières   205   Capesterre
Canal des Saintes   Grand-Bourg
Terre-de-Bas   0   10   20 km
Terre-de-Haut
ILES DES SAINTES

GUYANE FRANÇAISE

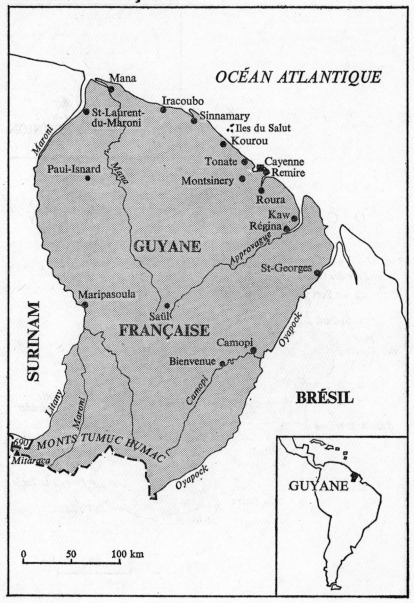

OCÉAN ATLANTIQUE

Mana

Iracoubo

St-Laurent-
du-Maroni

Sinnamary

Iles du Salut

Kourou

Paul-Isnard

Tonate

Cayenne
Remire

Montsinery

Roura

Kaw

Régina

GUYANE

Approvague

St-Georges

Maripasoula

Saül

FRANÇAISE

Camopi

Bienvenue

BRÉSIL

SURINAM

690

MONTS TUMUC HUMAC

Mitaraca

Oyapock

Litany

Maroni

Camopi

Oyapock

Maroni

Mana

0   50   100 km

GUYANE

LA RÉUNION

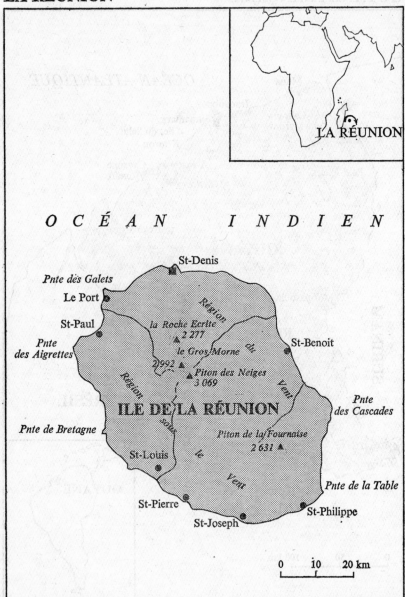

LA RÉUNION

OCÉAN INDIEN

St-Denis

Pnte des Galets

Le Port

Région

St-Paul

la Roche Ecrite
2 277

le Gros Morne

St-Benoit

Pnte
des Aigrettes

2 992

Piton des Neiges
3 069

du

ÎLE DE LA RÉUNION

Vent

Pnte
des Cascades

Région

sous

Pnte de Bretagne

Piton de la Fournaise
2 631

le

Vent

St-Louis

Pnte de la Table

St-Pierre

St-Philippe

St-Joseph

0   10   20 km

SAINT-PIERRE-ET-MIQUELON

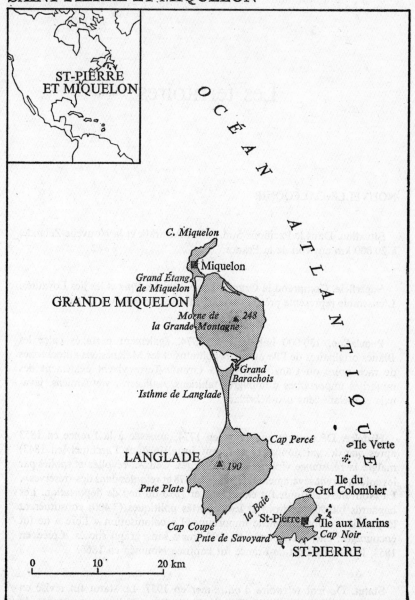

ST-PIERRE
ET MIQUELON

OCÉAN ATLANTIQUE

C. Miquelon

Miquelon

Grand Étang
de Miquelon

GRANDE MIQUELON

Morne de
la Grande Montagne ▲ 248

Grand
Barachois

Isthme de Langlade

Cap Percé

Île Verte

LANGLADE

▲ 190

Île du
Grd Colombier

Pnte Plate

la Baie

Cap Coupé

St-Pierre

Île aux Marins

Pnte de Savoyard

Cap Noir

ST-PIERRE

0   10   20 km

Les territoires

NOUVELLE-CALÉDONIE

Situation. Dans le Pacifique-Sud, entre l'Australie et la Nouvelle-Zélande, à 20 000 km environ de la France.

Superficie. Comprend la Grande-Terre, l'île des Pins et les îles Loyautés. L'ensemble représente près de 20 000 km², soit deux fois la Corse.

Population. 130 000 habitants en 1974, également partagés entre les Blancs originaires de l'île ou métropolitains et les Mélanésiens autochtones de race noire ou Canaques. Sur la Grande-Terre vivent également des minorités importantes d'immigrés tahitiens, wallisiens, vietnamiens, javanais et mélanésiens néo-hébridais.

Histoire. Découverte par Cook en 1774, annexée à la France en 1853 après que des missionnaires se furent installés dans l'archipel (en 1843) malgré la résistance violente des Canaques. Ceux-ci révoltés et spoliés par les colons furent sévèrement réprimés en 1878 et refoulés dans des «réserves». La Nouvelle-Calédonie fut entre 1863 et 1896 un lieu de déportation. Les bagnards (40 000 environ) et les déportés politiques (3 400) constituèrent la première colonie blanche importante. La colonisation « libre » ne fut encouragée, elle, qu'à partir de 1902, mais sans grand succès. Créée en 1854, la ville de Port-de-France fut baptisée Nouméa en 1866.

Statut. Devient territoire d'outre-mer en 1957. Le statut fut révisé en 1963 (lois Billotte) et 1975. Il prévoit un Conseil de gouvernement de

5 membres élus, présidé par un gouverneur ou haut-commissaire de la République. Ce dernier détient la réalité des pouvoirs administratifs. L'Assemblée territoriale de 35 membres élus au suffrage universel pour cinq ans vote le budget territorial. Les partis autonomistes qui réclamaient davantage de pouvoirs pour celle-ci n'ont pas obtenu satisfaction en 1975. Le territoire est représenté au Parlement français par un député (M. Rock Pidjot, réformateur), un sénateur (M. Lionel Cherrier) et un conseiller économique et social (M. Laroque).

Economie. Dominée par le nickel. Les gisements de Nouvelle-Calédonie représentent 50 % des réserves mondiales. Ils sont surtout exploités par la Société Le Nickel appartenant au groupe Rothschild et, dans le nord de la Grande-Terre, par le groupe Patino-Mining Corporation. Après une période faste (en 1969) qui provoque un *boom* sur le nickel, la conjoncture est aujourd'hui moins favorable et la SLN en difficulté a dû solliciter en 1973 une aide importante de l'État. Les efforts faits pour diversifier l'économie monolithique du territoire en développant l'agriculture ou le tourisme (24 000 touristes en 1974) n'ont guère réussi. Un renchérissement exceptionnel du coût de la vie depuis 1969 rend la Nouvelle-Calédonie difficilement concurrentielle. La monnaie est le franc CFP ou « franc-Pacifique » (1 franc CFP = 0,05 FF).

Partis politiques. Les autonomistes étaient majoritaires à l'Assemblée territoriale jusqu'en 1975. Ils sont représentés par les formations suivantes :
— Union calédonienne, fondée en 1956 et dirigée par M. Maurice Lenormand;
— Front populaire calédonien, créé en 1973;
— Union multiraciale, créée en 1970 à la suite d'une scission de l'Union calédonienne et animée par M. Yann Celene Uregeï. Défend les intérêts des Mélanésiens et réclame, depuis 1975, l'indépendance du territoire;
— Plusieurs groupes plus modestes mais actifs ont été créés à partir de 1969 — notamment parmi la jeunesse du territoire — et réclament l'indépendance (Foulards rouges, AWA, Groupe 1878, etc.).

Les anti-autonomistes sont représentés par :
— Union démocratique créée en 1968 à partir de l'UNR. Proche aujourd'hui de l'UDR, réclame le maintien du territoire dans le « cadre français »;
— Entente démocratique et sociale, créée en 1971 à la suite d'une scission au sein de l'Union démocratique. Réclame notamment un développement économique du territoire et un « dialogue entre les ethnies »;

— Union progressiste multiraciale, née en 1974 d'une scission de l'Union multiraciale provoquée par la question du statut.

WALLIS-ET-FUTUNA

Situation. Dans le Pacifique à proximité des archipels Samoa, Fidji et Ellice, à l'est des Nouvelles-Hébrides. A 22 000 km de Paris, à 2 000 km de Nouméa et 3 000 km de Tahiti.

Superficie. Séparées par 274 km, les deux minuscules îles de Wallis et Futuna, entourées d'îlots (ou *motus*) inhabités représentent au total 240 km². Si toutes les deux sont d'origine volcanique, seule Wallis est ceinturée par un récif fermé sur un lagon.

Population. Polynésiens (ou Maoris). Les habitants sont 5 800 à Wallis et 2 700 à Futuna. En outre une importante colonie d'émigrés wallisiens et futuniens (plus de 10 000 personnes) est installée en Nouvelle-Calédonie et employée dans les mines de nickel. Quelques dizaines d'Européens seulement (fonctionnaires, enseignants, commerçants) vivent à Mata-Utu, capitale de Wallis.

Histoire. Découverte en 1616 par le navigateur Guillaume Schouten puis par le capitaine Wallis, qui lui donna son nom, l'île de Wallis est toujours appelée Uvéa par les autochtones. Terres de mission pour les maristes français, qui y débarquent en 1837, Wallis-et-Futuna font l'objet de divers traités de protectorat en 1842, 1886, 1889 et 1910 entre la France et les deux rois locaux. De 1887 à 1909, elles sont rattachées administrativement à la Nouvelle-Calédonie. En 1959 les habitants (pour bénéficier de certains avantages sociaux) réclament par référendum le statut de territoire d'outre-mer qui est accordé par la loi du 29 juillet 1961.

Statut. Les institutions du territoire comportent un Conseil territorial de 6 membres dont 3 sont membres de droit (les trois chefs traditionnels ou « rois ») et 3 autres nommés par l'administration supérieure (qui représente la France dans le territoire et dépend du haut-commissaire de Nouvelle-Calédonie). L'Assemblée territoriale, quant à elle, dispose seulement, comme le Conseil territorial, d'un pouvoir consultatif. En fait, derrière ces institutions juridiques artificielles, les hiérarchies et les pouvoirs traditionnels (rois, nobles, etc.) demeurent très vivants.

Le territoire est représenté au Parlement français par un député (M. Benjamin Brial, UDR), un sénateur (M. Josepho Papillo, UDR), et un conseiller économique et social (M. Lafont).

Tadvister

Économie. L'augmentation sensible du niveau de vie des Wallisiens depuis le début des années soixante a été possible grâce aux mandats envoyés par les émigrés de Nouvelle-Calédonie et aux crédits d'assistance de la métropole. Le territoire ne dispose d'aucune ressource propre, pêche et agriculture ayant été largement abandonnées. La monnaie est le franc CFP ou « franc-Pacifique » (1 franc CFP = 0,05 FF).

POLYNÉSIE FRANÇAISE

Situation. Dans le Pacifique-Sud à mi-chemin entre les États-Unis et l'Australie et à 18 000 km de la France.

Superficie. Les quatre archipels de la Polynésie française (îles de la Société, Tuamotu-Gambier, Marquises et Australes) couvrent un espace maritime aussi vaste que l'Europe mais ne représentent que 4 200 km² de terres (la moitié de la Corse) dispersées sur plus de 150 îles. L'île principale, Tahiti (dont le chef-lieu est Papeete), appartient à l'archipel de la Société.

Population. Environ 120 000 habitants pour la plupart métissés. Les deux tiers sont concentrés à Tahiti. Les Polynésiens représentent 65 %, les Européens 25 % et les Asiatiques (Chinois surtout) 10 %.

Histoire. Découverte en 1595 (les Marquises) par le navigateur péruvien Mendana, puis en 1767 par Wallis avant que le capitaine Cook (1769) et Bougainville (1767) n'y débarquent, Tahiti devient protectorat français en 1842 sur la demande de la reine Pomare IV soucieuse d'être protégée contre l'emprise des Anglais débarqués dans l'archipel dès 1797. Et cela malgré les efforts d'un pasteur anglais, Georges Pritchard, qui voulait que les îles devinssent britanniques.

Certaines tribus (aux Marquises notamment) résistèrent à la pénétration européenne. Les îles Gambier devinrent protectorat en 1844. L'annexion définitive de l'archipel ne fut réalisée qu'en 1886.

Statut. Possession française d'Océanie, la « Polynésie française » ne fut baptisée ainsi qu'en 1957 en étant dotée d'un statut de territoire d'outre-mer, modifié en 1958. Ce statut comporte un Conseil de gouvernement composé de 5 membres élus par l'Assemblée territoriale et présidé par un gouverneur nommé par Paris. L'Assemblée territoriale (30 membres) a des pouvoirs limités, et les autonomistes réclament depuis longtemps un accroissement de ceux-ci. La Polynésie est représentée au Parlement français par un député (M. Francis Sandford, réformateur), un sénateur (M. Pouvanaa A Opa) et un conseiller économique et social (M. Lequerre).

Economie. Dépend désormais de la présence du CEP (Centre d'expérimentation du Pacifique : 50 % du produit intérieur brut) et du tourisme (30 %). L'agriculture (coprah, nacre, pêche) est en régression constante. 84 600 touristes avaient visité la Polynésie en 1974. La monnaie est le franc CFP ou « franc-Pacifique » (1 franc CFP = 0,05 FF).

Partis politiques.
— TE E'A API (la « voie nouvelle »), animé par M. Francis Sandford, créé en 1965. Réclame l'autonomie interne et l'arrêt des expériences nucléaires.
— PUPE HERE AI'A (groupement patriotique), créé en 1965, animé par MM. Teariki et Pouvanaa. Réclame lui aussi l'autonomie interne et défend l'identité culturelle des Polynésiens, tout en combattant les expériences nucléaires françaises en Polynésie.
Ces deux partis sont issus du RDPP (Rassemblement des populations polynésiennes) fondé en 1951 par M. Pouvanaa et dissous par les autorités françaises en 1963. Ils sont aujourd'hui fédérés au sein d'une formation appelée l'AMOIRA.
— TE AU THAOERA (indépendants), créé en 1971. Réclame le maintien de la présence française et du *statu quo*.
— UT-UDR, créé en 1962 et affilié sur le plan national à l'UDR. Hostile à l'autonomie interne. Favorable à la présence du Centre d'expérimentation du Pacifique.

TFAI (Territoire français des Afars et des Issas [1])
République de Djibouti (depuis 1977)

Situation. Au bord de l'océan Indien, à la corne orientale de l'Afrique, à l'entrée de la mer Rouge. Entre les provinces éthiopiennes d'Erythrée et du Harrargué et la République de Somalie. A 8 000 km de Paris.

Superficie. Le territoire en majeure partie désertique représente 23 000 km² (trois fois la Corse). En dehors de la ville et du port de Djibouti, on compte quatre districts ou « cercles » (Tadjoura, Obock, Dikhil et Ali Sabieh).

Population. 210 000 habitants dont la moitié concentrée à Djibouti. Les deux principaux groupes sont les Afars, présents également en Ethiopie, et plusieurs tribus d'origine somalie dont les Issas. La proportion arithmétique entre ces deux groupes est une traditionnelle source de controverses pour des raisons politiques (la présence française s'appuyant sur les Afars contre les Issas largement acquis à l'idée d'indépendance). Il semble cependant que les Issas soient très nettement majoritaires à Djibouti. Le TFAI compte également une dizaine de milliers de Français de métropole (militaires et les familles, fonctionnaires) et une minorité de commerçants arabes-yéménites, grecs et italiens.

Histoire. La France prit pied en 1862 à Obock où elle obtint contre paiement de 10 000 thalers aux chefs afars un droit de mouillage pour ses bateaux. Les sultans de Tadjoura et de Golah cédèrent ensuite une partie de leur territoire et un traité de protectorat fut signé en 1884, tandis qu'un port était créé à Djibouti, bientôt relié à Addis-Abeba (Ethiopie) par un chemin de fer autorisé par l'Ethiopie en 1894 et mis en chantier en 1897. En 1906, un traité avec la Grande-Bretagne et l'Italie reconnaissait la souveraineté française sur la « côte française des Somalie et dépendances », traité désavoué par l'Ethiopie. En janvier 1908, un traité franco-éthiopien : celui-là fut conclu concernant la liberté de circulation des per-

---

1. Transformé en République de Djibouti après son accession à l'indépendance, le 27 juin 1977. Les liens privilégiés que Paris continue d'entretenir avec son ancienne colonie justifient cependant le maintien ici de cette « fiche » documentaire.

sonnes et des biens et des droits de douanes. Dotée en 1957 par la « loi-cadre » pour les territoires d'outre-mer d'un Conseil de gouvernement, d'une Assemblée territoriale aux pouvoirs élargis, la côte française des Somalie redevint « Territoire français des Afars et Issas » en 1967 après un référendum (contestable) qui « exprima » le vœu des populations de demeurer dans le cadre français. (En 1966 de très violents incidents avaient fait plusieurs morts lors de la visite du général de Gaulle.)

Statut. La loi du 3 juillet 1967 fixant le statut du territoire prévoit une large autonomie de gestion encore élargie par la suite. Les autorités territoriales devenant compétentes en matière de gestion, d'administration générale, de finances, de police et d'état-civil. La politique étrangère, la défense, la monnaie et la radio-télévision restant du ressort de la France, représentée sur place par un haut-commissaire. Le Conseil de gouvernement élu par l'assemblée locale est présidé par le candidat en tête de liste qui exerce le pouvoir réglementaire dans toutes les matières relevant des attributions du Conseil. La Chambre des députés comporte 40 membres élus.

Economie. Centrée sur le port et le chemin de fer franco-éthiopien, le territoire étant dépourvu de richesses. Les exportations de l'Ethiopie qui transitent par le chemin de fer constituent l'activité essentielle du port — avec les importations de biens de consommation en provenance de métropole. La réouverture du canal de Suez en 1975 pourrait redonner au port de Djibouti un niveau d'activité (comme port de soutage) équivalent à celui d'avant 1967 — mais d'autres ports (Assab, Aden, Djeddah) sont désormais des concurrents sérieux. Par ailleurs la géothermie constitue un espoir pour l'avenir. La monnaie est le « franc-Djibouti » qui vaut 0,026 FF.

Partis politiques. La personnalité autoritaire de M. Ali Aref Bourhan, président du Conseil du gouvernement (réélu depuis 1968), domina jusqu'à sa démission le 17 juillet 1976 la vie politique du territoire et rendit difficile l'expression d'une véritable opposition.

Les seules formations d'opposition étaient alors la Ligue populaire africaine de M. Hassan Gouled, et l'Action pour la justice et le progrès de M. Ahmed Dini qui en 1975, ont fusionné pour former la ligue populaire africaine pour l'indépendance. A partir de juillet 1976 l'UNI (Union Nationale pour l'indépendance) parti de M. Aref devenu minoritaire à l'Assemblée territoriale passa dans l'opposition. Tandis que la France entreprenait avec la LPAI une « fructueuse collaboration ».

Deux fronts de libération existent également en dehors du territoire. L'un d'obédience éthiopoenne installé à Dire-Dawa, l'autre favorable aux thèses somaliennes installé à Mogadiscio.

TERRES AUSTRALES ET ANTARCTIQUES FRANÇAISES

Situation. Dans l'hémisphère Sud à la frange de l'Antarctique pour la terre Adélie, et au sud-est du cap de Bonne-Espérance pour les îles Kerguelen et la Nouvelle-Amsterdam.

Superficie. Le territoire est composé de quatre îles : Saint-Paul et la Nouvelle-Amsterdam (107 km²), Kerguelen (7 200 km²), Crozet (300 km²) et la terre Adélie (432 000 km²).

Population. Seules des équipes de recherche scientifique vivent sur ces terres inhabitées et dépendent de l'administrateur des terres australes et antarctiques installée rue Oudinot à Paris. Il est assisté d'un conseil consultatif qui comprend des représentants des ministères de la Défense, de l'Éducation et des Transports. Les chercheurs (200 personnes environ) étudient sur place la calotte glacière et effectuent des relevés météorologiques réguliers. Ils sont ravitaillés depuis l'Afrique par un bateau lancé en 1972 : le *Marion Dufresnes*. Des accords franco-américains et franco-soviétiques ont permis la poursuite de recherches scientifiques communes sur la planosphère et la météorologie. Avec les Soviétiques la France procède notamment au lancement de fusées sondes à partir des Kerguelen (programme Araks). Des études zoologiques et biologiques sont également menées concernant notamment l'élevage des langoustes et des truites.

Histoire. Rattachées d'abord à Madagascar les Terres australes et antarctiques ont été constituées en territoire par la loi de 1955.

NOUVELLE-CALÉDONIE

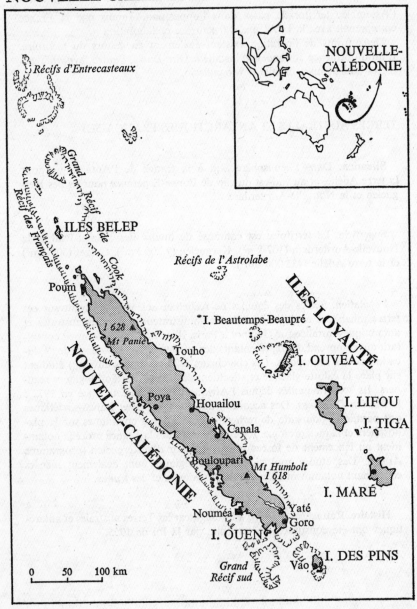

WALLIS ET FUTUNA

ILES WALLIS ET FUTUNA

Nlle Guinée

Mélanésie

I. de la Société

I. Tuamotu

Australie

Polynésie

OCÉAN   PACIFIQUE

Nlle Zélande

ILE FUTUNA

Mt Singavi 762

Sigavé

Alo

Mua

ILE ALOFI

0   10   20 km

I. MUKULOA

Tufuone

Utuloa   Lulu Fakahéga

145   Mata-Utu

ILES WALLIS

Mua

I. NUKUATEA   I. FAIADA

0   10   20 km

POLYNÉSIE FRANÇAISE

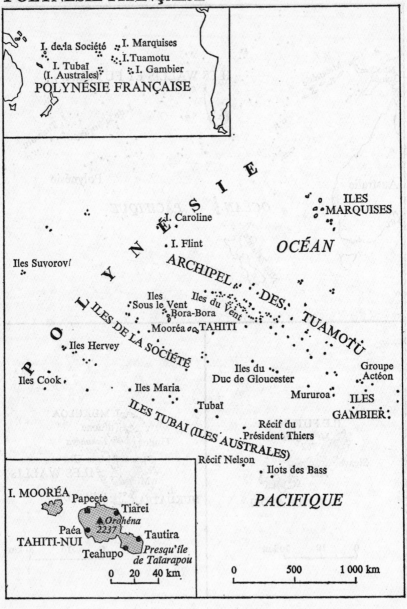

I. de la Société   I. Marquises
I. Tubaï   I.Tuamotu
(I. Australes)   I. Gambier
POLYNÉSIE FRANÇAISE

ILES MARQUISES

I. Caroline

I. Flint

OCÉAN

Iles Suvorov

P O L Y N É S I E

ARCHIPEL DES TUAMOTU

Iles Sous le Vent
Iles du Vent
Bora-Bora
Mooréa   TAHITI

ILES DE LA SOCIÉTÉ

Iles Hervey

Iles Cook

Iles Maria

Iles du Duc de Gloucester

Groupe Actéon

Mururoa

ILES GAMBIER

Tubaï

ILES TUBAI (ILES AUSTRALES)

Récif du Président Thiers

Récif Nelson

Ilots des Bass

PACIFIQUE

0   500   1 000 km

I. MOORÉA   Papeete
Tiarei
Orohéna
Paéa   2237
TAHITI-NUI   Tautira
Teahupo
Presqu'île de Taïarapou

0   20   40 km

TERRITOIRE FRANÇAIS DES AFARS ET DES ISSAS

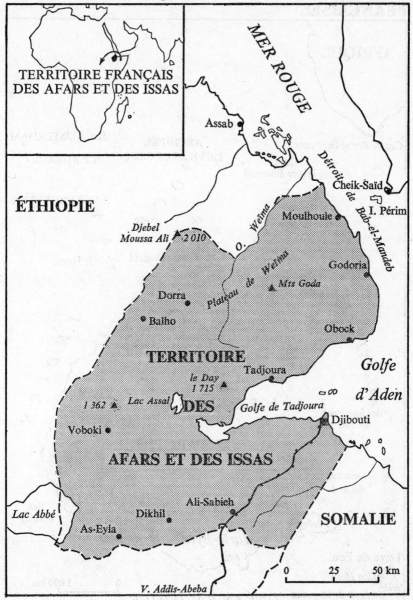

TERRITOIRE FRANÇAIS
DES AFARS ET DES ISSAS

MER ROUGE

ÉTHIOPIE

Assab

Cheik-Saïd
I. Périm

Djebel
Moussa Ali ▲ 2 010

Moulhoule

O. Weima

Détroit de Bab-el-Mandeb

Godoria

Dorra

▲ Mts Goda

Plateau de Weima

Balho

Obock

TERRITOIRE

Tadjoura

Golfe

le Day
1 715 ▲

d'Aden

1 362 ▲ Lac Assal

DES

Golfe de Tadjoura

Voboki

Djibouti

AFARS ET DES ISSAS

Ali-Sabieh

Lac Abbé

Dikhil

SOMALIE

As-Eyla

0   25   50 km

V. Addis-Abeba

TERRES AUSTRALES ET ANTARCTIQUES FRANÇAISES

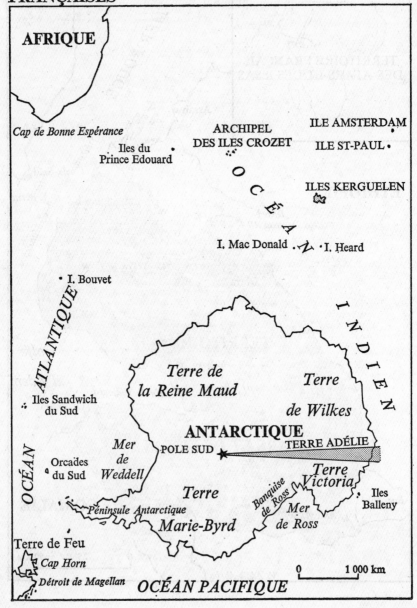

AFRIQUE

Cap de Bonne Espérance

Iles du Prince Edouard

ARCHIPEL DES ILES CROZET

ILE AMSTERDAM
ILE ST-PAUL

ILES KERGUELEN

OCÉAN

I. Mac Donald · ·I. Heard

· I. Bouvet

ATLANTIQUE

INDIEN

Iles Sandwich du Sud

Terre de la Reine Maud

Terre de Wilkes

ANTARCTIQUE

OCÉAN

Orcades du Sud

Mer de Weddell

POLE SUD ★

TERRE ADÉLIE

Terre Victoria

Iles Balleny

Terre

Péninsule Antarctique

Marie-Byrd

Banquise de Ross

Mer de Ross

Terre de Feu

Cap Horn

Détroit de Magellan

OCÉAN PACIFIQUE

0   1 000 km

Le condominium

LE CONDOMINIUM FRANCO-BRITANNIQUE DES NOUVELLES-HÉBRIDES

Situation. Dans le Pacifique-Sud entre la Nouvelle-Calédonie et les îles Fidji à 19 000 km de Paris.

Superficie. L'archipel comprend une douzaine d'île importantes et de nombreux îlots qui s'étendent sur près d'un millier de kilomètres selon un axe nord-ouest sud-est. Au total 13 000 km² de terres volcaniques. La capitale de l'archipel, Port-Vila, se trouve dans l'île de Vate.

Population. 80 000 habitants d'origine mélanésienne pour la quasi-totalité d'entre eux. Seule une petite colonie européenne de 5 000 à 6 000 personnes (Anglais et Français surtout) est installée dans l'archipel et vit surtout à Port-Vila et Santo. Les Mélanésiens autochtones sont divisés en nombreuses tribus (small et big « nambas ») et parlent — outre les différentes langues vernaculaires — un créole franco-britannique : le *bichlamar*.

Histoire. La concurrence que se livraient à la fin du xixe siècle, dans le Pacifique, la France et l'Angleterre amena les deux métropoles — la première défendant ses colons, la seconde ses pasteurs missionnaires — à signer en 1887 une convention amiable au sujet des Nouvelles-Hébrides (chacune s'engageant à ne pas annexer l'archipel) puis un nouvel accord en 1906 ratifié en 1907 qui marquait la naissance du condominium. Le

6 août 1914, à l'issue d'une conférence, un nouveau protocole fut signe entre Londres et Paris définissant un statut demeuré quasiment inchangé jusqu'en 1975.

Statut. Les métropoles sont représentées par 2 « commissaires-résidents » (le résident français dépend du haut-commissaire de Nouvelle-Calédonie), deux administrations distinctes avec toutefois pour certains domaines (travaux publics, postes, agriculture, etc.), une administration mixte dite condominiale. La seule assemblée est un conseil consultatif créé en 1957 qui comprend 4 membres fonctionnaires sans droit de vote, 8 membres élus (2 Français et 2 Anglais élus par le corps électoral de la Chambre de commerce et 4 autochtones élus par les conseils locaux), 12 membres désignés par les commissaires-résidents (3 Français, 3 Anglais, 6 autochtones). Les autochtones, jusqu'en 1975, ne jouissaient d'aucune citoyenneté et d'aucun droit de vote direct. Le droit de vote pour élire les membres du conseil consultatif leur a été accordé en 1975 et les premières élections ont eu lieu en novembre.

Economie. Essentiellement fondée sur le coprah en déclin rapide et depuis peu sur l'élevage. Les Nouvelles-Hébrides sont devenues en 1971 un paradis fiscal qui a attiré de nombreuses sociétés « fictives » australiennes ou britanniques. Traditionnellement l'agriculture est aux mains des colons français et le commerce contrôlé par les Anglais ou les Australiens. Le tourisme a pris un essor spectaculaire au début des années soixante-dix tandis que s'accélérait une concentration urbaine anarchique à Port-Vila. La monnaie est le franc néo-hébridais aligné sur le dollar australien.

Partis politiques. Les autochtones participent à plusieurs « mouvements messianiques » dont le caractère politique anti-colonial s'est peu à peu affirmé avant la naissance d'un véritable parti.
— Le mouvement John Frum dans l'île de Tana. « Culte du Cargo » né vers 1941 après que des bases militaires américaines se furent installées dans l'archipel, il revendique un retour à la coutume et réclame le départ des Européens en attendant qu'un mythique cargo apporte aux Mélanésiens la prospérité.
— Le Nagriamel à Santo. Mouvement lié aux revendications foncières de Mélanésiens qui accusent les Blancs de leur avoir volé leurs terres au début du siècle. Animé par un leader barbu : Jimmy Stevens.
— National Party. Parti mélanésien anglophone réclamant l'indépendance du territoire. A connu un essor considérable à partir de 1973.

Les Blancs pour leur part sont représentés (en ce qui concerne les Français) par :

— une section locale de l'UDR. Défend les intérêts des colons et réclame le maintien de la présence française.

— l'UPNH (Union des populations néo-hébridaises).

NOUVELLES-HÉBRIDES

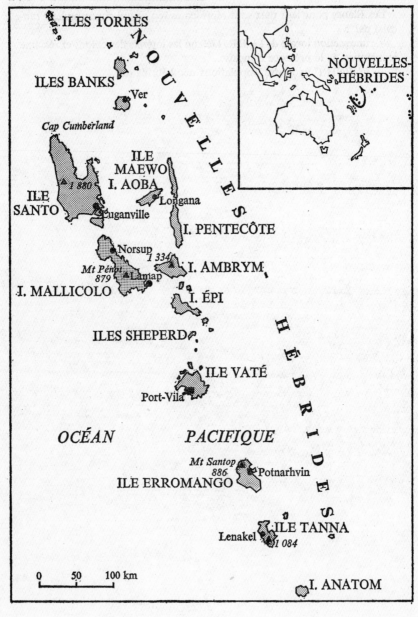

ILES TORRÈS

ILES BANKS

Ver

NOUVELLES-HÉBRIDES

Cap Cumberland

ILE
MAEWO
I. AOBA

Longana

ILE
SANTO

Luganville

I. PENTECÔTE

Norsup

1 334

Mt Pénot
879
Lamap

I. AMBRYM

I. MALLICOLO

I. ÉPI

ILES SHEPERD

ILE VATÉ

Port-Vila

OCÉAN   PACIFIQUE

Mt Santop
886
Potnarhvin

ILE ERROMANGO

Lenakel   ILE TANNA
1 084

0   50   100 km

I. ANATOM

Un archipel
partiellement indépendant

L'ARCHIPEL DES COMORES

Situation. Dans l'océan Indien, entre Madagascar et Zanzibar, à 8 000 km de Paris.

Superficie. L'archipel qui comprend quatre îles (la Grande-Comore, Mohéli, Anjouan et Mayotte) représente au total 2 200 km², soit une superficie équivalente à celle du Luxembourg.

Population. 300 000 habitants d'origine cafre, arabe, indonésienne, malgache, portugaise, chirazienne. Quelques centaines d'Européens vivent dans l'archipel surpeuplé, principalement à Moroni, capitale de la Grande-Comore.

Histoire. L'île de Mayotte, la première, devint protectorat français en 1941 à la demande du roi Andriantsouly soucieux d'être protégé contre les appétits des îles voisines et notamment celle d'Anjouan. Proclamé colonie française en 1912, l'ensemble de l'archipel fut rattaché au gouvernement général de Madagascar et ne retrouva son autonomie territoriale qu'en 1946.

Statut. Les Comores devinrent territoires d'outre-mer en 1961 et leur statut fut révisé dans le sens d'une plus large autonomie en 1968. (Conseil de gouvernement avec un président élu, Chambre des députés.) En 1972 la Chambre des députés réclama que soit mis en route le processus devant conduire à l'indépendance. Celui-ci, amorcé par une «déclaration commune» signée à Paris en juin 1973, fut compliqué par le désir d'une des quatre îles, Mayotte, de demeurer française. Après le référendum de décembre 1974 qui permit à la population (excepté pour Mayotte) de se prononcer pour l'indépendance, le Parlement français hésita à entériner un vote « global » qui aboutissait à abandonner contre leur gré des « citoyens français ». Impatient, le président du Conseil de gouvernement, M. Ahmed Abdallah, proclama unilatéralement l'indépendance le 6 juillet 1975. Il fut renversé quelques semaines plus tard par l'opposition, et Mayotte, dissociée du reste de l'archipel, réclama que soit maintenue son appartenance à la République française.

Economie. Très pauvres, les Comores dépendent essentiellement de l'aide extérieure (française jusqu'à présent). Les seules richesses locales sont la vanille, les plantes à parfum (ylang ylang essence de jasmin et de basilic), la giroflée et le coprah. Le tourisme est peu développé mais peut, dans l'avenir, représenter un appoint non négligeable. La monnaie est le franc CFP (1 franc CFP = 0,02 FF).

Partis politiques. Les Comores, appelées jadis « l'archipel des sultans batailleurs », sont très divisées politiquement et l'éventail des partis — d'une île à l'autre — risque d'être bouleversé par l'accession à l'indépendance. Au moment de celle-ci les principales formations étaient les suivantes :
— Parti de l'unité (OUDZIMA) qui soutenait l'ancien président Abdallah ;
— Parti du peuple (UMMA) du prince Saïd Ibrahim ;
— Parti socialiste des Comores (PASOCO) ;
— Mouvement de libération des Comores (MOLINACO) ; longtemps interdit aux Comores, installé à Dar-es-Salam (Tanzanie), il fut le premier à réclamer l'indépendance.
En 1975 ces trois derniers partis se regroupèrent au sein d'un Front uni de l'opposition.
— Enfin à Mayotte le Mouvement populaire mahorais (animé notamment par M. Marcel Henry) pour un maintien des liens avec la France.

ARCHIPEL DES COMORES

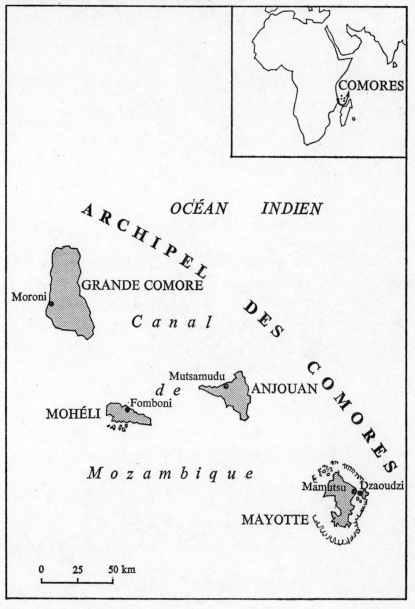

COMORES

OCÉAN INDIEN

ARCHIPEL DES COMORES

GRANDE COMORE

Moroni

Canal

Mutsamudu

ANJOUAN

de

Fomboni

MOHÉLI

Mozambique

Mamutsu

Dzaoudzi

MAYOTTE

0   25   50 km

Quelques repères

ASSIMILATION (ASSIMILATIONNISTES) : Politique consistant à renforcer l'appartenance des DOM-TOM et de leurs habitants à la République française. Le mot est utilisé de manière péjorative par les autonomistes d'outre-mer qui dénoncent dans cette politique une négation de leur propre identité et de leur culture.

AFARS : Nomades de l'Afrique orientale vivant pour partie en Éthiopie et à Djibouti où ils se trouvent confrontés aux Issas-Somalis venant du sud et majoritaires dans la ville même.

BÉKÉS : Blancs originaires des Antilles.

BRGM : Bureau de recherches géologiques et minières.

BUMIDOM : Bureau de migration des départements d'outre-mer. Organisme créé en 1961, placé sous la tutelle du ministère des Finances et du secrétariat d'État aux DOM-TOM. Chargé d'organiser l'émigration des Antillais, Réunionnais et Guyanais à destination de la métropole.

CALDOCHS : Surnom donné aux Blancs de Nouvelle-Calédonie.

CANAQUES : Mélanésiens, autochtones de Nouvelle-Calédonie et des Nouvelles-Hébrides.

CARBETS : Habitations sur pilotis de Guyane française.

CEP : Centre d'expérimentation du Pacifique installé à Papeete.

CFP : Le franc CFP ou franc-Pacifique qui a cours en Nouvelle-Calédonie et en Polynésie vaut environ 5,5 centimes.

CSG : Centre spatial guyanais installé à Kourou (Guyane). Dépend du Centre national d'études spatiales (CNES).

DEMIS : Bourgeoisie métisse de Polynésie française vivant à l'occidentale.

DÉPARTEMENTALISATION : Par extension désigne la politique qui consiste à assimiler les départements d'outre-mer à la métropole.

DOM : Département d'outre-mer.

DZAOUDZI : Principale ville de l'île de Mayotte (Comores) installée sur un îlot rocheux et où vivent les rares Européens et métis.

FALÉ (ou FARÉ) : Habitation traditionnelle polynésienne recouverte le plus souvent de feuilles de lataniers.

INCO : International Nickel Company. Société américano-canadienne qui s'intéresse depuis le début des années soixante au nickel de Nouvelle-Calédonie sans avoir pu jusqu'à présent obtenir du gouvernement français l'autorisation de s'y installer.

MAGALLA : Quartier autochtone de Djibouti.

MARONI : Fleuve séparant la Guyane française du Surinam (ex-Guyane hollandaise).

MATA-UTU : Capitale de l'île Wallis.

MÉTUA : Le chef ou le « guide » en langue polynésienne.

ORPAILLEURS : Chercheurs d'or en Guyane française.

ORSTOM : Office de recherche scientifique et technique d'outre-mer. Créé en 1943 et réorganisé en 1960. Emploie 600 chercheurs environ et dispose d'une trentaine de centres dans les DOM-TOM et plusieurs pays du tiers monde.

OUDINOT (rue) : Siège du secrétariat d'État aux DOM-TOM.

PALMISTES (place des) : Place principale de Cayenne (Guyane française) plantée d'immenses cocotiers.

PLACERS : Exploitation aurifères artisanales en Guyane française.

POPAA : Désigne pour un Tahitien tout Européen blanc. Les Français originaires de métropole sont appelés *Popaa-Farani.*

POPOTE : Surnom donné jadis aux bagnards de Guyane française.

SFNH : Société française des Nouvelles-Hébrides. Possède plusieurs dizaines de milliers d'hectares dans l'archipel. Exploite le coprah et s'est partiellement reconvertie dans l'élevage.

SLN : Société Le Nickel de Nouméa (Nouvelle-Calédonie). Appartient au groupe Rothschild.

TFAI : Territoire français des Afars et des Issas; capitale : Djibouti.

TOM : Territoire d'outre-mer.

VAT : Volontaires de l'assistance technique. Appelés du contingent affectés outre-mer à des tâches d'assistance civile.

Z'OREILLES (ou ZOZOS) : Désigne en Nouvelle-Calédonie, aux Antilles et à la Réunion les Français venus de métropole.

Bibliographie succincte

GÉNÉRALITÉS

— H. Deschamps, *La Fin des empires coloniaux*, PUF, « Que sais-je? », Paris, 1969.
— « Les territoires français d'outre-mer », *Marchés tropicaux et méditerranéens*, Paris, nº 1488, 17 mai 1974.
— Xavier Yacono, *Histoire de la colonisation française*, PUF, « Que sais-je? », Paris, 1973.
— R. Viart, *La Fin de l'empire colonial français*, Maisonneuve Larose, Paris, 1963.
— *Les Oubliés de la décolonisation française*, Parole et Société, 1973.

PACIFIQUE ET OCÉANIE

— Étienne Taillemite et Roselène Dousset-Leenhart, *Le Grand Livre du Pacifique*, Edita, Lausanne, 1976.
— François Doumenge, *L'Homme dans le Pacifique-Sud*, publication de la Société des océanistes, Paris, 1966.
— « Sociétés et espaces océaniens en transition », *Cahiers Orstom*, 1972.
— D. L. Oliver, *Les Iles du Pacifique*, Payot, Paris, 1952.
— H. Luke, *Island of the South Pacific*, G. Harrap, Londres, 1962.
— Ch.-A. Julien, *Histoire de l'Océanie*, PUF, « Que sais-je? », 1971.
— A. Huetz de Lemps, *L'Océanie française*, PUF, « Que sais-je? », Paris, 1963.
— Hubert Deschamps et Jean Guiart, *Tahiti, Nouvelle-Calédonie, Nouvelles-Hébrides*, Berger-Levrault, 1957.

NOUVELLES-HÉBRIDES

— Hubert Benoist, *Le Condominium des Nouvelles-Hébrides et la société mélanésienne*, Éd. Pedone, Paris, 1972.
— Jean Guiart, *Un siècle et demi de contacts culturels à Tanna*, Société des océanistes, Paris, 1956.

POLYNÉSIE FRANÇAISE

— Victor Segalen, *Les Immémoriaux*, Plon, Paris, 1956.
— Fagen, Ravault, Ringon, Robineau, *Tahiti et Moorea. Études sur la société, l'économie et l'utilisation de l'espace*, Orstom, 1973.
— Gérard Ringon, *Une commune de Tahiti à l'heure du centre d'expérimentation du Pacifique : FAAA*, Orstom, 1971.
— « La Polynésie française », *Notes et Études documentaires*, La Documentation française, Paris, 1961.
— A. T'serstevens, *Tahiti et sa couronne*, Albin Michel, 1971.
— Bengt et Marie-Thérèse Danielsson, *Mururoa mon amour*, Stock, Paris, 1974.
— Michel Panoff, « Tahiti ou le mythe de l'indépendance », *Les Temps modernes*, Paris, 1965.
— Jean-Marie Loursia, *Tahiti*, Le Seuil, 1957.
— Daniel Guérin, « Tahiti malade de la bombe », *Les Temps modernes*, Paris, 1973.

NOUVELLE-CALÉDONIE

— *La Nouvelle-Calédonie et dépendances*, La Documentation française, Paris, 1967.
— *Nouvelle-Calédonie*, Hachette, « Guide bleu », 1964.
— Jean Guiart, *Nouvelle-Calédonie : l'inquiétude*, Valence, 1968.
— Roselène Dousset-Leenhart, *Terre natale, terre d'exil*, Éd. Maisonneuve et Laroze. Publié avec le concours du CNRS, 1976.

TFAI

— Philippe Oberlé, « Afars et Somalis : le dossier de Djibouti », *Présence africaine*, Paris, 1971.

BIBLIOGRAPHIE SUCCINCTE

COMORES

— C. Robineau, *Société et Économie à Anjouan*, Orstom, Paris.
— *Pour le développement rural aux Comores*, UNICEF, octobre 1974.

ANTILLES FRANÇAISES

— *L'Archipel inachevé — Culture et Société aux Antilles françaises*, Montréal, Presses de l'Université, 1972.
— « Les départements d'outre-mer », *Marchés tropicaux et méditerranéens*, Paris, 1971.
— J. Pouquet, *Les Antilles françaises*, PUF, « Que sais-je? », 1971.
— Daniel Guérin, « Les Antilles décolonisées », *Présence africaine*, 1956.
— Jean Raspail, *Secouons le cocotier*, Laffont, 1973.
— « La Guadeloupe », *La Documentation française*, novembre 1974.
— Sténographie du procès de l'OJAM, 1963.
— Nicole Luimar, *Propriété et Exploitation de la terre en Martinique et en Guadeloupe*, Biscaye frères, Bordeaux, 1971.

LA RÉUNION

— Michel Debré, *Une politique pour la Réunion*, Plon, Paris, 1974.
— *Problèmes politiques réunionnais*, secrétariat social de la Réunion, texte polycopié, 1967.
— J.-E. Isnard, *Les Problèmes sucriers de la Réunion*, texte polycopié, 1964.
— A. Scherer, *Histoire de la Réunion*, PUF, « Que sais-je? », Paris, 1965.
— « La Réunion », *La Documentation française*, Paris, 1967.

GUYANE FRANÇAISE

— Pierre Dupont-Gonin, *La Guyane française*, Librairie Droz, Paris, 1970.
— Dr Henry, *Histoire de la Guyane française*, Imprimerie Laporte, Cayenne.
— Bernard Quris, *Fascinante Guyane*, France-Empire, Paris, 1970.
— Jean-Marcel Hurault, *Français et Indiens en Guyane*, « 10/18 », Paris, 1972.
— Michel Devèze, *Les Guyanes*, PUF, « Que sais-je? », Paris, 1968.
— Alix Resse, *Guyane française*, Berger-Levrault, Paris, 1964.

WALLIS-ET-FUTUNA

— Monseigneur Poncet, *Histoire succincte de l'île Wallis*, texte polycopié.

Index des noms cités

Table

ANNEXES

FIRMIN-DIDOT S.A. - PARIS-MESNIL.
D.L. 2ᵉ TRIM. 1976. Nº 4387.2 (0114).

COLLECTION « L'HISTOIRE IMMÉDIATE »

EXTRAIT